LARGE COUNTRY ECONOMY RESEARCH

大国经济研究

2020／第12辑

欧阳峣 主编

中国财经出版传媒集团
经济科学出版社
Economic Science Press

图书在版编目（CIP）数据

大国经济研究.2020：第12辑/欧阳峣主编. ——
北京：经济科学出版社，2021.9
ISBN 978-7-5218-2787-3

Ⅰ.①大… Ⅱ.①欧… Ⅲ.①世界经济-经济发展-研究 Ⅳ.①F113.4

中国版本图书馆 CIP 数据核字（2021）第175757号

责任编辑：周国强
责任校对：孙　晨
责任印制：张佳裕

大国经济研究2020/第12辑

欧阳峣　主编

经济科学出版社出版、发行　新华书店经销
社址：北京市海淀区阜成路甲28号　邮编：100142
总编部电话：010-88191217　发行部电话：010-88191522
网址：www.esp.com.cn
电子邮箱：esp@esp.com.cn
天猫网店：经济科学出版社旗舰店
网址：http://jjkxcbs.tmall.com
北京季蜂印刷有限公司印装
787×1092　16开　18.25印张　360000字
2021年9月第1版　2021年9月第1次印刷
ISBN 978-7-5218-2787-3　定价：86.00元
（图书出现印装问题，本社负责调换。电话：010-88191510）
（版权所有　侵权必究　打击盗版　举报热线：010-88191661
QQ：2242791300　营销中心电话：010-88191537
电子邮箱：dbts@esp.com.cn）

学术指导委员会

主　任
　　张卓元　　　　　　　　　　中国社会科学院
委　员
　　裴长洪　　　　　　　　　　中国社会科学院
　　魏后凯　　　　　　　　　　中国社会科学院
　　刘尚希　　　　　　　　　　中国财政科学研究院
　　刘　伟　　　　　　　　　　中国人民大学
　　蔡继明　　　　　　　　　　清华大学
　　万广华　　　　　　　　　　复旦大学
　　盛　斌　　　　　　　　　　南开大学
　　Dwight H. Perkins　　　　　哈佛大学
　　Scott Rozelle　　　　　　　斯坦福大学
　　Tao Zha　　　　　　　　　 埃默里大学
　　Richard Nelson　　　　　　 哥伦比亚大学
　　Barbara Harriss-White　　　 牛津大学
　　Dmitry Sorokin　　　　　　 俄罗斯科学院
　　Santosh C. Panda　　　　　 德里大学
　　Marcos Cordeiopires　　　　圣保罗大学
　　Heinz Dieterich　　　　　　墨西哥城市大学

前　　言

经济学发展历史表明，经济理论的重要程度往往取决于被解释现象的重要程度。中国的崛起被称为"东亚奇迹"，"金砖国家"的崛起已成为"世界奇迹"，这说明大国经济现象的重要程度是毋庸置疑的。如果将典型大国经济发展现实和经验的研究提升为普遍性的理论体系和知识体系，那么，中国经济学就有可能掌握国际话语权。

一般地说，掌握国际话语权应该具备三个条件：一是研究的对象具有典型意义，被解释的现象不仅对某个国家的发展具有重要意义，而且对世界的发展具有重要意义；二是取得的成果具有创新价值，在学术上有重要发现，乃至创造出新的科学理论和知识体系；三是交流的手段具有国际性，研究方法符合国际规范，可以在世界范围交流和传播。

在大国经济研究领域，第一个条件是已经给定的，因为大国经济发展具有世界意义。关键是要在第二个条件和第三个条件上下功夫。要通过创造性的思维和研究，深刻把握大国经济的特征和发展规律，构建大国经济的理论体系和知识体系，追求深层次的学术创新和理论突破；要使用国际化的交流手段，运用规范的研究方法和逻辑思维开展研究，从中国与世界关系的角度来看待大国经济问题，并向世界传播大国经济理论和知识体系，从而使大国经济理论具有世界意义和国际影响力。我们将致力于探索超大规模国家经济发展的特征和规律，进而构建大国经济理论体系和知识体系。

我们拥有这样的梦想，并且在集聚追求梦想的力量。我们期望这个梦想成为现实，并用行动构建中国风格的经济学话语体系，为中国经济学走向世界做出积极的贡献。

欧阳峣

目 录

大国经济理论 …………………………………………………………………………… 1

构建中国风格的世界经济学理论体系/欧阳峣 汤凌霄 ……………………………… 3
建设中国特色发展经济学理论体系/欧阳峣 ……………………………………………… 27
新发展格局下大国经济开放空间构建/欧阳峣 …………………………………………… 32
开放大国自由贸易区平台建设的优势与短板:以海南省为例/洪联英 ………………… 49
多极雁行理论与全球价值链重构
　　——从产业视角观察当前世界经济体系/欧阳峣 …………………………………… 70
后发大国的分工模式选择与中国全要素生产率提升/唐 玲 欧阳峣 ………………… 75
中国区域创新能力的空间结构及大国雁阵模式/陈 琦 欧阳铭珂 …………………… 91

大国经济治理 …………………………………………………………………………… 103

全球经济治理变革与新兴国家制度性话语权提升研究/林跃勤 ………………………… 105
国际货币金字塔:中国的位置及行动策略/汤凌霄 ……………………………………… 122
"一带一路"倡议提升了中国先进制造业的
　　创新能力吗?/曹虹剑 赵 雨 李 姣 ……………………………………………… 141

中国经济研究 …………………………………………………………………………… 169

数字经济、普惠金融与包容性增长/张 勋 万广华 张佳佳 何宗樾 ……………… 171
生产性服务业集聚提高了中国城市经济效率吗?
　　——基于产业层次和城市规模差异视角的检验/袁冬梅 李恒辉 ………………… 194

FDI 和 OFDI 的互动机制与经济增长质量提升
　　——基于狭义技术进步效应和资源配置效应的分析/傅元海　林剑威 …… 212

经济史研究 ……………………………………………………………… 243

近代铁路、新式教育与经济发展
　　——中国近代铁路影响经济发展的实证研究/欧阳峣　易思维 …………… 245
大国经济史：中国传统社会经济发展学术研讨会综述/宋　纤 …………………… 262

学术研究动态 …………………………………………………………… 267

探索超大经济体自主现代化的开山之作
　　——《大国发展道路：经验和理论》评介/邓　钢 ……………………… 269
探索大国经济双循环发展型式
　　——《大国发展经济学》评介/郭熙保 …………………………………… 272
发展经济学研究的新视野
　　——《大国发展经济学》评介/万广华 …………………………………… 274
中国风格的发展经济学体系
　　——读《大国发展经济学》有感/蔡继明 ………………………………… 276
构建大国发展经济学/方福前 ………………………………………………… 278
大国经济发展理论研究新成果
　　——欧阳峣主编《大国发展经济学》评介/胡家勇 ……………………… 281

大国经济理论

构建中国风格的世界经济学理论体系*

欧阳峣　汤凌霄**

摘　要　世界经济学是以马克思主义政治经济学为基础创建的独立学科，中国学者为建设世界经济学科做出了独特贡献。自19世纪50年代以来，以"资本输出"理论、"结构主义"理论和"经济全球化"理论为核心的世界经济学理论的演变，成为世界经济学科的理论来源；西方经济学研究的国际贸易、国际金融和国际投资理论，为世界经济学科提供了有价值的理论和方法。当前经济全球化的新趋势和新特点，以信息技术和人工智能为主要标志的新一轮技术革命，为世界经济学理论发展提供了现实机遇。我们应该以要素国际流动为逻辑起点，以国际价值论和人类命运共同体思想为理论基础，以新一轮技术革命为现实背景，深入分析世界经济发展新格局和新动能，系统地研究推动建设开放型世界经济以及包容均衡的全球价值链的战略思路，提出融入中国智慧和中国力量的中国方案，构建中国风格的世界经济学理论体系。

关键词　世界经济学　理论演变　现实背景　逻辑结构

一、引言

世界经济学是一门以马克思主义政治经济学为基础创建的独立学科，它主要研究生产要素国际流动、世界经济格局演变以及全球经济增长和全球经济治理等问题。在《新帕尔格雷夫经济学大辞典》中没有找到"世界经济学"条目，这是因为在西方经济学理论体系中没有将世界经济学作为相对独立的学科来建设；西方经济学中尚有"国际经济学"的范畴，主要研究国际贸易、国际金融和国际投资，而且纳入"宏观经济学"的理论体系。以"世界经济学"命名的学科体系，主要是从马克思关于对外贸易、世界市场和国际价值的理论演变而来的。

---

* 本文原载于《管理世界》2020年第4期。
** 作者简介：欧阳峣，经济学教授，博士生导师，湖南师范大学大国经济研究中心主任；汤凌霄，湖南师范大学商学院教授，湖南省"芙蓉学者"特聘教授。

早在 19 世纪 50 年代，马克思就开始制定政治经济学写作计划，并在《政治经济学批判》序言中正式宣布他的宏伟计划："我考察资产阶级经济制度是按照以下的次序：资本、土地、所有制、雇佣劳动；国家、对外贸易、世界市场"[①]。可见，前 3 册是以一国经济运行方式为研究对象的国民经济学，后 3 册则是以世界经济和世界市场的运行方式为研究对象的世界经济学，这里蕴含着世界经济学的萌芽。50 多年以后，德国学者哈姆斯（Berhard Harms）在《世界经济问题》一书中提出建立"世界经济学"的倡议，并认为世界经济是依托高度发达的交通体系，由国际条约所规定和促进的，地球上个别经济间关系以及这种关系相互作用的全体。苏联学者布哈林（1983）在《世界经济和帝国主义》一书中分析现代世界经济的含义，主要研究了世界经济发展以及贸易增长和资本国际流动；日本学者庄田作一（1933）撰写了第一部直接以《世界经济学》命名的著作，重点阐述世界经济的概念和特点，分析世界经济的形成过程以及世界经济运行、世界商品流通、货币流通和产业分工问题；美国学者派特逊（1947）撰写的《世界经济学概论》，主要分析世界人口、自然资源以及国际收支平衡、国际贸易、资本流动、货币体系和世界机构。上述学者的研究，从不同角度对构建"世界经济学"理论体系做了初步探索。

中国学界对世界经济学的研究始于 20 世纪 50 年代末期，主要集中在对世界国别经济的研究。1978 年以后，改革开放的阳光雨露滋润了世界经济学的成长，适应经济全球化趋势和融入世界经济体系的现实要求，呼唤着中国经济学家深入系统地思考世界经济学问题，特别是中国社会科学院制定了发展世界经济学科的长期规划。在 1979 年 7 月召开的全国世界经济学科规划会议上，时任世界经济与政治研究所所长的钱俊瑞先生提出："我们要以无产阶级的科学精神和革命勇气，大胆地去创建和发展世界经济这门学科"（钱俊瑞，1980）。随后，世界经济问题成为学术界研究热点，特别是涌现出钱俊瑞、陶大镛等有影响的专家，编写和出版了一些有代表性的教科书。40 年来，伴随着经济全球化趋势和中国经济开放进程，一批中国学者深入系统地研究了世界经济问题和世界经济学理论体系，从而在世界经济学学科领域形成了独特的中国优势。具体地说，中国学者的主要贡献在于：第一，把世界经济学作为独立学科，探讨世界经济学研究对象和核心范畴等基本问题。学者认为构成世界经济的基本要素是国际分工、国际市场、国际交换和世界货币等，它是一种全球规模的经济体系（钱俊瑞，1980；陶大镛，1980）；世界经济学的研究对象是全球性经济运动和发展的规律，即世界经济的总体和整体问题（仇启华，1989；连平，1998；李琮，2000）；国际价值和世界货币

[①] 《马克思恩格斯选集（第 2 卷）》，人民出版社 1972 年版，第 193 页。

是世界经济的两个基本范畴，国际价值论是世界经济学的理论基石（褚保一、张幼文，1989；庄宗明，2007；杨圣明，2012）。第二，系统研究世界经济学的学科体系，形成了几种典型的理论体系结构。有的以世界市场的形成为逻辑起点，分析国际分工、国际商品流通、资本和劳动的国际流动、世界经济运行与国际协调、经济全球化和可持续发展（李琮，2000）；有的以国际价值论为理论基石，分析国际贸易和世界市场，生产国际化和生产要素的国际流动，金融自由化和国际货币体系，世界经济格局和经济全球化，国际经济协调和可持续发展（庄宗明，2007）；有的以经济全球化为现实背景，分析世界资源状况与可持续发展，国际贸易与多边贸易体系的形成，国际直接投资与跨国公司的发展，国际货币体系与金融全球化，区域经济一体化与世界经济制度变迁（池元吉、李晓，2013）。第三，吸收和利用西方经济学理论的合理因素，促进世界经济学理论的深化。普遍运用国际经济学理论和方法，分析世界经济运行中的国际贸易、国际投资和国际金融问题，从比较优势理论、要素禀赋理论到国际贸易新理论，从国际资本流动理论、国际直接投资理论到跨国公司效应理论，从国际金融市场理论、国际货币体系理论到国际金融危机理论，使得对世界经济学科体系中重点问题的研究愈益深入（张宇燕，2016）。总之，中国学者为创建世界经济学理论体系做出了积极贡献。

习近平总书记指出："哲学社会科学的特色、风格、气派，是发展到一定阶段的产物，是成熟的标志，是实力的象征，也是自信的体现"[①]。从我国的情况看，目前亟待解决在学术命题、学术思想、学术观点上的能力和水平同我国综合国力和国际地位还不太相称的问题，亟待解决我国哲学社会科学领域话语权不足的问题。因此，我们应该依托世界经济学科的中国优势，在原有知识积累的基础上，适应经济全球化和新一轮技术革命的趋势，对当代世界经济发展过程中出现的重大问题进行科学探索和理论概括，并提出利用中国智慧和中国力量解决世界经济问题的中国方案，构建中国风格的世界经济学理论体系。

二、构建世界经济学理论体系的知识积累

马克思主义绝不是离开世界文明大道而凭空创造的故步自封的学说，而是在综合人类思想积极成果的基础上形成的科学体系。"哲学社会科学的现实形态，往往是古往

---

① 习近平：《在哲学社会科学工作座谈会上的讲话》，载人民网，2016 年 5 月 19 日，http://politics.people.com.cn/n1/2016/0519/c1024-28361447.html。

今来各种知识观念、理论、方法等融通生成的结果"①。我们构建中国风格的世界经济学理论体系，同样不能离开世界文明的大道，而要融通古今中外的各种资源，特别是梳理世界经济学理论发展的脉络。从总体上看，世界经济学及其相关理论的发展有两条脉络：第一条是马克思主义世界经济学的发展脉络；第二条是西方经济理论的国际经济学的发展脉络。

（一）马克思主义的世界经济学发展脉络

从总体上看，马克思主义世界经济学的发展经历了3个阶段，即以"资本输出"理论、"结构主义"理论和"经济全球化"理论为核心的世界经济学演变阶段。

1. 以"资本输出"理论为核心的世界经济学

从马克思和恩格斯到布哈林和列宁，主要是从资本输出的角度来考察世界经济的。马克思、恩格斯在《共产党宣言》中指出："资产阶级，由于开拓了世界市场，使一切国家的生产和消费都成为世界性的了"②。而资产阶级开拓世界市场的原因和动力，主要就是资本扩张与输出。围绕这个问题，马克思在《资本论》中阐述了3个方面的观点。第一，资本输出是资本主义生产方式发展的内在要求，这是由资本主义经济规律即剩余价值规律所决定的，资本输出的目的就是追求利润最大化。"资本输向国外，……这种情况之所以发生，并不是因为它在国内已经绝对不能使用。这种情况之所以发生，是因为它在国外可以按更高的利润率来使用"③。殖民地国家的经济发展程度较低，而处于有利条件的国家，在交换中以较少的劳动换回较多的劳动，因此，投在殖民地的资本能够提供较高的利润率。第二，"不同国家在同一劳动时间内所生产的同种商品的不同量，有不同的国际价值，从而表现为不同的价格，即表现为按各自的国际价值而不同的货币额"④。所谓价值就是劳动时间的凝聚或者物化的劳动，在一个国家之内，国民价值的实体是该国的正常质量或中等强度的抽象劳动。但在以各个国家作为组成部分的世界市场上，由于不同的国家的劳动中等强度不同，所以任何一个国家的正常质量劳动或中等强度劳动都不可能成为国际价值的实体，在这种条件下，各国的平均数形成一个阶梯，它的计量单位是世界劳动的平均单位。强度较大的国民劳动比强度

---

① 习近平：《在哲学社会科学工作座谈会上的讲话》，载人民网，2016年5月19日，http://politics.people.com.cn/n1/2016/0519/c1024 - 28361447. html。
② 《马克思恩格斯选集（第1卷）》，人民出版社1972年版，第254页。
③ 《马克思恩格斯全集（第25卷）》，人民出版社1980年版，第285页。
④ 马克思：《资本论（第1卷）》，人民出版社1975年版，第614页。

较小的国民劳动在同一时间内能生产出更多的价值，从而表现为更多的货币。第三，资本输出导致"剥削"与"双赢"的并存。"两个国家可以根据利润规律进行交换，两国都获利，但一国总是吃亏"①。相比较而言，处在有利条件下的国家，在交换中可以用较少的劳动换回更多的劳动；而处在不利条件下的国家，在国际交换中所付出的实物形式的物化劳动多于它所得到的，但它由此得到的商品比它自己所能生产的更便宜。简言之，落后国家在出口方面吃亏，在进口方面获利。于是，不仅资本家之间，而且国家之间不断地进行交换，然而双方的赢利并不相等，一国可以不断攫取另一国的一部分剩余劳动。总之，基于资本主义繁荣时代的特点，马克思在"资本输出"理论的基础上提出了世界经济学的观点。当资本主义发展到帝国主义阶段时，俄国思想家沿着"资本输出"的路线研究帝国主义时代的世界经济。1915年，列宁在为布哈林《世界经济和帝国主义》所作的"序言"中写道："布哈林这本书的科学意义特别在于：他考察了世界经济中有关帝国主义的基本事实，他把帝国主义看成一个整体，看成极其发达的资本主义的一定的发展阶段"（布哈林，1983）。布哈林（1983）认为，帝国主义是资本主义竞争的扩大规模的再生产，现代资本主义的扩张导致全世界范围内的资本积聚和集中过程。

2. 以"结构主义"理论为核心的世界经济学

20世纪初期，经济学家提出世界经济"中心–外围"结构主义理论，主要从结构主义的角度来考察世界经济格局。拉美结构主义学派的代表人物普雷维什（1998）认为，世界经济结构具有明显的不平衡特征，它主要由"中心"和"外围"两个部分构成：中心部分是已经实现工业化的发达国家，外围部分是从事农业和初级产品专业化生产的欠发达国家。在这种"二元结构"的基础上，他们主要阐述了以下观点。第一，世界经济的"二元结构"是由工业革命和殖民地贸易引致的，其结果是经济落后的"外围国家"对经济发达的"中心国家"的依赖性的形成和加强。在实现工业化的"中心国家"转变为发达经济体之后，通过殖民地贸易赋予"外围国家"3种角色：即原材料的生产者、廉价劳动力的提供者、大规模和标准化工业品的消费市场。先进的工业国与落后的初级产品生产国，通过商品贸易联合起来，共同构成世界经济的整体。在这种结构中，外围国家依赖于通过出口初级产品而获取外汇来购买工业消费品，同时还从中心国家进口技术，将逐渐丧失技术进步的动力。第二，在"中心国家"和"外围国家"的贸易过程中，外围国家的贸易条件逐渐恶化。自由贸易并不是像古典经济学所预言的那样，可以带来收益增长在贸易国之间更平等的分配，从而有利于发展

---

① 《马克思恩格斯全集（第46卷下）》，人民出版社1980年版，第401页。

中国家的经济发展。相反，伴随着收入水平的提高，中心国家用于农产品的消费比例逐渐降低，用于工业制造品的消费比例逐渐提高，因而对来自外围国家的初级产品的需求相对下降，外围国家对中心国家制造品的需求相对上升。这样，中心国家生产的制造品的相对价格往往高于外围国家生产初级产品的相对价格，贸易条件将不利于外围国家。第三，外围国家应该实行进口替代战略，实行必要的工业化和贸易保护政策。为了减缓通过贸易形成的收入从"外围国家"向"中心国家"转移，需要改变出口导向贸易战略，建立"进口替代"的发展模式，通过关税和其他形式的市场干预保护国内工业部门，使国内工业部门的投资至少能够获得同出口部门投资相当的利润率水平，从而推动国内工业化发展。在20世纪50~60年代，这种结构主义成为发展中国家政府转变经济发展战略的理论依据，也是它们要求建立国际经济新秩序的主要理论基础。同时，随着社会主义制度的建立和发展，世界经济格局中出现了"二元制度"结构，即资本主义经济体系和社会主义经济体系。这个时期的苏联和东欧国家学者，集中研究世界社会主义经济和世界资本主义经济，阐述了世界社会主义经济体系的形成及其发展规律，世界资本主义经济结构的变化及其主要特征。可见，世界经济学中的结构主义表现为发达国家与发展中国家、资本主义国家与社会主义国家并存的复杂结构，从而形成这个时期世界经济学的特点。

3. 以"经济全球化"理论为核心的世界经济学

经济全球化这个词最早由 T. 莱维于1985年提出来，至今没有公认的定义。国际货币基金组织认为：经济全球化是指跨国商品与服务贸易及国际资本流动规模和形式的增加，以及技术的广泛迅速传播使世界各国经济的相互依赖性增强。经济全球化可以看作是一种过程，它始于19世纪60~70年代，随后逐渐形成比较完整的世界市场；但是严格意义上的经济全球化，应该是20世纪80~90年代发生的，在20世纪末期到21世纪初期出现高潮。进入20世纪80年代以后，发展中国家从"消极应对"全球化走向"积极参与"全球化，从而使经济全球化发展到新的阶段。正如莱斯特·瑟罗所说："随着第二世界加入资本主义体系，第三世界的多数国家也决定参与全球资本主义的赛局，全球经济的规模更大了，同过去任何时候相比都更为现实了"（莱斯特·瑟罗，1998）。这个时代的现实特征使经济全球化成为国际学术界研究的热点问题，推动了世界经济学理论的发展，经济学家在以下方面进行了深入探讨。第一，各个国家可以通过利用国际性的资源和市场，获得全球化红利。斯密（2003）认为不同的国家之间存在生产率差异；李嘉图（1997）则发现，即使一个国家生产所有产品的生产率均低于另一个国家，它仍然可以在某些产品上拥有比较优势。那么，既然各个国家都具有比较优势，而且可以通过贸易获益，倘若越来越多的国家自觉地融入国际性的产品和服务贸易,这种贸易规模不断扩大的过程,就将变成产生更大的全球性收益的过程。经济全球化加速生产要素在全球范围内的自由流动和优化配置,促进全球经济快速增长,而且将世界经济结成一体,形成全局共同利益。从总体上看,并非所有国家都可以均等地在参与全球化的过程中获益;但是从理论逻辑上看,全球化可以惠及所有参与国家。中国自改革开放以来,特别是在21世纪初期加入世界贸易组织(WTO)以后,深深地融入全球化的历史进程中,成为全球化的极大受益者。经济开放为优化资源配置创造条件,中国通过对外开放已将丰富和廉价的劳动力资源配置到制造业,很快形成了制造业优势。第二,科技革命是全球化的根本动因,它促进了交通运输的便捷和信息网络的发达。如果说第一次全球化浪潮的重要推动力量是交通运输条件的改善,较大地缩小了全球化的时空距离;那么,第二次全球化浪潮的重要推动力量就是信息网络的发达,最大限度地缩短了全球的时空距离,而交通运输和信息网络的发达都是由科技革命所推动的。20世纪80年代末90年代初以来的新技术革命,使国际分工从产业内分工拓展到产品内分工,这种国际生产体系的变革,使企业生产的内部分工扩展为全球性分工,使生产要素可以在全球范围内优化配置,从而加速和深化了各国经济的融合,特别是信息网络的技术革命,信息高速公路的兴起和互联网的开通极大地改善了贸易、投资和金融自由化、便利化的物质技术条件。第三,全球化具有多种多样的形式,国际贸易、国际投资和国际金融是3种最基本的形式。艾德阿德·安尼南特(2001)在分析经济全球化的推动力时指出,第一推动力就是技术进步,特别是交通和通信技术的进步。经济全球化的最初形式是国际贸易,通过国际贸易带动国际投资,最后带动国际金融的发展。在资本主义自由竞争时期,国际分工体系的形成推动了国际贸易的空前发展,特别是商品结构出现明显的变化,以奢侈品为主的传统贸易,转向以纺织品、钢铁、机器为代表的工业品和以煤炭、棉花、粮食为代表的原材料占主导地位的结构。第二次世界大战以后,发达国家兴起第3次科技革命,发展中国家也追求经济繁荣和国家富强,由此推动国际贸易的迅速增长,从战后初期到70年代初期以及进入70年代以后,世界贸易增长率均超过世界经济增长率。国际贸易引起资本的国际流动、国际直接投资迅速增长,推动国际金融和金融市场发展,逐步在全球范围内形成了统一金融体系,加深了各地金融市场的连接和融通。国际货币市场、外汇市场、证券市场、期货市场迅速发展,呈现出金融市场自由化和金融体制趋同化趋势。

(二)西方经济理论的国际经济学发展脉络

国际经济学主要是在第二次世界大战结束后发展起来,它以微观经济学和宏观经济学原理为基础,研究两国或多国范围内的资源配置,其主体理论是国际贸易理论、国际金融理论和国际投资理论,成为世界经济学的另一重要理论来源。

在传统的国际经济学中,国际贸易理论无疑是最重要的。伴随着国际贸易实践的发展,国际贸易的核心理论经历了从绝对优势到比较优势,从要素禀赋到规模优势的过程。斯密(2003)运用分工理论分析自由贸易的合理性,认为两个国家各自出口生产成本绝对低的产品,进口生产成本绝对高的产品,贸易就可以使两个国家都获利。这种理论可以解释绝对优势不同的国家之间的贸易,却不能解释在任何产品上都不具有绝对优势的国家仍然发展出口贸易,在任何产品上都具有绝对优势的国家仍然发展进口贸易。李嘉图(1997)的比较优势理论用比较优势替代绝对优势,提出了国际贸易产生的一般性基础。他从技术差异入手分析比较优势形成的原因,从而构建了古典的国际贸易理论。这种理论可以解释贸易利益的存在,却不能说明技术上完全相同、资源禀赋存在差异的两个国家之间贸易的原因,后来的新古典贸易理论对此做出了合理的解释。赫克歇尔和俄林(2018)通过技术要素禀赋和偏好的一般均衡分析,形成了国际贸易理论的标准模型。随着经济全球化和国际贸易的深化,出现了与资源禀赋无关的产业内贸易现象。20世纪80年代以克鲁格曼为代表的经济学家从不完全竞争和规模经济的角度,分析产业内贸易产生的原因,构建了新贸易理论及战略性贸易政策。

在世界经济发展过程中,国际金融的地位愈益凸显。汇率决定问题是国际金融的核心问题,汇率决定理论经过了从"国际借贷说"到"购买力平价"理论、再到"均衡汇率理论"的历程。戈森(1997)提出的"国际借贷说"认为,汇率是由外汇的供给和需求决定的,而这两者都是由国际借贷所产生的,国际借贷关系就成为影响汇率变化的主要因素。随着金本位全盛时期的结束和纸币本位制的开始,卡塞尔(2016)提出的"购买力平价"理论实现了汇率理论的重大突破。他认为,两国货币的购买力之比是决定汇率的基础,汇率的变动是由两个货币购买力之比的变动而引起的。经过经济学家不断地修正和完善,购买力平价理论成为20世纪最重要的汇率理论。后来的经济学家将购买力平价理论作为假设前提,综合分析影响汇率的各种因素,提出"均衡汇率"理论。蒙代尔(2003)运用货币分析方法,多恩布什(2017)运用资产分析方法,综合考虑物价水平、利率差异、国民收入差异和资本存量调整等因素,对汇率的决定及其变动进行全均衡分析。但这些理论都只是把各种影响汇率变动的因素并列在一起,缺乏对汇率决定的系统解释,至今仍未形成成熟的理论。而在汇率制度领域,从布雷顿森林体系建立以后,就开始了对固定汇率制度和浮动汇率制度的争论。米德和弗里德曼是浮动汇率的倡导者,而蒙代尔则是固定汇率制度的维护者。国际金融理论的另一条线索是国际收支理论,哈罗德(2013)运用凯恩斯的乘数分析方法建立了国际收支的乘数分析，研究开放经济条件下的国际收支经常账户模型、国际收支的收入效应以及经济周期的国际传递。这种方法主要局限于国际贸易往来领域，可以说是一种狭隘的经常账户分析方法。弗里茨·马克卢普（2007）和艾特弗里·哈伯勒（2011）则运用马歇尔的弹性分析法，主要分析一国政府通过贬值提高出口竞争力时的国际收支问题，以及通过贬值改善国际收支赤字问题。同时，经济学家还探讨了实现内部均衡和外部平衡的国际收入综合平衡的思路：有的经济学家采用一般均衡方法构建开放条件下的宏观经济模型，分析产品市场、资本市场均衡和国际收支平衡时各种宏观经济变量之间的关系。在此基础上，蒙代尔－弗莱明模型可以为开放经济条件下追求内部和外部均衡宏观经济政策的制定提供更好的工具。20 世纪末期，杰夫瑞·萨克斯（2007）等提出新结构主义思路，认为发展中国家和发达国家以及发展中国家之间存在各种各样的经济结构，应该根据不同情况制定不同的方案。

随着跨国公司的兴起，国际直接投资理论发展起来。20 世纪初期和中期的解释基本上属于古典国际直接投资理论，认为资本流动是受利率支配的，利率是由资本要素的供给决定的，因此，资本往往是由资本供给充裕的发达国家流向资本稀缺的发展中国家。从 20 世纪 60 年代开始，经济学家从不同的角度阐述国际直接投资理论，先后出现了海默的垄断优势理论、维农的产品生命周期理论以及小岛清的产业雁行理论，分别从跨国公司的垄断组织优势、产品更新换代、产业梯次转移的角度解释国际直接投资的原因。从 20 世纪末期开始，随着经济全球化趋势的加快，国际直接投资理论的重点逐渐转向构建跨国公司的一般理论。从其发展趋势看，以巴克利和卡森（2005）为代表的自然性市场不完全性理论占据主导地位，它揭示了跨国公司将不完全市场进行内部化的机制，即用有效的企业内部行政管理结构替代低效率的市场结构；邓宁（1977）试图将结构性市场不完全理论与自然性市场不完全理论结合起来，从更一般的层次解释跨国公司的国际直接投资和国际生产。这些理论从不同视角进行分析，比较合理地解释了国际投资和跨国经营现象。

两条脉络的理论发展，都为世界经济学提供了有价值的理论和方法。马克思主义世界经济学属于主脉，主要研究"资本输出"理论、"结构主义"理论和"经济全球化"理论，围绕世界市场、国际价值和国际分工、国际资源配置等问题进行剖析。特别是马克思的国际价值理论成为构建世界经济理论的基石，马克思以世界市场和国际贸易为前提，用逻辑和历史一致的方法拓展劳动价值论，进而形成国际价值论和世界经济一体化理论。西方的国际经济学理论属于支脉，主要研究国际贸易、国际金融和国际投资理论，通过从斯密、李嘉图到克鲁格曼的理论探索，形成比较完善的国际贸易理论；同时，西方经济学家提出汇率决定理论、国际收支理论和跨国经营理论，为世界经济学提供了一些理论和方法。这两条脉络在世界经济领域汇集,为构建新时代世界经济学提供了重要知识积累。

三、构建世界经济学理论体系的现实机遇

当前世界经济格局在发生深刻变化,世界经济发展呈现出新特点,全球经济治理提出了新问题,这就为深化世界经济理论研究和完善世界经济学理论体系提供了新机遇和新要求。世界正处于大发展大变革大调整时期,"世界多极化、经济全球化、社会信息化、文化多样化深入发展,全球治理体系和国际秩序变革加速推进,各国相互联系和依存日益加深。国际力量对比更趋平衡,和平发展大趋势不可逆转。同时,世界面临的不确定因素突出,世界经济增长动能不足"[①]。这是世界经济发展进入新时代的基本特征,也是世界经济学转型的时代背景。

第一,随着新兴大国的崛起,多元化世界经济格局逐步形成。自2008年国际金融危机以后,发达国家经济增长明显放缓,世界经济处在"大调整"时期,全球各主要经济体力量对比发生变化,全球经济出现"再平衡"的趋势。世界银行行长佐利克(Zoellick,2009)认为,未来的世界可能实现"多极增长",将有助于世界经济实现平衡和全面的增长。从总趋势看,2010~2016年世界GDP增长率下降到3.1%。从具体结构看,将1989~2007年和2007~2016年作为两个时间段分析长期平均增长率,发达经济体的长期经济增长率从前段的3%左右回落到后段的1%左右;新兴与发展中经济体的长期经济增长率从前段的6.6%左右回落到后段的5%左右。[②] 可见,发达经济体的降幅较大,新兴与发展中经济体的降幅较小,相对而言,后者的增长趋势更好。国际金融危机以后,新兴与发展中经济体成为拉动世界经济增长的主要动力,对世界经济增长的贡献率不断提高,2008~2014年新兴与发展中经济体对世界经济增长的贡献率超过60%,仅中国的贡献率就达到30%左右。具体分析各主要经济体增长状况(见表1):2010~2015年,美国GDP的实际增幅为2.56%、1.55%、2.25%、1.84%、2.45%、2.88%,日本GDP的实际增幅分别为4.19%、-0.12%、1.50%、2.00%、0.38%、1.22%;2014年和2015年欧元区的GDP增幅为0.9%和1.6%。而中国和印

---

① 习近平:《决胜全面建成小康社会 夺取新时代中国特色社会主义伟大胜利》,载人民网,2017年10月28日,http://cpc.people.com.cn/n1/2017/1028/c64094-29613660-14.html。

② 以上数据均通过国际货币基金组织世界经济展望数据库(*IMF World Economic Outlook Database*,April 2019)整理得到。

度经济增长势头良好，2010~2015年，中国实际增长率分别为10.61%、9.50%、7.90%、7.80%、7.30%、6.90%，印度的实际增长率分别为10.26%、6.64%、5.46%、6.39%、7.41%、8.00%。根据2015年世界银行的数据，全球GDP总量排前10的国家依次为美国、中国、日本、德国、英国、法国、印度、意大利、巴西和加拿大，发达经济体有7个国家，新兴经济体有3个国家。从这种增长结构可以看到，随着新兴经济体份额的增加和发达经济体份额的减少，以美国为中心的单极格局在逐步改变，正在形成一种多元化的世界经济格局。

表1　　　　　　　　全球GDP总量排名前10国家的GDP增速　　　　　　　单位：%

国家	2007年	2008年	2009年	2010年	2011年	2012年	2013年	2014年	2015年	2016年	2017年	2018年	2019年
中国	14.20	9.60	9.20	10.61	9.50	7.90	7.80	7.30	6.90	6.73	6.76	6.57	6.27
美国	1.88	-0.14	-2.54	2.56	1.55	2.25	1.84	2.45	2.88	1.57	2.22	2.86	2.33
日本	1.65	-1.09	-5.42	4.19	-0.12	1.50	2.00	0.38	1.22	0.61	1.93	0.81	0.98
印度	9.80	3.89	8.48	10.26	6.64	5.46	6.39	7.41	8.00	8.17	7.17	7.05	7.26
德国	3.37	0.82	-5.56	3.94	3.72	0.69	0.60	2.18	1.48	2.16	2.46	1.45	0.75
英国	2.55	-0.35	-4.25	1.71	1.65	1.45	2.05	2.95	2.35	1.79	1.82	1.40	1.18
法国	2.43	0.26	-2.87	1.95	2.19	0.31	0.58	0.96	1.11	1.17	2.16	1.52	1.30
意大利	1.47	-1.05	-5.48	1.69	0.58	-2.82	-1.73	0.11	0.92	1.12	1.60	0.88	0.09
巴西	6.06	5.10	-0.12	7.55	3.99	1.93	3.01	0.51	-3.55	-3.31	1.06	1.11	2.06
加拿大	2.07	1.01	-2.93	3.09	3.15	1.76	2.33	2.87	0.69	1.11	2.98	1.83	1.46

资料来源：国际货币基金组织世界经济展望数据库（IMF World Economic Outlook Database, April 2019），法国、意大利2017年后为预测值，其余国家2018年后为预测值。

第二，全球化进程矛盾凸显，世界经济出现贸易保护主义浪潮。全球金融危机后的经济停滞给人类带来了一个重要的副产品，那就是"逆全球化"浪潮成为世界经济舞台上不可忽视的力量，形成了一股阻碍全球化进程的消极效应。从冷战结束以后，全球化进入高歌猛进的时代，特别是1995年成立的世界贸易组织（WTO），正式确立多边贸易体制，加速了经济全球化的进程。2008年的金融危机以后，欧美主要国家纷纷出台贸易投资保护措施，世界贸易和投资增速下滑，在较低的位置上下波动。全球商品和服务出口占GDP的比重，从1991年的19.5%上升到2008年的30%，到2015年下降至29.5%；全球FDI净流入占GDP的比重，从1991年的0.6%上升到2007年的5.1%，到2015年下降至2.9%。从世界贸易和投资增长速度看，可以划分为3个阶段:2003~2007年,实际出口增速为7.28%,实际进口增速为8.04%;2008~2012年,实际出口增速为2.71%,实际进口增速为2.52%;2013~2015年,实际出口增速为3.19%,实际进口增速为2.71%。[①] 可见,总的趋势是下滑的,但是在发展过程中是不断波动的,呈现出低位震荡状态。同时,世界贸易规则从开放的全球主义向整体的区域主义转变,各主要国家出现走向区域贸易安排的倾向,正在形成一些有全球影响力的区域集团:一是中美共同参与的亚太自贸区(FTAAP),它包括TPP全体成员和RCEP的12个成员,不仅具有较大的包容性,而且形成"贸易、投资、服务、知识产权纽带"的全球完整供应链;二是东盟主导的"区域全面经济伙伴关系协定"(RCEP),它包括东盟10国和中国、日本、韩国、印度、澳大利亚和新西兰,有利于形成完整东亚生产网络和区域价值链,但存在开放水平不同和协调成本高的问题;三是中国倡议的"一带一路",它是包括60余国的双边和多边机制,有利于形成欧亚大市场的纽带,实现互利共赢和共同繁荣。当前的全球化受阻表现出两个特征:主体力量从发展中经济体转变为发达经济体,过去是发展中经济体担心发达经济体的商品和资本给本国产业带来不利冲击,现在是发达经济体担心发展中经济体的商品和劳务给本国福利造成消极影响;总体趋势仍然是全球化不可逆转,当前的世界经济在经历比较缓和的调整,虽然出现了局部的贸易摩擦,各国出台了许多的贸易保护措施,但国际贸易规则的总体取向仍然是自由化,近年来的国际贸易和投资有所回升,世界经济发展中的第3次全球化浪潮正在兴起。

第三,全球价值链分工网络正在构建,各国之间经济联系愈益加深。当代的经济全球化是构筑在全球价值分工网络基础之上的,通过一些新型的贸易或跨国经营形式,将各国的经济运行更加密切地联系起来。目前,国际分工体系的总体格局是:发达国家已经步入信息社会阶段,成为全球的科技创新和金融中心,为世界提供了消费市场;发展中国家仍处在工业社会阶段,成为全球制造业中心,为世界提供了廉价商品;自然资源大国特别是石油输出国组织成员国家,成为全球初级产品供给中心,为世界提供原材料。在这个框架中,各国发挥要素禀赋的比较优势,形成国际产业链和价值链。随着国际分工的深化,全球型分工已经从产业间分工发展到产业内分工和产品内分工,企业生产的专业化程度越来越高。各国的企业可以通过外包、中间投入品贸易、企业内贸易等方式,充分获取全球化和分工深化的收益,同时承担一些贸易危机传染效应。来自不同国家和地区的企业,通过研发、设计、生产、销售、交货和售后服务等环节,构建上下游产业分工关系和全球价值链,形成"一荣俱荣、一损俱损"的联动关系。

---

① 根据WTO数据库整理得到。

与传统的分工体系不同，现代的分工体系具有以下特点：一是从全球价值链产品分工深入到要素分工，在价值链上表现为劳动要素密集、资本要素密集、技术要素密集或者其他要素密集的各个环节的分工；二是跨国公司成为全球价值链的主导者，要素分工的实质是跨国公司在全球范围内整合资源，它依托不同区域基于要素密集度的比较优势，将生产活动和其他功能性活动进行更加细密的专业化分工；三是服务外包成为全球价值链分解和优化的重要途径，通过服务外包网络拓展全球生产服务体系，更加有效地整合全球资源。同时，全球价值链分工网络的构建加深了世界经济的内在联系，国家之间经济的协动性增加，不仅是具有同质性的国家经济呈现明显的协动性，而且发达国家和发展中国家经济的协同性也在增强。

第四，世界经济增长动能不足，面临着寻找新动能和新秩序的任务。亚当·斯密研究了国民财富增进的途径：一是分工和专业化带来的技术进步和生产效率的提升；二是交换和贸易带来的利益共赢的增加。目前全球增长动能不足，导致世界经济长期低迷，寻求全球经济增长新动能有两条基本路径，一条是以技术创新推动经济增长，另一条是以合作深化促进经济增长。首先，深刻地把握新技术革命的特点，增强世界经济发展的动力。世界经济史的经验表明，世界经济的复苏和繁荣必然伴随着科学技术的变革。目前，信息时代和智能时代正在到来，信息技术是新一轮技术革命核心和先导，它给人类的生产方式、生活方式和思维方式带来深刻的影响。不仅以现代技术改造了传统产业，而且创造了一些新产业和新业态。信息技术与传统产业的融合，促进了制造业的智能化，互联网的信息化模式，催生了新的商业模式。国际金融危机后，世界各主要国家先后出台创新驱动战略，美国政府提出"重振制造业"战略，德国政府提出"工业4.0"计划，日本政府提出"机器人新战略"，中国政府提出"中国制造2025"，使世界经济焕发出新的活力。正在兴起的互联网、物联网、3D打印、人工智能以及航天航海、生物医药、新能源和新材料技术，高新科技产业化的加速，为世界经济加速发展找到了新的方向。其次，深刻地把握国际金融合作的新趋势，拓展世界经济发展的新空间。经济增长和贸易繁荣紧密相连，增长低迷和贸易下滑互为因果，事实表明，倘若没有国际贸易恢复较快增长，世界经济很难焕发生机和活力。发达国家贸易保护主义的升温，损害了多边贸易组织的权威和公信力，导致了市场预期暗淡和投资者信心不足。坚持"互利共赢"的合作原则，打造"开放共赢"的合作模式、"包容平衡"的发展模式，推动建设开放型世界经济，将为世界经济繁荣开辟新的空间。

当前世界经济发展的新格局、新趋势和新特征，标志着世界经济发展进入大发展、大变革和大调整的时期。为此，世界经济学应该研究世界经济发展新特征，总结世界经济发展新经验，促进世界经济学转型。具体地说，一是要研究世界经济发展新格局，分析第二次世界大战以来世界经济格局经历由两极到单极的过程以及正在形成多极化的格局；特别是分析新格局的特征，进而分析国际贸易、投资和金融的特征，国际分工结构及其特征，生产要素流动格局和国际生产体系，这种格局中的平衡与失衡以及国际协调，促进世界经济格局理论转型。二是要研究世界经济发展的新动能，分析历次科技革命对世界经济发展趋势的重要影响，当前以信息技术为核心的新技术革命促进现代经济的网络化，对国际贸易、国际资本流动和世界经济增长发生着深刻的影响，特别是研究以创新驱动为特征的世界经济发展趋势，分析新技术革命对新一轮经济全球化的推动作用，对世界产业结构的影响，分析这种产业结构演变形成世界经济新动能的机制，促进世界经济增长动力理论转型。三是要研究世界经济治理新体系，与世界经济格局演变相适应，分析全球经济从两极化主导治理走向单极主导治理并走向多极化治理的历程，特别是研究全球治理体制变革，分析完善全球治理体系的方向，进而研究发达国家和发展中国家共同参与全球治理的新机制，促进全球经济治理理论转型。

四、构建世界经济学理论体系的基本思路

自 20 世纪初期以来，各国经济学家长期探索世界经济和世界经济理论，初步构建了世界经济学理论（见表 2）。特别是中国的经济学家，将政治经济学、国别经济学和国际经济学的相关理论相结合，形成独特的理论体系，并随着时代进步推动世界经济学理论发展。纵观世界经济学发展历史，经济学家们编著了一些有代表性的教科书，体现了世界各国经济学家提出的世界经济学理论体系总体概貌。

表 2　　　　　　　　各国经济学家的代表性教科书

书名、作者	出版社、时间	世界经济的概念	理论体系的主要内容
［德］哈姆斯《世界经济问题》	古斯塔夫·菲舍尔出版社，1912 年	世界经济包括地球上各种个体经济之间的关系及其相互作用的总和，这些关系及其相互作用通过高度发达的运输得以实现，并且受国际条约管理和推动	世界经济文献；个体经济、国民经济及世界经济，国际运输公司（管理原则、国际运输方式、国际货物交换、海外投资与其他国际价值转移、具有经济目的的私营国际组织、国际性的国家条约）；社会经济学、个体经济学、国民经济学及世界经济学

续表

书名、作者	出版社、时间	世界经济的概念	理论体系的主要内容
[日]作田庄一《世界经济学》	日本改造社，1933年	世界经济可以理解为世界范围的经济生活，由国民经济联结的国际经济层与由各个经济联合的人类经济层所构成，包括作为关系的世界流通经济和作为体系的世界总体经济	世界经济概念和特点；世界经济形成（世界经济形成过程、世界经济组织、世界经济运行）；世界经济流通（世界商品流通、世界货币流通、世界营协流通）；世界生产分业（国际交换分业、世人经济分业、世人营协分业）；世界消费分益（国际交换分益、世人流通分益、世人营协分益）
[美]派特逊《世界经济学概论》	麦克米伦出版公司，1947年	世界经济把整个世界看成一个巨大的经济体，研究人口、资源和商业之间的关系。而国际经济的概念则包含各个国家是独立主权的，现在很多问题也来源于这种独立主权	人口、自然资源及其关系；国际和地区间账户（国际收支平衡）；国际贸易（总量、影响因素、外贸控制、经济保护、商业协定）；资本流动和机构（资本流动的本质、国外投资、国际卡特尔）；金融机制（货币和货币体系、外汇、金本位）；当前世界状况（建立世界机构、国际货币基金组织和世界银行、食物和原材料、战后国际贸易）
[苏]苏辛科《世界经济》	苏联国际关系出版社，1978年	整个世界经济是社会主义和资本主义两种世界经济体系的总和，两者处在复杂的相互作用之中，在进行经济竞赛的同时还发展着合作关系	世界经济：斗争和合作的领域（现代世界经济的发展及其特征、社会主义同资本主义的经济竞赛）；世界社会主义经济（世界社会主义体系及其发展规律、经互会成员国的经济和非成员国的经济）；世界资本主义经济（现代资本主义的不稳定性和帝国主义国家力量对比、资本主义世界经济联系体系变动）；发展中国家经济（发展中国家社会经济机构和经济发展）
[中]褚保一、张幼文《世界经济学原理》	中国财政经济出版社，1989年	世界经济是由不同发展水平的国家和国家集团组成的相互联系、相互依赖的有机整体，具有空间广阔性、历史短期性、构造复杂性、运转过程受干扰性的特点	国际价值与世界货币；世界经济的生产过程（世界生产与世界交换、国际分工、生产要素的国际流动、国际投资、跨国公司）；世界经济的交换过程（世界市场的特点，国际交换的性质，国家外贸政策、世界市场的垄断）；世界经济的再生产总过程（世界经济周期、科技革命、经济一体化、不同类型国家的国际经济关系）

续表

书名、作者	出版社、时间	世界经济的概念	理论体系的主要内容
[中] 李琮《世界经济学新编》	经济科学出版社，2000年	世界经济是世界规模的经济有机体，再生产过程已不仅是在各个国家范围内，而是在世界范围内进行，各国国民经济都成为这个过程的有机组成部分	世界经济的形成、发展和特点；世界经济的宏观主体；世界经济的基础（国际分工）；世界经济的纽带（国际商品流通、资本和劳动力的国际流动）；世界经济的运行（运行方式、市场机制与国际协调）；经济全球化和区域化；全球可持续发展
[中] 庄宗明《世界经济学》	科学出版社，2007年	世界范围内各国国民经济通过国际贸易与世界市场、生产国际化与生产要素国际流动、金融自由化与国际货币体系等经济纽带相互联系而构成的有机整体	世界经济运行（世界经济形成和发展、科技革命与世界经济结构、国际贸易与世界市场、生产国际化与要素国际流动、金融自由化和国际货币体系）；世界经济发展趋势（当代世界经济格局、区域经济合作、经济全球化）；世界经济的可持续发展（全球性问题、国际经济协调）
[中] 池元吉、李晓《世界经济概论》	高等教育出版社，2013年	世界经济是以各国国民经济为主体，通过国际贸易、国际投资、国际金融及国际劳务合作等纽带相联结，在世界范围内所进行的生产、分配、交换、消费等经济活动的总和	世界经济成长的基础和历程（经济全球化、科技革命、全球可持续发展）；世界经济的运行与协调（国际贸易与多边贸易体制、国际直接投资与跨国公司、国际货币体系与金融全球化、区域经济一体化）；世界经济发展中的制度变迁（战后发达国家经济体制调整、发展中国家经济改革、俄罗斯东欧国家和中国的经济改革）

习近平总书记指出："要按照立足中国、借鉴国外、挖掘历史、把握当代，关怀人类、面向未来的思路，着力构建中国特色哲学社会科学，在指导思想、学科体系、话语体系等方面充分体现中国特色、中国风格、中国气派"①。构建新时代世界经济学理论体系，应该选择逻辑起点和理论基础，在融通国内外知识积累和学术思想的基础上，致力于提出比较完整的理论框架。

第一，以要素的国际流动为逻辑起点，研究建设开放型世界经济（见图1）。经济

---

① 习近平：《在哲学社会科学工作座谈会上的讲话》，载人民网，2016年5月19日，http：//politics.people.com.cn/n1/2016/0519/c1024-28361447.html。

学研究的主题是资源和生产要素的优化配置，世界经济学研究的主题是在世界范围的资源和要素优化配置，为此，构建世界经济学的理论体系，应该以生产要素的国际流动为逻辑起点，研究资源和要素的国际性优化配置，进而具体地分析国际贸易、国际金融和国际投资发生的原因，提出引导生产要素国际流动的措施。具体地说，一是要研究要素国际流动实现优化配置的机制。商品的国际流动形成国际贸易，资金的国际流动形成国际直接投资，劳动力和技术要素的国际流动也深刻地影响着国际贸易和国际投资。随着生产的国际化，即生产过程愈益突破国界向国际范围延伸，生产要素也在国际范围自由流动，从而促进了生产要素在世界范围的优化配置；跨国投资造成资本的国际流动，投资者控制企业经营管理活动，从而带动商品、资本、技术和人才的国际流动和优化配置。特别是经济全球化条件下的要素流动超越国际贸易成为当代世界经济的主要特征，导致世界各国的比较优势发生变化，要素的国际流动可以改变一个国家的要素禀赋结构，进而改变生产结构和贸易结构；同时，要素的国际流动导致生产在世界范围的相对集中，分工深化到产品价值链的各个环节，提高专业化水平和规模经济，创造增长效应。二是要研究要素国际流动影响全球经济失衡的机制。"经济全球化是一把双刃剑，既为全球发展提供强劲动力，也带来一些新情况新挑战"[①]。在经济全球化深入发展的过程中，由于国家之间和主体之间利益分配的不均衡，造成全球经济失衡的问题。特别是要素流入的激励政策可以改变一个国家参与国际分工的模式，进而影响经济发展战略和道路的选择，即依靠吸引要素流入和培育高级要素推动经济发展。当前有两种突出的现象：第一种现象是优质要素在愈益向发达国家集中，而经济落后国家的优质要素愈益稀少，导致发达国家和不发达国家的差距越来越明显；第二种现象是全球要素流动出现发达国家高级要素向新兴经济体流动的趋势，使最终产品的生产更多地由新兴经济体承担，并且向发达国家出口，从而造成贸易不平衡问题。三是要研究当今世界出现的逆全球化浪潮。全球经济的失衡导致某些国家采取贸易保护主义政策手段，逆全球化浪潮开始涌动。特别是美国等发达国家从贸易和投资自由化的旗手，转向实行贸易保护主义战略。近几年出现的中美贸易战，直接原因是中国贸易顺差和美国贸易逆差的增大，深层原因是美国贸易违背了比较利益原则。相对而言，美国拥有更多的高级技术要素，应该多向中国出口高技术产品，然而，美国为了遏制中国技术的赶超，人为地限制高技术产品的出口，造成中美贸易中美国出口高技术产品的比重低于中国的奇怪现象。为此，我们应该研究全球贸易和投资自由化便利化发展新动向，分析逆全球化产生的原因以及逆全球化倾向下的关税调整和优化，

---

① 习近平：《深化伙伴关系 增强发展动力》，载《人民日报》2016年11月21日，第3版。

寻求实现世界经济再平衡的路径。

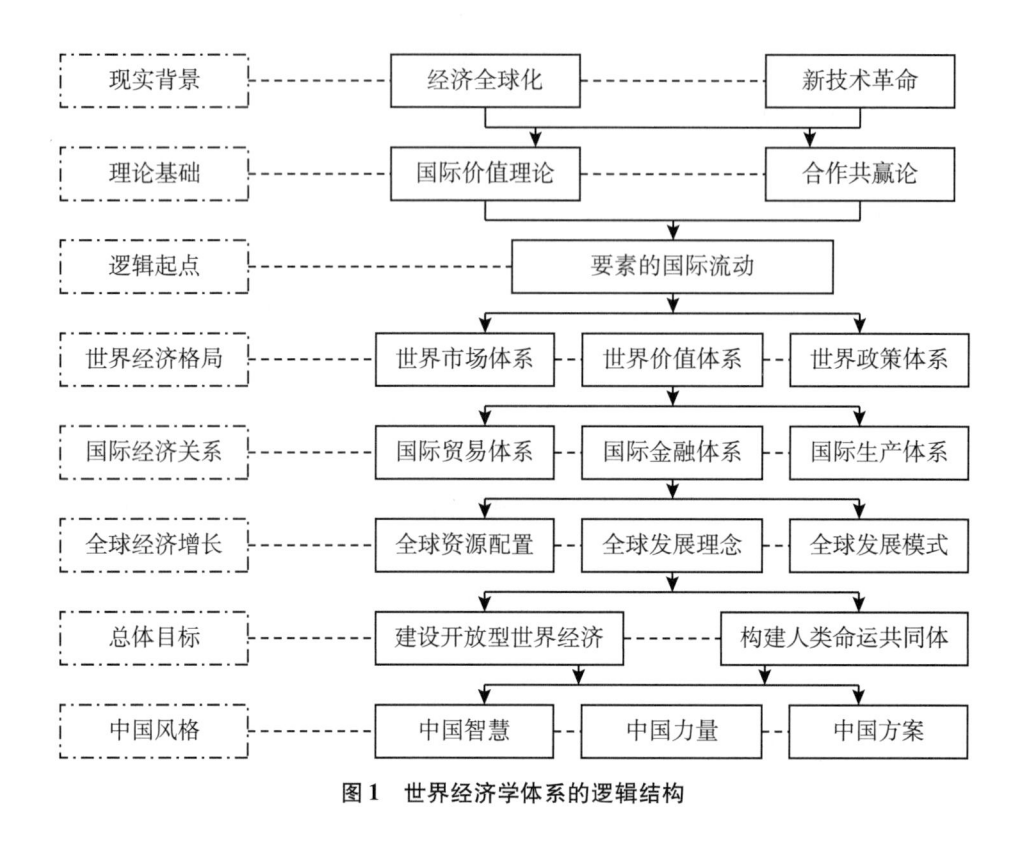

```
现实背景 ----- 经济全球化 ----------- 新技术革命
                  │                      │
理论基础 ----- 国际价值理论 ----------- 合作共赢论
                           │
逻辑起点 -------------- 要素的国际流动
                           │
世界经济格局 -- 世界市场体系 — 世界价值体系 — 世界政策体系

国际经济关系 -- 国际贸易体系 — 国际金融体系 — 国际生产体系

全球经济增长 -- 全球资源配置 — 全球发展理念 — 全球发展模式

总体目标 ----- 建设开放型世界经济 ------- 构建人类命运共同体

中国风格 ----- 中国智慧 —— 中国力量 —— 中国方案
```

图 1　世界经济学体系的逻辑结构

第二，以国际价值论为核心理论，研究构建包容均衡的全球价值链。各国经济开放的总目标是追求国际价值，利用全球生产要素和世界市场是为了获得国际价值，马克思的国际价值论应该成为构建世界经济学的核心理论。具体地说，需要研究两个重要问题，第一个问题，国际价值论怎样成为贯穿世界经济学理论体系的主线。马克思认为，价值只是劳动时间的凝结，从国际范围上看，也是具体劳动创造使用价值，抽象劳动创造国际价值，而这种抽象劳动是范围更大、抽象程度更高的劳动。所谓国际价值量，就是生产某种商品所消耗的国际社会平均劳动时间或者国际社会平均必要劳动量。在世界市场上，国家与国家之间或者商品所有者之间，表面上是交换商品和服务，实质上是彼此交换商品中所包含的劳动力，即发生的价值关系。根据国际价值规律的要求，首先是"不同国家在同一劳动时间内所生产的同种商品的不同量，有不同的国际价值"①。在同一劳动时间内不同国家创造不同量的国际价值，一个国家的生产

---

① 《马克思恩格斯全集（第 23 卷）》，人民出版社 1980 年版，第 614 页。

力越发达,劳动生产率越高,就越超过国际水平。其次是在不同劳动时间内不同国家创造相同数量的国际价值。欠发达国家可能以3个劳动日同发达国家的一个劳动日进行交换,因而它在国际交换中"所付出的实物形式的物化劳动多于他所得到的。但是,他由此得到的商品比他自己所能生产的更便宜"①。简而言之,欠发达国家在出口方面吃亏,但在进口方面获利,从总体上看是互利双赢的。发展中国家应该自觉融入经济全球化,从而获得开放的红利,特别是可以利用自身优势,生产一些成本低于国际生产成本的商品,获得更多的贸易利益。国际价值论是一种经济全球化理论,经济全球化是价值规律在世界范围内发生作用的必然结果。第二个问题,当今世界的国际价值及其新的特征。沃勒斯坦(1998)超越了发展经济学家提出的"中心-外围"理论,用"核心-半边缘-边缘"来界定现代世界体系,形成了3层解释的框架。与此相适应,可以超越赤松要和小岛清的雁行产业理论,提出"多极雁行理论",即在当代世界经济发展过程中,一些新兴经济体实行赶超战略,迅速地实现崛起和产业升级,在某些产业领域可以成为世界经济的头雁,从而形成发达国家和新兴经济体均可在不同产业领域成为头雁的多极雁行格局。这种新格局的形成,有利于世界各国的利益融合,有利于世界经济的包容和均衡增长。第三个问题,怎样构建包容均衡的全球价值链。全球化过程中的非均衡化,主要是由以往的国际经济秩序造成的,我们应该以马克思国际价值理论为基础,致力于建设国际经济新秩序。"利益融合,是世界经济平衡增长的需要。各国要充分发挥比较优势,完善全球产业布局,建设利益共享的全球价值链"②。应该分析不同经济体在全球价值链中的位置以及参与全球价值链分工的程度,比较不同经济体获得的实际收益,从而更加合理地进行国际分工,促进全球价值链网络拓展,使各国包容和均衡地获得国际价值;同时,致力于建立健全国际规则和协调机制,确保国际价值获得和交换公平而有效,通过完善全球治理体系,实现全球经济包容和均衡发展。

第三,以合作共赢论为核心思想,研究构建人类命运共同体。马克思提出的国际价值论阐述了商品和要素在世界范围内流动的依据,成为世界经济学的理论基石;习近平提出的合作共赢论阐述了当代世界经济实现利益融合和共同发展的路径,成为新时代世界经济学的核心思想。国际价值论和合作共赢论,两者共同构成世界经济学体系的理论基础。为此,世界经济学应该致力于研究三大课题。第一个问题,合作共赢论是对比较利益理论的补充和发展。中国古代提出的"两利相权取其重,两害相权取

---

① 马克思:《资本论(第3卷)》,人民出版社1975年版,第265页。
② 习近平:《习近平出席二十国集团领导人第八次峰会并发表重要讲话》,载《人民日报》2013年9月6日,第1版、第2版。

其轻"的观点,已经蕴含了"互利共赢"的思想。李嘉图(1997)提出的比较利益学说,认为资源禀赋和劳动生产率不同的国家,可以集中生产和出口具有比较优势的产品,进口具有比较劣势的产品,从而两国都可以获取比较利益。即使不存在技术进步,只要各国专注于自身拥有优势的产品的生产,并与贸易伙伴交换自己没有或者生产效率不如别国的产品,就是实现"得自贸易的收益"。习近平提出的"合作共赢论"不仅继承了比较利益学说的基本思想,而且从新的视角进行了系统分析,认为贸易和投资的便利化可以降低贸易和投资的成本,各国通过经济贸易交流可以共同优化全球资源配置,完善全球产业布局,建设利益共享的全球价值链,培育惠及各方的全球大市场,实现互利共赢的发展。这样,就根据当今世界经济贸易发展的特点补充和完善了比较利益学说。第二个问题,怎样通过合作共赢构建人类命运共同体。当今世界各国相互联系和相互依存的程度空前增加,"人类生活在同一个地球村里,生活在历史和现实交汇的同一空间里,越来越成为你中有我,我中有你的命运共同体"①。特别是世界发展和变革过程中充满风险挑战,没有哪个国家能够独自应对人类面临的各种挑战,也没有哪个国家能够退回到自我封闭的孤岛。如生态环境恶化、能源危机和金融危机等问题,都已经成为全球性问题,这些问题往往可以超越国界,在国际区域范围内蔓延和扩张,给全球经济安全带来消极的影响。解决这些问题,需要世界各国采取联合行动。为此,各国要顺应时代发展潮流,齐心协力应对挑战,开展全球性或区域性协作,创造人类共同发展的优良环境,推动世界经济共同繁荣。第三个问题,怎样通过建立全球治理体系构建人类命运共同体。为创造优良的国际环境,需要建立促进世界经济稳定发展的国际协调机制,健全全球治理体系。以往的协调机制虽然在促进国际经济稳定发展方面发挥了积极作用,但其作用在复杂的国际环境里出现效应递减的趋势;特别是原有的全球治理体系还存在缺陷,主要是明显地由少数发达大国起主导作用,发展中国家的话语权很小,合理的利益得不到保障,这就不利于发展中国家的进步和发展,发展中国家特别是新兴大国的积极作用难以得到很好的发挥。随着发展中国家经济的迅速发展,特别是新兴大国对世界经济增长的贡献加大,全球治理体系变革已成为大势所趋。我们应该高举建构人类命运共同体的旗帜,积极推动全球治理体系朝着更加公正合理的方向发展,特别是要适应世界经济格局的变化,更加平衡地反映新兴市场国家和发展中国家的利益。中国作为新兴大国的典型代表,应该发挥负责任大国的作用,深入研究怎样建立公平有效的全球治理体系,具体分析现有全球治理体系的结构和程序,揭示其失衡的原因以及对世界经济发展的重要影响;分析新兴大国对全

---

① 习近平:《习近平谈治国理政》,外文出版社2014年版,第272页。

球治理体系变革的要求以及大国责任,完善金砖国家、G20 国集团和"一带一路"等平台的有效路径,积极参与引领全球治理体系的变革和建设,从而提高治理效率和公平程度。

第四,以新一轮技术革命为现实背景,研究构建世界经济发展新模式。从 20 世纪 90 年代开始美国提出建立"信息高速公路"的设想,标志着世界进入信息化时代;进入 21 世纪以后,大数据、物联网、云计算和人工智能技术的兴起,正在将信息化推向一个新的阶段。习近平指出:"创新是从根本上打开增长之锁的钥匙。以互联网为核心的新一轮科技和产业革命蓄势待发,人工智能、虚拟现实等新技术日新月异,虚拟经济与实体经济的结合,将给人们的生产方式和生活方式带来革命性变化"[①]。为了适应信息化时代的要求,我们应该深入研究信息化对世界经济发展的影响,推动世界经济发展模式的转变。具体地说,一是研究信息化怎样促进世界经济增长方式发生变化,分析信息化通过提高劳动生产率影响世界经济中长期增长的机制,提出以信息化促进经济增长从粗放型走向集约型的思路,以信息化推进生产效率提高的措施。二是研究信息化怎样促进产业结构的优化和升级,分析信息化与工业化结合的趋势,IT 产业迅速发展以及在各国产业结构中比重增加的特点,它对工业、农业、服务业和高新技术产业的影响机制,以及打造信息产业集群的措施。三是研究信息化怎样促进经济全球化的发展,分析信息化为跨国公司的全球生产和经营提供的便利条件,互联网及其应用增强跨国公司跨越时空限制能力的机制,以及通过发展信息技术加速发展中国家追赶发达国家的作用。四是深入研究信息化怎样推动流通业的转型发展,分析电子商务导致"流通革命"的机制,零售业和金融业发生的深刻变化,新业态的出现及其重要意义,以及改善企业经营管理、提高交易效率和增强产品竞争力的措施。五是深入研究信息化的积极作用和消极影响,厘清国家和地区之间"信息差异"导致贫富差距拉大的机制,以及白领阶层的两极分化、机器人代替劳动力、人才流动等问题的后果及其影响。当前,特别要研究人工智能对经济的影响,分析下一代人工智能引领世界经济发展的可能性和现实性,以及催生新技术和新产业的机制,推动经济结构调整和产业转型升级的路径。因此,我们应该通过对这些问题的系统研究,发现信息化时代世界经济发展的新动能,探索推动世界经济转型的新机制和新路径,从而构建世界经济发展新模式理论。

第五,以中国风格为文化元素,研究中国智慧、中国力量和中国方案。"中华民族有着深厚文化传统,形成了富有特色的思想体系,体现了中国人几千年来积累的知识

---

① 习近平:《中国发展新起点 全球增长新蓝图》,载《人民日报》2016 年 9 月 4 日,第 3 版。

智慧和理论思辨"①。我们应该围绕世界经济发展面临的重大问题，致力于提出能够体现中国智慧的理念和方案，从而为世界和人类的发展做出积极贡献。20 世纪 80 年代以后，中国经济学家顺应经济全球化加速的趋势，建设以经济全球化理论为核心的世界经济学体系。当前，在世界经济大发展大调整大变革的新历史时期，怎样在以往经济学成就的基础上，运用中国智慧研究开放型世界经济，以人类命运共同体思想为核心构建中国风格的世界经济学话语体系？首先要融入中国精神，充分发挥中国文化的黏合作用，用和合思维分析世界多极化格局，用整体性思维促进世界各国的经济合作。在观察和思考国际贸易和投资问题的时候，要在人类命运共同体思想框架下，善于从多元融合、互利共赢、共建共享的角度分析问题，努力将世界经济发展中的各种因素凝聚起来，并且化消极因素为积极因素，从而形成推动建设开放型世界经济的强大力量。其次要体现中国力量，深刻认识新兴大国推动和稳定世界经济增长的责任，做好世界经济稳定的"压舱石"，世界经济增长的助推器，充分发挥中国作为新兴大国和发展中大国的典型代表的作用，充分反映新兴市场和发展中国家的利益诉求，努力重塑全球价值链，积极参与全球经济治理，提升制度性话语权，不断改善新兴市场和发展中国家的贸易和投资环境，推动建立公正合理的世界经济新秩序。最后要提出中国方案，面对经济全球化加速发展的新问题、全球化和逆全球化碰撞的新矛盾、信息化时代世界经济发展的新特征，善于胸怀世界经济稳定和发展大局，用中国智慧和世界眼光分析各种新矛盾和新问题，提出化解矛盾和解决问题的中国方案，特别是要总结提出人类命运共同体思想和"一带一路"倡议为世界经济发展贡献中国方案的经验，总结建设自由贸易区和自由贸易港的经验，为世界经济转型发展注入新的活力。遵循这样的思路开展研究，将推动世界经济学理论进入新境界，增强中国对世界经济学理论的话语权，为世界经济学理论新发展做出贡献。

参 考 文 献

［1］艾德阿德·安尼南特，赵红军. 中国、全球化及 IMF［J］. 国际贸易译丛，2001（6）：8 - 12.

［2］艾特弗里·哈伯勒. 繁荣与萧条［M］. 朱应庚，译. 北京：中央编译出版社，2011.

［3］巴克利，卡森. 跨国公司的未来［M］. 冯亚华，池娟，译. 北京：中国金融出版社，2005.

---

① 习近平：《在哲学社会科学工作座谈会上的讲话》，载人民网，2016 年 5 月 19 日，http：//politics. people. com. cn/n1/2016/0519/c1024 - 28361447. html。

［4］布哈林．世界经济和帝国主义［M］．蒯兆德，译．北京：中国社会科学出版社，1983．

［5］池元吉，李晓．世界经济概论［M］．北京：高等教育出版社，2013．

［6］褚保一，张幼文．世界经济学原理［M］．北京：中国财政经济出版社，1989．

［7］邓宁．贸易、经济活动的区位与跨国企业：折衷理论的探索［M］．伦敦：帕格雷夫·麦克米伦，1977．

［8］多恩布什．宏观经济学［M］．12版．北京：中国人民大学出版社，2017．

［9］弗里茨·马克卢普．美国的知识生产与分配［M］．孙耀君，译．北京：中国人民大学出版社，2007．

［10］戈森．人类交换规律与人类行为准则的发展［M］．陈秀山，译．北京：商务印书馆，1997．

［11］哈罗德．动态经济学［M］．黄范章，译．北京：商务印书馆，2013．

［12］哈姆斯．世界经济问题［M］//哈姆斯．国民经济与世界经济．耶拿：古斯塔夫·菲舍尔出版社，1912．

［13］赫克歇尔，俄林．赫克歇尔-俄林贸易理论［M］．陈颂，译．北京：商务印书馆，2018．

［14］杰夫瑞·萨克斯．贫穷的终结：我们时代的经济可能［M］．邹光，译．上海：上海人民出版社，2007．

［15］卡塞尔．1914年以后的货币与外汇［M］．姜井勇，译．北京：商务印书馆，2016．

［16］莱斯特·瑟罗．资本主义的未来［M］．周晓钟，译．北京：中国社会科学出版社，1998．

［17］李琮．世界经济学新编［M］．北京：经济科学出版社，2000．

［18］李嘉图．政治经济学及赋税原理［M］．北京：商务印书馆，1997．

［19］连平．世界经济总论［M］．上海：上海科学普及出版社，1998．

［20］马克思．马克思恩格斯全集（第23卷）［M］．北京：人民出版社，1980．

［21］马克思．马克思恩格斯全集（第46卷下）［M］．北京：人民出版社，1980．

［22］马克思．马克思恩格斯选集（第2卷）［M］．北京：人民出版社，1972．

［23］马克思．马克思恩格斯选集（第1卷）［M］．北京：人民出版社，1972．

［24］马克思．资本论（第1卷）［M］．北京：人民出版社，1975．

［25］蒙代尔．蒙代尔经济学文集［M］．向松祚，译．北京：中国金融出版社，2003．

［26］派特逊．世界经济学概论［M］．纽约：麦克米伦出版公司，1947．

［27］普雷维什．拉丁美洲的经济发展及其主要问题［M］//郭熙保．发展经济学经典论著选．北京：中国经济出版社，1998：425．

［28］钱俊瑞．为创建和发展马克思主义的世界经济学而奋斗［J］．世界经济，1980（3）：1-10．

［29］仇启华．世界经济学［M］．北京：中共中央党校出版社，1989．

［30］陶大镛．论世界经济的研究对象［J］．社会科学战线，1980（2）：95-109．

［31］沃勒斯坦．现代世界体系（第1卷）［M］．尤来寅，等译．北京：高等教育出版社，1998．

[32] 习近平. 决胜全面建成小康社会 夺取新时代中国特色社会主义伟大胜利 [M]. 北京：人民出版社，2017.

[33] 习近平. 深化伙伴关系 增强发展动力 [N]. 人民日报，2016-11-21 (3).

[34] 习近平. 习近平出席二十国集团领导人第八次峰会并发表重要讲话 [N]. 人民日报，2013-09-06 (1-2).

[35] 习近平. 习近平谈治国理政 [M]. 北京：外文出版社，2014.

[36] 习近平. 中国发展新起点 全球增长新蓝图 [N]. 人民日报，2016-09-04 (3).

[37] 亚当·斯密. 国民财富的性质和原因的研究 [M]. 北京：商务印书馆，2003.

[38] 杨圣明. 马克思主义国际价值论及其中国化探索 [M]. 北京：社会科学文献出版社，2012.

[39] 张宇燕. 当代中国世界经济学研究 [M]. 北京：中国社会科学出版社，2016.

[40] 庄宗明. 世界经济学 [M]. 北京：科学出版社，2007.

[41] 作田庄一. 世界经济学 [M]. 日本改造社，1933.

建设中国特色发展经济学理论体系

欧阳峣

习近平总书记提出：创新发展中国特色经济学，是中国经济学者的光荣使命。① 根据我的理解，所谓"中国经济学"就是中国特色和中国风格的经济学。下面，我结合自己的研究领域和方向，谈谈中国特色发展经济学体系及其建设思路。

一、建设中国特色发展经济学的时代背景

《新帕尔格雷夫经济学大辞典》是这样解释经济学的：经济学的定义随着实践的推移而显著地演变，它受经济学研究重点的影响，并影响着经济学研究的重点。从斯密关于"国民财富形成的原因"，到马歇尔关于"获取和利用幸福生活必备物质的个人行为和社会行动"，再到罗宾斯关于"研究稀缺资源配置的学科"。随着经济学研究对象的多元化趋势，确实难以做出经济学家普遍认可的定义。可见，经济学的内涵和外延是变化发展的，我们也没有必要把"西方经济学"当作经济学的"圣经"，而应该致力于建设中国特色经济学。

经济学在本质上是解释社会经济现象的逻辑体系，翻开经济学的历史画卷，我们可以清晰地看到世界经济的重心与经济学的重心形成的两个同心圆：自18世纪工业革命以后的英国成为世界经济的重心和经济学研究的重心，在这里孕育了一批英国经济学家和独创性的经济学理论；在第一次世界大战结束以后，这两个重心都是逐渐转移到美国，孕育了一批美国经济学家和独创性的经济学理论。当历史进入21世纪以后，中国经济迅速崛起，已经成为名副其实的"世界工厂"，对世界经济的贡献愈益增大。

---

* 本文原载于《经济学动态》2020年第7期，《构建中国经济学笔谈》。
** 作者简介：欧阳峣，经济学教授，博士生导师，湖南师范大学大国经济研究中心主任。
① 习近平：《在2018年全国宣传思想工作会议上的讲话》，载《人民日报》2020年3月2日，第9版。

如果中国能够成功地跨越"中等收入陷阱",必将成为真正的世界经济强国;如果能够满足三个条件:拥有世界上最先进的技术、最有效的制度和最发达的金融,那么,中国将成为世界经济的引领者,这个世界经济重心也将成为经济学研究的重心,孕育一批中国经济学家和独创性的经济学理论。

发展经济学的奠基人张培刚先生说过:发展经济学唯有对问题特别复杂的大国进行重点研究,揭示出大国经济发展的规律,找出解决的途径,才能使其理论观点和政策主张更富有普遍性和实用性。中国是典型的发展中大国,经过新中国成立后70多年的建设,在工业化、城市化和现代化方面取得了举世瞩目的成就;目前,正在实现经济的转型发展,建设现代化经济体系,推动经济高质量发展。我们已经看到中国经济引领世界经济的端倪,已经望见中华民族伟大复兴的曙光。为此,总结和完善独创性的经济学理论,建设中国特色发展经济学理论体系,已经成为历史赋予中国经济学家的光荣使命。

二、构建中国特色发展经济学的重要理论

中国的发展和改革是复杂的系统工程,与此相适应,中国经济学也涉及非常广泛的内容。然而,倘若要构建中国经济学的理论体系和教材体系,应该从最基本和最成熟的内容开始。从目前的情况看,中国政治经济学、中国宏观经济学、中国发展经济学的内容已经比较成熟。中国发展经济学,主要在探索工业化和城市化道路以及经济发展优势方面取得了一些突破,我们应该在发展经济学的理论框架下,总结中国道路的经验,提出独创性的理论,从而为中国经济学教材体系提供核心理论。我近些年主要在研究发展经济学,因此,我主要从发展经济学的视角,总结和概括中国发展经济学的独创性理论。

(1) 科学发展理念。党的十八届五中全会提出:实现"十三五"时期发展目标,必须牢固树立并切实贯彻创新、协调、绿色、开放、共享的发展理念。党的十九大报告强调:发展必须是科学发展,必须坚定不移贯彻创新、协调、绿色、开放、共享的发展理念。"五大发展理念",是我们党破解发展难题的经验总结,也是实现中国经济转型发展的基本方向,并且反映了世界性的发展趋势,可以说是对中国发展经验和世界发展经验的科学总结和概括,可以成为构建中国发展经济学的核心理论。

(2) 社会矛盾理论。党的十九大报告提出:中国特色社会主义进入新时代,我国社会主要矛盾已经转化为人民日益增长的美好生活需要和不平衡不充分的发展之间的

矛盾。新中国成立以后，我党在认识社会主要矛盾方面进行了科学探索，党的八大提出：我们国内的主要矛盾，已经是人民对于经济文化迅速发展的需要同当前经济文化不能满足人民需要的状况之间的矛盾。后来概括为"人民日益增长的物质文化需要同落后的社会生产之间的矛盾"，这种认识为中国的社会主义经济建设提供了科学指导。在中国经济转型发展的新时期，科学地把握社会主要矛盾的转变，为中国经济高质量发展提供了理论支撑。

（3）内生能力理论。习近平总书记指出：支撑中国经济发展的内生因素很充分，我们对中国经济保持持续健康发展抱有信心，中国不会落入所谓"中等收入陷阱"。① 中国是新兴大国的典型代表，大国丰富的自然资源和人力资源可以满足国内生产对各种要素的需求，大国广阔的国内市场可以支撑国内产业的专业化和规模经济，从而形成大国内生能力。根据这种大国特征，在经济进入高质量发展轨道以后，必须走以内需为主的发展道路，加快构建完整的内需体系，逐步形成"以国内大循环为主体、国内国际双循环相互促进的新发展格局"。

（4）综合优势理论。习近平总书记在分析中国经济发展形势时指出：中国在今后相当长时期仍处于发展上升期，工业化、信息化、城镇化、农业现代化带来巨大国内市场空间，社会生产力基础雄厚，生产要素综合优势明显。② 中国经济高速持续发展的一条重要经验，就是充分发挥大国经济综合优势，中国是发展中国家，拥有自然资源、劳动力资源的比较优势，拥有学习发达国家先进技术和管理经验的后发优势；同时，中国是超大规模国家，拥有国内市场潜力巨大的规模优势。比较优势、后发优势和规模优势，构成了中国经济发展的综合优势。

（5）集权分权理论。中共十九届四中全会提出：健全充分发挥中央和地方两个积极性体制机制。理顺中央和地方权责关系，加强中央宏观事务管理，赋予地方更多自主权，支持地方创造性地开展工作。中国是一个大国，管理范围特别大，因而需要探索统一管理和分散管理相结合的道路，构建集权和分权相结合的机制。通过长期的改革和探索，逐步建立了长期稳定的中央和地方的利益关系格局，特别是权责清晰、财力协调、区域均衡的中央和地方财政关系，形成了适宜的集权分权理论。

（6）开放共赢理论。习近平总书记提出：面对国际形势的深刻变化和世界各国同

---

① 习近平：《中国不会落入所谓中等收入国家陷阱》，载东方网，2013年11月2日，http://news.eastday.com/eastday/13news/node2/n4/n6/u7ai69036_K4.html。
② 习近平：《习近平同出席博鳌亚洲论坛2013年年会的中外企业家代表的座谈》，载人民网，2013年4月9日，http://politics.people.com.cn/n/2013/0409/c1024-21061919.html。

舟共济的客观要求，各国应该共同推动建立以合作共赢为核心的新型国际关系。① 现在的世界是开放的世界，各国通过经贸交流将会优化全球资源配置，建立利益共享的全球价值链，形成优势互补的全球产业链，实现互利共赢的发展。中国的发展离不开市场，必须积极发展全球伙伴关系，扩大同各国的利益交汇点，特别是构建总体稳定、均衡发展的大国关系框架，加强"第一次"国际性区域合作。这个理论继承和发展了比较利益学说，并在建设人类命运共同体理论框架下实现了创新发展。

三、培育中国特色发展经济学的基本路径

如前所述，我们在中国经济发展的实践中，创造了一系列的成功经验，获得了一些规律性的认识，也提出了一些独创性理论。为了构建中国经济学理论，建设中国经济学教材体系，需要做好培育和完善的工作。

（1）遵循经济学理论发展逻辑，推动中国经济学层次转换升级。构建中国经济学理论，需要经历长期和渐进过程，在这个过程中交织着经济学层次的转换和升级。从经济学的层次来看，主要包括"原理经济学""规律经济学""政策经济学"。所谓"政策经济学"，是指采用的经济政策或经济战略获得成功，如"马歇尔经济学""里根经济学"等；所谓"规律经济学"是指从成功的经验中总结和概括出规律性的认识，它包括在不同领域发生作用的规律，如资本主义剩余价值规律、社会主义商品生产价值规律等，它对同类国家的经济发展具有借鉴意义。所谓"原理经济学"是指带有普遍性的和最基本的经济学理论，可以用它来解释其他的经济学规律，如价格均衡理论、机会成本理论、要素禀赋理论等。为此，中国经济学理论的构建应该是不同层次经济学的依次推进：首先是政策经济学，中国已经有许多经济政策和经济战略被实践证明是成功的，已经或正在进行系统梳理；其次是规律经济学，我们在改革和发展中总结出一些经济规律，仍需深化认识；最后是原理经济学，怎样运用抽象思维提炼带有普遍性的经济学基础理论或原理，特别是形成独特的范畴体系，这是目前中国经济学家面临的重要任务。

（2）系统地梳理中国经济发展经验和规律，真正讲好中国故事。更加全面系统地总结中国经济发展道路的成功经验，更加深刻地认识中国经济发展的特殊规律，这是

---

① 习近平：《携手构建合作共赢新伙伴 同心打造人类命运共同体——在第七十届联合国大会一般性辩论时的讲话》，载《中国投资》2015 年第 11 期，第 20~22 页。

建立中国经济学理论的基础性工作。首先，我们要讲好中国故事，如中国改革有许多生动的故事，中国通过对外开放，利用巨大的国际市场，发挥劳动力要素比较优势，将制造业培育成大产业，从而成为"世界工厂"的故事；中国利用后发优势，实行技术模仿创新，逐步缩小与国际技术前沿差距，从而成为高技术产品出口国的故事；中国通过探索集权和分权的适宜程度，建立长期稳定的机制的故事。其次，中国经济发展具有客观的必然规律，我们要深化对这些经济规律的认识，从而丰富中国经济学理论，如深化对大国经济以内需为主体的规律的认识，完善以内需为主体的国际国内双循环理论；深化对社会基本矛盾演变规律的认识，完善新时代社会主要矛盾理论；深化对技术进步演化规律的认识，完善重大产业关键核心技术自主创新理论。我们应该根据中国经验讲好中国故事，根据经济规律提炼经济理论，并将这些内容融入中国经济学，写出丰富生动的经济学教科书。

（3）协调好中国经济学与既有经济学理论的关系，共享人类文明成果。习近平总书记指出：哲学社会科学的现实形态往往是古往今来各种知识观念、理论、方法等融通生成的结果。[①] 构建中国经济学理论，需要协调好与既有经济学理论的关系，在综合人类思想智慧的基础上形成科学体系。马克思主义经济学中的基本原则和思想理论，仍然是建设中国经济学的指导思想，西方经济学中的一些理论和方法，自然是建设中国经济学的重要借鉴。同时，中国经济学是中国特色和中国风格的经济学，特别需要融入中国文化的元素。"中华民族有着深厚文化传统，形成了富有特色的思想体系，体现了中国几千年来积累的知识智慧和理论思辨。"从中国文化和中国智慧阐述重要的经济思想，我们需要认真地总结和梳理，并且吸收有价值的内容。中国文化中蕴含了一些特有的思维方式，如整体思维、多元思维和"和合"思维，我们应该很好地加以运用，通过用中国思维方式思考和解决中国经济问题，将中国智慧和世界眼光有机结合，从而为中国经济学增添异彩。

---

① 习近平：《在哲学社会科学工作座谈会上的讲话（全文）》，载国务院新闻办公室网站，2016 年 5 月 19 日，http：//www.scio.gov.cn/31773/31774/31783/Document/1478145/1478145_1.htm。

新发展格局下大国经济开放空间构建*

欧阳峣**

摘 要 从斯密和马克思到韦伯和克鲁格曼,经济开放空间的研究经历了从市场空间、生产空间到要素集聚空间的过程,空间经济学理论通过揭示经济空间选择的影响因素和客观规律为研究经济开放空间奠定了基础。进入21世纪,中国依托二十国集团、金砖国家、"一带一路"沿线国家以及中日韩自贸区,从总体上构成了纵横交错、有点有面、功能齐全的国际经济开放空间圈层结构。遵循构建新发展格局的思路,应该抓住百年未有之大变局的历史机遇,选择和拓展适应国内国际双循环发展格局的经济开放空间。总体的战略是:从新兴大国国情和经济高质量发展目标出发,根据自主选择、动态调整和内外均衡的原则,以国内经济空间为主体、以后发国家经济空间为延伸、以发达国家经济空间为前沿,构建具有综合优势的大国经济开放格局。

关键词 新发展格局 经济开放 国际空间

一、引言

中共十九届五中全会明确地将"加快构建以国内大循环为主体、国内国际双循环相互促进的新发展格局"作为"十四五"期间经济社会发展的主要目标之一,这是党中央根据我国新发展阶段、新历史任务和新环境条件所做出的重大战略决策。[①] 怎样形成新发展格局?从空间的维度说是中国经济空间和全球经济空间的有效连接及合理布局问题,因而需要运用空间经济学的理论原理进行系统地思考,构建一个将国内空间和国际空间有机结合,并且能够有效地发挥要素集聚和扩散效应的大国经济开

---

* 本文原载于《湖南师范大学社会科学学报》2021年第3期。
** 作者简介:欧阳峣,经济学教授,博士生导师,湖南师范大学大国经济研究中心主任。
① 《中共中央关于制定国民经济和社会发展第十四个五年规划和二〇三五年远景目标的建议》,载《人民日报》2020年11月4日,第3版、第4版。

放空间。

伴随着中国对外开放的进展,学术界对经济开放问题做了较多研究。特别是进入新世纪以后,中国对外开放的空间布局也成为讨论的重点问题。具体地说,一是分析中国对外开放空间布局的差异性特征,对东、中、西部经济开放程度进行实证研究(魏浩,2018;张红霞,2009;汪素芹,2013;苏庆义,2016;刘洪槐,2019)。二是分析中国对外开放区域政策的演变过程,总结由点到面的渐进式开放模式(黄玖立,2013;张平,2018;洪俊杰,2018;裴长洪,2019;盛斌,2019)。三是分析对外开放空间布局的影响因素,揭示区域经济发展与经济开放的互动关系(杨汝岱,2013;鲁志国,2018;唐宜红,2019;张磊,2019;刘洪槐,2019)。以上是关于国内经济开放空间的研究,而关于国内经济开放空间的选择,主要集中探讨了中国对外直接投资的区域选择问题,重点是同"一带一路"沿线国家的经济贸易和投资合作问题。王晓红(2017)提出要逐步加快对"一带一路"沿线国家的投资战略布局,积极深化对发达国家投资的战略布局;聂名华(2017)认为中国对外直接投资的区域分布不均衡,主要是对发展中经济投资较多,需要合理调整区位配置,增加对发达经济体的投资。综上所述,学术界的研究主要集中在国内经济开放空间布局问题,而对国外经济开放布局涉及较少,仅仅是从经贸合作、对外投资方面探讨了一些具体问题,尚未从理论上和战略上进行系统研究。本文将从构建新发展格局的视角,依托空间经济理论和探讨大国经济开放的空间结构及其特点,提出构建国外经济开放空间的新思路。

二、经济空间与经济开放的理论逻辑

(一)从市场空间、生产空间到要素集聚空间

在经济理论发展史上,经济开放空间的研究经历了从市场空间、生产空间到要素集聚空间的过程。亚当·斯密在《国富论》中明确地提出:"分工起因于交换能力、分工的程度,因此总要受交换能力大小的限制,换言之,要素市场广狭的限制。"[①] 他在这里提出了"市场空间假说",他谈到的"市场广狭"问题,实际上就是"市场空间"问题。在斯密看来,其一,市场空间是分工的基本前提,"市场要是过小,那就不能鼓

---

① 亚当·斯密:《国民财富的性质和原因的研究》,商务印书馆2003年版,第16页。

励人们终生专务一业"。只有市场空间扩大了,人们才可能细致地分工和专业化生产。其二,市场空间扩展是经济繁荣的重要条件。"有些业务,哪怕是最普通的业务,也只能在大都市经营"。① 大城市的市场空间较大,有利于各种经济和经营活动的开展。卡尔·马克思提出了"生产空间假说",首先,他认为"空间是一切生产和一切人类活动的要素"②。人们无论从事各项活动特别是生产活动,不可能离开"空间"这个基本要素。其次,"资本按其基本性来说,力求超越一切空间界限"③。资本的本性是追逐高额利润,为了利润它将不断地拓展空间。马克思的研究做出了两大贡献:一是提出空间是一切生产活动的要素,从企业生产的角度来阐述空间的重要性,把经济空间的研究从"市场空间"推进到"生产空间"。二是提出资本将超越一切空间的论断,从生产空间拓展的视角研究经济空间,实际上提出了经济开放理论,并将资本追逐利润的本性看作经济空间开放的原动力。

从韦伯、施勒到波特,经济空间理论演变为产业集聚和要素集聚理论,克鲁格曼则提出了空间集聚模型。现代工业区位的奠基人阿尔弗雷德·韦伯认为,区位因素是指"经济活动发生在某个特定点或若干点上,而不是发生其他点上所获得的优势。"④ 他把区位因素分为两类:一类是"区域性地分布工业的";一类是在区域分布中"集聚"或"分散"工业的,从而提出了区域集聚的问题,进而专门研究了"集聚"问题,"集聚因素是一种'优势',或是一种生产的廉价,或者是生产在很大程度上被带到某一地点所产生的市场化"⑤。同时,还分析了"集聚"的两个阶段:第一阶段是简单地通过企业扩张使之集中化,第二阶段是每个大企业以其完善的组织而地方集中化。而且,大规模生产显著的经济优势就是有效的地方性集聚因素,包括技术设备的专业化、劳动力组织的发展、市场效率的提高和经济性开支成本的降低等。奥古斯特·施勒将工业区位研究转向整体经济空间的研究,从静态研究转向动态研究。他不仅分析了企业区位的自由"集积",而且研究了市场网状组织、地区网状组织和网状组织体系,特别是试图揭示经济空间的秩序及规律性。⑥ 迈克尔·波特通过引入"集群"概念,系统地研究了产业集群及产业竞争力问题,他认为"集群不仅仅降低交易成本、提高效率,而且改进激励方式,创造出信息、专业化制度、名声等集体财富。更重要

---

① 亚当·斯密:《国民财富的性质和原因的研究》,商务印书馆 2003 年版,第 16 页。
② 马克思:《马克思恩格斯全集(第 46 卷)》,人民出版社 2003 年版,第 875 页。
③ 马克思:《马克思恩格斯全集(第 30 卷)》,人民出版社 1995 年版,第 521 页。
④ 阿尔弗雷德·韦伯:《工业区位论》,李刚剑译,商务印书馆 2010 年版,第 36 页。
⑤ 阿尔弗雷德·韦伯:《工业区位论》,李刚剑译,商务印书馆 2010 年版,第 131 页。
⑥ 奥古斯特·施勒:《经济空间秩序》,王守礼译,商务印书馆 2010 年版,第 138~156 页。

的是集群能够改善创新的条件,加速生产率的成长,也更有利于新企业的形成"[1]。保罗·克鲁格曼的新贡献则在于他把空间因素模型化,构建了规范的空间集聚模型。他不仅分析了中心－外围区域模型、城市层级体系模型,而且提出了产业集聚和国际贸易模型,认为国际专业化过程与典型的集聚过程非常相似,它是从既作为生产者又作为中间品消费者的制造业双重角色中产生的。由于国界成为劳动力流动的壁垒,"在特定的国家,这些关联效应并不能导致人口的集中,但是可以产生一种专业化过程,使制造业或特定产业集中到有限的几个国家"[2]。

(二) 空间经济学视野的经济空间开放理论

空间经济学理论揭示了经济空间选择的影响因素和客观规律,为研究经济开放空间奠定了基础;特别是,马克思揭示了资本"力求超越一切空间界限"的必然性,克鲁格曼揭示了生产要素通过国际流动形成国际专业化和国际空间集聚的规律性,为探讨经济开放空间提供了理论和方法。

(1) 国际经济空间开放是要素国际流动从非连续性空间到连续性空间的过程。所谓空间是物质运动的存在形式,表示物质之间的并存关系和分离状态,具有连续性和非连续性相统一的特征。空间的连续性是指空间的广延性,即空间在无条件限制时是可以无限地延伸的;空间的非连续性是指空间的隔离性,即空间在具体的条件下只能有限地延伸。我们将空间的非连续性与连续性原理运用于国际经济空间开放中,要素在国际范围的流动也是非连续性和连续性的统一,而导致经济空间开放的非连续性的主要因素则是国家的存在。国家的政治规模受到国界的限制,经济规模在封闭条件下也受到国界的限制,国家可以利用各种政治和经济手段限制要素的自由流动。然而,"只有在完全封闭的世界中,即国与国之间没有任何的经济联系时,每个国家的市场规模才与其政治规模相一致"[3]。在经济全球化条件下,经济空间开放的非连续性随着世界经济一体化程度的提高而不断地扩展。在理想化的经济开放空间里,生产要素可以在世界范围无限制的流动,每个国家的经济开放空间就是整个世界的经济空间。

---

[1] 迈克尔·波特:《国家竞争优势》,李明轩、邱如美译,华夏出版社2002年版,第3页。
[2] 藤田昌久,保罗·克鲁格曼,安东尼·维纳布尔斯:《空间经济学》,中国人民大学出版社2005年版,第285页。
[3] 阿尔伯托·阿莱恩纳,恩里科·斯波劳雷:《国家的规模》,格致出版社、上海人民出版社2020年版,第91页。

(2) 国际经济空间开放将会带来要素国际流动的集聚效应和扩散效应。经济发展空间差异性的存在，促使资本、技术和劳动力流动，从一个经济空间转向另一个经济空间。假如站在母国的角度，要素流动从国内经济空间向国外经济空间的转移属于扩散效应，而从国外经济空间转向国内经济空间属于集聚效应，国际范围的要素集聚和扩散是国际经济空间开放带来的双重效应。马歇尔用"外部经济"来解释产业在经济空间的集聚，认为有三种力量影响产业集聚的正外部性，即劳动力市场共享、专业化服务和技术外溢，这三种力量形成产业空间集聚的向心力。根据克鲁格曼的研究，集聚的机制不仅是传统的要素流动，而且是中间产品的前后向联系。前向联系是指拥有规模庞大的制造业部门的经济空间可以提供多种类的中间产品，后向联系是指最终商品生产规模巨大的经济空间为中间投入品生产提供庞大的市场。在开放的国家经济中，要素向国外空间的流动往往通过对外直接投资或者跨国经营来实现，企业的跨国经营可以将技术研发、生产制造或者营销服务环节转移到国外的经济空间，对外直接投资将以资本要素带动技术和劳动力要素向国外经济空间的转移。

(3) 大国幅员辽阔的经济空间优势有利于构建国内国际双循环发展格局。大国拥有广阔的市场范围，有效地利用国内经济空间就可以容纳规模庞大的要素集聚和产业集聚，从而实现国内经济的大循环。人口众多和幅员辽阔是大国经济的两个初始特征，幅员辽阔不仅意味着丰富的自然资源，而且意味着广阔的市场范围；将地理空间变为经济空间，就可能变成庞大的经济规模。根据斯密的"市场范围假说"，广阔的市场范围可以形成分工和专业化，支撑制造业的发展；根据马克思的"生产空间假说"，广阔的经济空间可以容纳庞大的生产要素组合，支撑大企业的发展；根据克鲁格曼的"报酬递增假说"，广阔的经济空间可以促进企业和产业集聚，形成庞大的产业规模。显然，这种庞大的经济空间将产生庞大的需求和庞大的供给，有利于构建国内大循环系统。而且庞大的经济空间培育出来的庞大产业，同样需要合理地利用国外经济空间所形成的资源和市场空间，进入国际经济大循环系统，从而在国内国际双循环相互促进的条件下构建大国经济新发展格局。

三、大国经济开放空间的圈层结构及其特点

改革开放以来，我国对外开放逐步深化，经济开放的空间结构愈益优化。从国内经济空间的角度看，已经形成了东部、中部、西部和东北部四大经济开放区域，京津

冀、长三角、珠三角三大产业集聚区域，而且在从不均衡走向均衡；从国外经济空间的角度看，初步形成了依托二十国集团、金砖国家、"一带一路"沿线国家以及中日韩自贸区的经济开放空间，而且表现为一种"圈层结构"，各大经济开放圈代表着不同层次经济体的联合，可以发挥不同的功能。

（一）依托"二十国集团"的全球性经济开放合作圈

1999年在德国柏林正式成立"二十国集团"，在"八国集团"成员即美国、英国、德国、法国、日本、意大利、加拿大和俄罗斯的基础上，增加阿根廷、巴西、墨西哥、澳大利亚、中国、韩国、印度、印度尼西亚、土耳其、南非、沙特阿拉伯和欧盟，共同组成二十国财长集团。创始公报指出："二十国集团的创立，是为了在布雷顿森林体系框架内提供一个非正式对话的新机制，扩大在具有系统重要性的经济体之间就核心的经济金融议题的讨论，促进合作，以取得惠及所有人的稳定的、可持续的世界经济增长。"[①] 2008年在美国华盛顿召开19个国家以及欧盟领导人峰会，二十国集团正式升级为布雷顿森林体系下的全球最高级别的最广泛国家参与的非正式协商机制。从这个国际组织的特点来看，一是涉及面特别广泛，遍布欧洲、亚洲、北美洲、南美洲、大洋洲和非洲，全球代表性明显；二是包含发达国家、新兴市场国家、发展中国家，以及领导国和跟随国，包容性非常强；三是主要通过设置宏观经济政策协调的议题，为应对全球性经济挑战提供有效的解决方案。中国作为世界上最大的发展中国家，以积极的姿态参加二十国集团，经历了由谨行慎行、积极参与到主导议题的过程，扮演越来越重要的角色。特别是从2013年圣彼得堡峰会到2016年杭州峰会，中国逐步实现向主导者角色的演变。怎样利用好这个最大的国际平台：一是加强与新兴市场国家的有效合作，并主动寻求与发达国家在核心议题和经济利益上的契合点，构建宏观经济政策国际协调的机制；二是在与发达国家、新兴市场国家沟通、交流的基础上，推动贸易和投资的自由化便利化，为中国在国际范围更好地选择经济开放空间创造条件。二十国集团主要经济数据如表1所示。

---

① G20. *Communique of Finance Ministers and Central Bank Governors-Berlin*, *Germany*, 1999, *December 15 – 16*.

表1 二十国集团主要经济数据（2016~2018年）

单位：亿美元

国家	GDP 2016年	GDP 2017年	GDP 2018年	GNI 2016年	GNI 2017年	GNI 2018年	货物和服务出口 2016年	货物和服务出口 2017年	货物和服务出口 2018年	货物和服务进口 2016年	货物和服务进口 2017年	货物和服务进口 2018年	贸易额 2016年	贸易额 2017年	贸易额 2018年	中国对外直接投资存量 2016年	中国对外直接投资存量 2017年	中国对外直接投资存量 2018年
阿根廷	5575	6436	5176	5453	6272	4990	698	729	757	756	899	857	1455	1628	1614	19	15	16
澳大利亚	12088	13292	14329	11802	12930	13874	2327	2819	3127	2602	2740	3072	4929	5558	6199	334	362	384
巴西	17957	20628	18855	17576	20243	18322	2239	2583	2807	2167	2435	2735	4406	5018	5543	30	32	38
德国	34675	36826	39638	35521	37596	40600	15976	17383	18777	13418	14807	16340	29394	32190	35118	78	122	137
俄罗斯	12768	15742	16696	12413	15321	16292	3301	4107	5095	2638	3272	3442	5939	7379	8537	130	139	142
法国	24713	25952	27879	25236	26538	28495	7475	8032	8843	7625	8308	9133	15100	16340	17976	51	57	66
韩国	15001	16239	17248	15056	16305	17318	6020	6647	7195	5021	5876	6429	11041	12524	13624	42	60	67
加拿大	15282	16499	17163	15096	16307	16941	4814	5182	5505	5175	5547	5841	9989	10730	11347	127	109	125
美国	187150	195194	205802	190452	198303	208373	22272	23746	25287	27397	29301	31382	49669	53047	56669	606	674	755
墨西哥	10785	11589	12223	10496	11288	11894	3995	4363	4799	4208	4574	5049	8203	8937	9848	6	9	11
南非	2964	3496	3683	2882	3391	3566	906	1036	1101	891	991	1089	1797	2027	2190	65	75	65
日本	49225	48669	49548	50882	50403	51355	8007	8640	9179	7519	8187	9063	15527	16826	18242	32	32	35
沙特	6449	6886	7865	6607	6993	7942	2009	2400	3149	1981	2020	2096	3990	4420	5245	26	20	26
土耳其	8697	8590	7784	8605	8479	7665	2008	2237	2429	2195	2553	2440	4203	4790	4869	2	13	17
意大利	18758	19618	20915	18812	19725	21143	5501	6029	6561	4885	5468	6061	10386	11497	12622	16	19	21
印度	22948	26528	27132	22479	26241	26842	4396	4983	5386	4802	5820	6390	9198	10803	11776	31	47	47
印度尼西亚	9319	10156	10422	9020	9834	10123	1779	2049	2186	1708	1948	2296	3487	3997	4482	95	105	128
英国	26943	26662	28607	26279	26295	28201	7662	8096	8758	8099	8420	9155	15761	16516	17913	176	203	199
中国	112333	123104	138948	111883	123007	138199	22000	24242	26556	19445	22085	25489	41445	46327	52045	13574	18090	19823

资料来源：国际货币基金组织世界经济展望数据库（IMF World Economic Outlook Database）。

（二）依托"金砖国家"的新兴经济体开放合作圈

2001年，美国高盛公司首席经济师吉姆·奥尼尔首次提出"金砖四国"的概念，特指世界新兴市场国家，由于巴西、俄罗斯、印度、中国的英文首字母（BRIC）与英文单词"砖"（Brick）类似，故称"金砖四国"。2010年南非加入后，改称为"金砖国家"（BRICS）。2006年，首次金砖四国外长会晤，开启了金砖国家合作序幕，使金砖国家成为新的国际合作平台。该国际组织的特点在于：一是以新兴市场国家为主体，将亚洲、美洲、非洲的主要新兴市场国家组织起来，致力于建立紧密而牢固的伙伴关系，达到"抱团取暖"的目的；二是以国家领导人会晤为导向，以安全事务高级代表会议、外长会晤等部长级会议为支撑，形成在经贸、财金、科技、教育等众多领域开展实务合作的多层次架构；三是代表全球新兴市场国家的利益，积极参与国际经济治理，反映发展中国家的诉求，促进世界经济增长和多极化世界格局的形成。中国是规模最大的新兴市场国家，是世界上最有活力的经济体，在"金砖国家"平台建设中的地位愈益凸显，并且成功地举办金砖国家领导人第三次（三亚）和第九次（厦门）会晤，已经成为金砖国家平台建设的主导力量。具体地说：一是倡导"开放包容、合作共赢"的金砖精神，推动建设开放型世界经济，建设全球发展伙伴关系，加强"南南合作"，造福各国人民；二是利用金砖国家贸易结构的互补性，积极拓展中国与其他金砖国家的贸易关系，通过构建"互利共赢"的贸易格局，实现中国与其他金砖国家贸易的共享式增长；三是着力推动金砖国家的金融合作，通过设立金砖国家开发银行，为各国提供基础设施和公共事业建设资金，保障金砖各国的金融稳定。金砖国家主要经济数据如表2所示。

（三）依托"一带一路"的中国大周边国家开放合作圈

2013年，习近平总书记在哈萨克斯坦和印度尼西亚发表演讲，分别提出共同建设"丝绸之路经济带"和"21世纪海上丝绸之路"，这两者构成"一带一路"的倡议。"一带一路"涉及中国大周边地区的60多个国家和地区，涵盖东亚、西亚、南亚、中亚、东亚和独联体国家、中东欧国家。将"一带一路"作为经济开放平台，极大地拓展了中国对外开放的经济空间，这是一场规模宏大的"经济地理革命"，将重塑中国和沿线国家的经济地理。这个国际合作平台的特点在于：一是以中国的大周边地区国家为主体，向西丝绸之路经济带分两路到达欧洲和地中海地区，海上丝绸之路先向南再向西到达印度洋地区，将中国的周边地区大大延伸；二是以弘扬丝路精神为核心，即促进文明

表2　金砖国家主要经济数据（2016～2018年）

单位：亿美元

国家	GDP 2016年	GDP 2017年	GDP 2018年	GNI 2016年	GNI 2017年	GNI 2018年	货物和服务出口 2016年	货物和服务出口 2017年	货物和服务出口 2018年	货物和服务进口 2016年	货物和服务进口 2017年	货物和服务进口 2018年	贸易额 2016年	贸易额 2017年	贸易额 2018年	中国对外直接投资存量 2016年	中国对外直接投资存量 2017年	中国对外直接投资存量 2018年
巴西	17957	20628	18855	17576	20243	18322	2239	2583	2807	2167	2435	2735	4406	5018	5543	30	32	38
印度	22948	26528	27132	22479	26241	26842	4396	4983	5386	4802	5820	6390	9198	10803	11776	31	47	47
南非	2964	3496	3683	2882	3391	3566	906	1036	1101	891	991	1089	1797	2027	2190	65	75	65
俄罗斯	12768	15742	16696	12413	15321	16292	3301	4107	5095	2638	3272	3442	5939	7379	8537	130	139	142
中国	112333	123104	138948	111883	123007	138199	22000	24242	26556	19445	22085	25489	41445	46327	52045	13574	18090	19823

资料来源：根据WTO数据库整理得到。

互鉴、尊重道路选择、坚持合作共赢、倡导对话和平；三是重视务实合作，加强政策沟通、道路联通、贸易畅通、货币流通、民心相通。这个倡议得到国际社会的积极响应，已经成为沿线国家经济开放的重要平台。"一带一路"是由中国政府提出并且主导的国际经济开放合作平台，近些年来通过卓有成效的工作，推动"一带一路"经济开放合作的深化。具体地说，一是制定总体建设方案，发布《推动共建丝绸之路经济带和21世纪海上丝绸之路的愿景与行动》，提出共建的原则、框架思路、合作重点以及合作机制；二是加强基础设施建设的合作，设立亚洲基础设施投资银行和丝绸基金，促进互联互通建设和经济一体化进程；三是建设六大经济走廊，包括新亚欧大陆桥经济走廊、中蒙俄经济走廊、中国—中亚—西亚经济走廊、中国—中南半岛经济走廊、中巴经济走廊和孟中印缅经济走廊。"一带一路"沿线主要国家经济指标如表3所示。

（四）依托中日韩自贸区的亚洲核心经济区开放合作圈

2002年的中日韩三国领导人峰会提出建设中日韩自由贸易区的设想；2007年中日韩三国成立联合研究委员会，负责探讨建立中日韩自由贸易区的可行性，并开始三边投资协议谈判；2012年的中日韩三国经贸部长会晤，宣布启动中日韩自贸区谈判。迄今为止，中日韩举行了自贸区的16轮谈判。通过建设中日韩自贸区，将取消自贸区内关税和其他贸易限制，使物资流动更加顺畅，区内厂商获得更大市场和收益，三国的整体福利增加。这个经济开放合作平台的特点在于：一是以亚洲经济核心国家为主体，中日韩三国的GDP占世界经济的20%~25%，占亚洲经济总量的70%，在亚洲经济以至世界经济中占有重要地位；二是中日韩三国的外贸依存度比较高，三国的对外贸易总额和对外投资总额占世界的20%，三国的外汇储备占世界的47%，而且三国间贸易投资往来频繁，日、韩分别为中国的第二和第三大贸易伙伴，2018年三国的贸易总额已超过7200亿美元[①]，自贸区发展前景远大；三是由历史的原因以及竞争关系，中日韩自贸区建设进展缓慢，近些年出现了起伏和曲折。中国作为亚洲最大规模的经济体和市场，高举开放合作的旗帜，积极推动中日韩自贸区的建设，先后在中国举行第二轮谈判、第五轮谈判、第八轮谈判、第十一轮谈判和第十四轮谈判，特别是第五次中日韩领导人会议发表了关于提升全方位伙伴关系的联合宣言，提出增进政治互信、深化经贸合作、促进可持续发展的总体思路。同时，推进了一些具体领域的合作，如同日本达成双边关税减免安排，中国央行与韩国央行签订双边本币互换协议等。中日韩经济指标如表4所示。

---

① 资料来源：根据WTO数据库整理得到。

表3 "一带一路"沿线主要国家经济指标（2016~2018年）

单位：亿美元

国家	GDP 2016年	GDP 2017年	GDP 2018年	GNI 2016年	GNI 2017年	GNI 2018年	货物和服务出口 2016年	货物和服务出口 2017年	货物和服务出口 2018年	货物和服务进口 2016年	货物和服务进口 2017年	货物和服务进口 2018年	贸易额 2016年	贸易额 2017年	贸易额 2018年	中国对外直接投资存量 2016年	中国对外直接投资存量 2017年	中国对外直接投资存量 2018年
阿联酋	3570	3856	4222	3591	3884	4236	3606	3840	3929	2704	2908	2815	6311	6748	6744	49	54	64
埃及	3324	2357	2497	3280	2312	2434	344	373	472	662	691	733	1006	1064	1206	9	8	11
巴基斯坦	2787	3046	3146	2733	2996	3091	255	251	282	450	536	631	705	787	914	48	57	42
俄罗斯	12768	15742	16696	12413	15321	16292	3301	4107	5095	2638	3272	3442	5939	7379	8537	130	139	142
哈萨克斯坦	1373	1668	1793	1238	1487	1573	437	540	675	391	407	465	828	948	1139	54	76	73
吉尔吉斯斯坦	68	77	83	65	73	80	24	26	26	48	51	56	72	78	82	12	2	2
柬埔寨	200	222	246	188	208	229	123	135	151	131	142	156	254	277	307	44	54	60
捷克	1963	2186	2489	1830	2063	2348	1553	1728	1916	1403	1563	1768	2956	3291	3684	2	2	3
克罗地亚	516	555	614	501	547	605	246	277	308	240	273	313	486	550	621	0	15	18
老挝	158	169	180	151	160	171	52	—	—	66	—	—	119	—	—	55	67	83
马来西亚	3013	3191	3587	2929	3101	3475	2012	2234	2460	1811	2015	2219	3823	4249	4679	36	49	84
蒙古	112	114	131	103	98	118	56	68	77	51	66	84	107	134	161	38	36	34
缅甸	672	689	762	654	670	735	174	196	231	236	235	231	410	431	462	46	55	47
南非	2964	3496	3683	2882	3391	3566	906	1036	1101	891	991	1089	1797	2027	2190	65	75	65

续表

国家	GDP 2016年	GDP 2017年	GDP 2018年	GNI 2016年	GNI 2017年	GNI 2018年	货物和服务出口 2016年	货物和服务出口 2017年	货物和服务出口 2018年	货物和服务进口 2016年	货物和服务进口 2017年	货物和服务进口 2018年	贸易额 2016年	贸易额 2017年	贸易额 2018年	中国对外直接投资存量 2016年	中国对外直接投资存量 2017年	中国对外直接投资存量 2018年
沙特	6449	6886	7865	6607	6993	7942	2009	2400	3149	1981	2020	2096	3990	4420	5245	26	20	26
塔吉克斯坦	70	72	75	81	84	87	9	11	—	29	29	—	38	41	—	12	16	19
泰国	4134	4563	5065	3940	4359	4820	2772	3043	3286	2212	2474	2838	4984	5517	6124	12	54	59
土耳其	8697	8590	7784	8605	8479	7665	2008	2237	2429	2195	2553	2440	4203	4790	4869	2	13	17
乌兹别克斯坦	818	592	504	827	604	519	122	129	141	122	141	194	243	270	336	11	9	37
新加坡	3187	3419	3732	2985	3159	3374	5261	5836	6631	4425	4968	5570	9685	10803	12202	334	446	501
新西兰	1882	2054	2079	1821	1976	2026	500	565	582	483	542	581	983	1106	1163	21	25	26
伊朗	4180	4453	4540	4193	4462	4565	936	1111	1509	870	1062	1445	1806	2172	2953	33	36	32
以色列	3190	3533	3706	3157	3509	3702	957	1017	1104	902	975	1080	1859	1992	2184	42	41	46
印度	22948	26528	27132	22479	26241	26842	4396	4983	5386	4802	5820	6390	9198	10803	11776	31	47	47
印度尼西亚	9319	10156	10422	9020	9834	10123	1779	2049	2186	1708	1948	2296	3487	3997	4482	95	105	128
越南	2053	2238	2452	1967	2079	2300	1922	2273	2595	1869	2211	2513	3791	4484	5108	50	50	56

资料来源：根据WTO数据库整理得到。

表4　中日韩经济指标（2016~2018年）

单位：亿美元

国家	GDP			GNI			货物和服务出口			货物和服务进口			贸易额			中国对外直接投资存量		
	2016年	2017年	2018年	2016年	2017年	2018年	2016年	2017年	2018年	2016年	2017年	2018年	2016年	2017年	2018年	2016年	2017年	2018年
中国	112333	123104	138948	111883	123007	138199	22000	24242	26556	19445	22085	25489	41445	46327	52045	13574	18090	19823
日本	49225	48669	49548	50882	50403	51355	8007	8640	9179	7519	8187	9063	15527	16826	18242	32	32	35
韩国	15001	16239	17248	15056	16305	17318	6020	6647	7195	5021	5876	6429	11041	12524	13624	42	60	67

资料来源：根据WTO数据库整理得到。

依托二十国集团、金砖国家、"一带一路"和中日韩自贸区,中国形成了国际经济空间的圈层结构。这种圈层结构的特点:一是不同的圈层代表着世界不同地区的国家,在世界经济发展中占据重要位置。二十国集团代表六大洲的20多个国家,国民生产总值占全世界的85%;金砖国家代表四大洲的5个国家,国民生产总值占全世界的24%;"一带一路"代表亚欧地区的60多个国家,国民生产总值占全世界的29%;中日韩代表东亚地区的三个国家,国民生产总值占全世界的20%。[1] 二是这些圈层代表着不同层次的主体,反映不同群体的利益诉求。二十国集团代表重要的发达国家、新兴市场国家和发展中国家,反映全球经济体的利益诉求;金砖国家代表全球的新兴大国,反映新兴市场经济体的利益诉求;"一带一路"代表中国的大周边国家,反映沿线欧亚国家的利益诉求;中日韩代表亚洲核心国家,反映东亚经济体的利益诉求。三是这些圈层具有互补性,从总体上构建中国经济开放的国际空间。四大圈层的国家涵盖世界上有人口居住的六大洲,有的代表全球经济体的利益,有的代表新兴大国的利益,有的代表东亚经济体的利益,有的代表中国大周边国家的利益,因而从总体上构成了纵横交错、有点有面、功能齐全的国际性经济开放空间。

四、构建适应双循环发展的大国经济开放空间

中国国民经济和社会发展"十四五"规划纲要提出了促进国内国际双循环的目标,就是要立足国内大循环,形成全球资源要素强大引力场,促进内需和外需、进口和出口、引进外资和对外投资协调发展。具体地说,需要"优化国际市场布局,引导企业深耕传统出口市场、拓展新兴市场,扩大与周边国家贸易规模";同时,"坚持引进来和走出去并重,以高水平双向投资高效利用全球资源要素和市场空间。"[2] 显然,合理地选择和拓展经济开放空间,这是构建双循环发展格局的题中应有之义。

中国是一个发展中大国,拥有庞大的人口规模和经济空间,以及由此形成的超大规模的国内市场;中国经济已转入高质量发展阶段,需要贯彻新发展理念,更加重视质量和效益。基于这两个客观现实特征,构建经济开放空间应该坚持以下原则:

一是自主选择经济空间的原则。中国是超大规模的国家,土地面积辽阔,自然资源丰富,经济空间广袤,仅仅依靠本国的经济空间,也可以获得经济发展所需要的自

---

[1] 根据IMF世界经济展望数据库整理得到。
[2] 《中华人民共和国国民经济和社会发展第十四个五年规划和2035年远景目标纲要》,载《人民日报》2021年3月13日,第1版、第5~14版。

然资源和人力资源，仅仅依靠本国的市场范围，也可以培育大规模生产，支撑大产业发展，而发展开放型经济，在国际范围内选择和拓展经济空间，主要是为了在更大范围优化资源配置。因此，我们的选择具有自主性特征，即在国际经济环境好的时候，可以在国外选择和拓展经济空间，以获取最优的资源要素，获得更好的经济利益和社会效益；在国际环境不好的时候，可以将经济空间的选择和拓展限制在国内范围，依靠本国的资源和市场发展经济。

二是动态调整经济空间的原则。世界经济形势复杂多变，往往沿着曲线波动。特别是当今世界处于百年未有之大变局，遭遇单边主义、保护主义和逆全球化浪潮，各国的经济形势、经济政策和经济环境也会发生变化，为此，我们对国外经济空间的选择和拓展，既要有长期的战略，又要有短期的决策；特别是要随着各国经济形势、经济政策和经济环境的变化情况实行动态调整，从而优化对外投资的空间，优化进出口的规模和结构，使我国的跨国企业获得较好的投资环境和营销环境，对外贸易和对外投资获得较好的效益。

三是内外经济空间均衡的原则。新发展格局要求以国内大循环为主体，这既符合发展中大国的基本国情，又符合经济科学的一般原理和大国发展的基本经验；大国应该走以内需为主的发展道路，往往倾向于内向型政策，主要依靠国内经济空间和国内市场。同时，大国也希望获得全球化红利，合理地利用国外的经济空间以及市场和资源。从总体上看，以国内空间为主体和以国外空间为补充是不变的，但是主体和补充的具体比例是可以变化的，而变化的原则就是实现动态均衡，从而保障经济的稳定协调发展。

我们遵循构建以国内大循环为主体、国内国际双循环相互促进的新发展格局的思路，抓住百年未有之大变局的历史机遇，选择和拓展适应双循环发展格局的经济开放空间。总体的战略是：从新兴大国国情和经济高质量发展目标出发，根据自主选择、动态调整和内外均衡的原则，以国内经济空间为主体、以后发国家经济空间为延伸、以发达国家经济空间为前沿，构建具有综合优势的大国经济开放格局。

第一，以国内经济空间为主体，利用要素供需均衡和匹配的优势构建国内大循环系统。我国拥有960万平方公里的国土面积，经济发展的空间广阔，而且东部、中部和西部地区的自然条件不同，具有明显的差异；国内经济空间的这种特征，有利于建构优势互补的产业布局，因而，国内经济开放空间的布局应该考虑各个区域的差异性和互补性。改革开放以来，我国形成了以东南沿海地区经济开放带动中部内陆地区和西部偏远地区开放的格局和机制，目前应该在这种经济开放格局下做出适度调整，逐步提升中西部地区经济开放水平。特别是构建国内大循环为主体系统，需要利用这种规模性和差异性统一的优势，更好地形成国内要素供需均衡的优势。具体地说，一是要促进资源要素顺畅流动，破除制约流动的堵点，健全要素自由流动的机制，矫正资源要素的失衡错配，形成有效的区域产业梯度转移格局。二是要将扩大内需与供给侧结构性改革有机结合起来，特别是适应品质化和差异化的消费需求，提升产品质量和性能，扩大优质消费品和中高端产品供给，推动供需协调匹配。三是促进形成强大国内市场，增强消费对经济发展的基础性作用和投资对优化供给侧结构的关键性作用，积极提升市场质量和改善市场环境，真正使国内市场成为集聚全球资源要素的强大引力场，从而有效地发挥国内经济空间的主体作用。

第二，以后发国家经济空间为延伸，利用潜力巨大的新兴市场吸纳国内优势产业产能。中国跨越"中等收入陷阱"，需要推动产业结构升级，从价值链中低端走向价值链中高端。具体地说，一是推动劳动密集型产业向后发国家转移。经过长期发展形成的传统优势产业，拥有劳动力成本优势和传统技术优势，产能已经超出国内的需求，可以遵循"雁行产业形态"的规律，合理地向有较大需求的后发国家转移。特别是"一带一路"沿线的发展中国家，如某些中亚国家、非洲国家和东南亚国家，工业化水平比较低，对中低端轻工业产品和基础设施建设所需产品的需求旺盛，我们既可以通过出口贸易满足后发国家的市场需求，也可以通过对外投资带动后发国家的工业发展，还可以通过对外承包工程帮助后发国家加快基础设施建设的步伐。二是积极发展同金砖国家的产业合作。金砖国家均为新兴经济体，首先，这些国家幅员辽阔和人口众多，拥有广袤的经济空间和巨大的市场潜力，已经成为全球投资的首选国家；其次，这些国家属于新兴工业化国家，拥有较为先进的工业技术和优势产业，如俄罗斯的航天航空产业、巴西的清洁能源产业和印度的计算机软件产业，我们可以加强同金砖国家在优势产业领域的合作，共同开展关键技术研发，构建由不同国家带头的产业链和供应链。

第三，以发达国家经济空间为前沿，利用国际先进技术提升中国产业链现代化水平。中国经济的高质量发展需要产业链现代化的支撑，目前我们的产业体系比较完备，产业转换能力较强，但仍然存在全球创新链上突破关键技术的能力较弱的问题，从而具有产业链和供给链出现风险的可能性。从总体上看，世界上顶尖的技术主要在美国和西方发达国家，半导体加工设备和材料技术是美国和日本领先，超高精度机床技术是德国、日本、瑞士领先，工业机器人技术是日本领先，顶尖精密仪器技术是美国、日本、德国、英国领先，发电用大蒸汽机轮技术是日本和德国领先。因此，我们应该保持清醒的头脑，坚持开放发展的道路，防止同发达国家的技术脱钩，积极推进开放式技术创新。具体地说：一是要继续利用技术后发优势，寻求技术领先的发达国家开展经济技术合作，联合研发重点产业的关键技术，通过合作创新或集成创新，努力追赶和超越发达国家的技术水平。二是利用我国的市场规模优势，吸引某些发达国家同我国开展技术合作，学习和研发先进的产业技术；特别是利用我国产业配套比较完备的优势，保持和创造在全球产业链和供应链上的核心地位，深度融入世界产业体系和技术体系，进而构建牢不可破的国际创新链和供应链，通过参与国际经济大循环提升产业链的现代化水平。

参 考 文 献

[1] 阿尔伯托·阿莱恩纳，恩里科·斯波劳雷. 国家的规模 [M]. 戴家武，欧阳峣，译. 上海：格致出版社、上海人民出版社，2020.

[2] 阿尔弗雷德·韦伯. 工业区位论 [M]. 李刚剑，等译. 北京：商务印书馆，2010.

[3] 马克思恩格斯全集（第46卷）[M]. 北京：人民出版社，2003.

[4] 马克思恩格斯全集（第30卷）[M]. 北京：人民出版社，1995.

[5] 迈克尔·波特. 国家竞争优势 [M]. 北京：华夏出版社，2002.

[6] 聂名华. 中国对外直接投资的主要特征与发展策略思考 [J]. 国际贸易，2017（4）：45–50.

[7] 奥古斯特·施勒. 经济空间秩序 [M]. 北京：商务印书馆，2010.

[8] 藤田昌久，保罗·克鲁格曼，安东尼·维纳布尔斯. 空间经济学 [M]. 北京：中国人民大学出版社，2005.

[9] 王晓红. 推动新时期我国对外直接投资的战略思路 [J]. 全球化，2017（1）：28–49，134.

[10] 亚当·斯密. 国民财富的性质和原因的研究 [M]. 北京：商务印书馆，2003.

[11] 中共中央关于制定国民经济和社会发展第十四个五年规划和二〇三五年远景目标的建议 [N]. 人民日报，2020–11–04（2）.

[12] 中华人民共和国国民经济和社会发展第十四个五年规划和2035年远景目标纲要 [N]. 人民日报，2021–03–13（1，5–14）.

[13] G20. Communique of Finance Ministers and Central Bank Governors [R]. Berlin, Germany, 1999, December 15–16.

开放大国自由贸易区平台建设的优势与短板：以海南省为例

洪联英[**]

摘　要　从市场规模优势利用新视角，以海南自由贸易试验区建设为例，研究相对封闭型的自由贸易区平台建设优势与短板问题。开放大国的自由贸易区建设实际上是对国内超大规模市场的利用，而双边供需市场条件、市场主体条件和平台支撑者条件是影响自由贸易区建设利用国内超大规模市场优势的三大条件；但海南自由贸易试验区建设在双边市场条件上存在外需导向型市场发展受限、内需主导型市场准备不足、省内供给市场体量过小等短板；在市场主体条件上存在微观企业生产率水平低、创新能力偏低等准备不足短板；在平台支持条件上存在缺乏支点产业支持短板。当前需要高度重视微观基础准备不足的问题，加大双边供需市场的培育和发展，为企业主体提供好的制度环境和营商环境，打造支点产业和优势企业，是相对封闭型自由贸易区有效利用起国内超大规模市场优势的有效路径。

关键词　开放大国　市场规模优势　海南自由贸易试验区　平台经济　补短板

一、引言

自 2013 年国务院首次设立上海自由贸易试验区（简称"自贸区"）以来，全国已经设立 21 个省市自贸区。客观地说，在速度和数量上达到了旨在通过先行先试的制度创新，形成全面改革开放新格局的初衷；但从内涵上看，目前多数自贸区的建设和发展仍然停留在概念和形式上，并没有真正推进贸易便利化和投资自由化。与自贸区相关的现有文献和新闻报道，大多也是远景展望和美好的期许，较少有微观层面的问题

---

[*]　本文原载于《湖南师范大学社会科学学报》2021 年第 1 期。
[**]　作者简介：洪联英，湖南师范大学商学院教授、博士生导师，湖南师范大学大国经济研究中心研究员。

分析，特别是对于每个自贸区实际的境况和可能遇到的困难讨论不足。实际上，随着国家对自贸区建设的大举推进，除了正面分析和报道，更应该需要一些冷思考：自贸区建设不能停留在形式和概念，不能仅靠政策倾斜，更应该思考如何突破现实困境，让自贸区真正成为推进一个开放大国的试验田以及新时代改革开放新高地。

具体以海南省为例，按照国务院《关于支持海南全面深化改革开放的指导意见》，全力支持海南全岛建设自由贸易试验区，并定位于"全面深化改革开放""国际旅游消费中心""国家生态文明试验区""国家重大战略服务保障区"，这些定位既体现建立自贸区的经济功能，也体现对接海南自身特色和国家战略承载功能。然而，这些功能如何从微观层面落地、如何与海南省实施自贸区的本体条件相结合，是当前亟须解决的重要课题。

关于自由贸易区建设问题的研究，国外学者主要对自由贸易区的作用和影响效应进行较多的关注，如卡福尔和毛尔（Chauffour and Maur，2011）、卡斯蒂奥等（Castilho et al.，2015）认为设立自由贸易区可以促进商品生产和交换，打破资源流动障碍和贸易壁垒，通过影响贸易成本、市场范围、企业生产率等正向作用于地区经济发展；但珀拉斯基（Polaski，2006），詹金斯和郭（Jenkins and Kuo，2019）等则认为设立自由贸易区可能对区域内的平衡发展产生负面影响，例如影响产业分工与区位选择、拉大收入差距，并且对自由贸易区的相关政策倾斜，可能导致"劫贫济富"问题。波林（Boring，2005）认为建立内陆自贸区可以缓解沿海港口货物仓储的压力，同时带动区域经济发展和基础设施建设（Graham，2004），还发挥吸引外资、发展离岸金融的作用（Yang，2009）。李、司格丽和玛尼（Li, Scolloy and Maani, 2016）认为中国 - 东盟自由贸易区（ACFTA）的建立对中国和东盟存在两方面的正面效应，但 ACFTA 的建立会因为工厂合理化效应的存在而对国际投资产生部分消极影响。加韦卢和纳伽科（Thangavelu and Narjoko，2014）基于引力模型，认为自由贸易区（FTA）促进 FDI 的流入，但 FDI 流入的程度取决于国内基础设施建设、人力资本和技术投入水平，以及参与国际生产价值链的能力。

国内自 2013 年上海自由贸易试验区成立以来，学者们对推进自贸区发展的研究成果日渐丰富，特别是对发展战略、影响效应、制度建设、评估评价体系等问题都进行深入研究。例如，张幼文（2014），陈爱贞、刘志彪（2014）和谭娜等（2014）认为自贸区建设要以改革促开放，重点要构建与经济全球化最新发展趋势相兼容的开放型经济体制，促进从产品市场开放转变为要素市场开放。黄玖立、周璇（2018）认为，在自贸区建设中，定制生产比重越高，对契约环境越敏感的外地企业越容易遭受本地市场地方保护主义的打击，因而政府职能转变尤其重要。何枭吟、吕荣艳（2018）认为自贸区向空港延伸成为新的趋势,"自贸区+空港"为临空经济发展带来了新机遇。陈林、邹经韬(2018)研究了中国自贸区试点历程中的区位选择问题。成新轩、郭志尧(2019)引入制度性原产地规则中的累积规则、微量条款及原产地证书等要素,提出适合测定中国自贸区优惠原产地规则限制程度的一套体系。邢孝兵、雷颖飞(2019)通过对比自贸区政策实施前后地区经济反事实值与真实值差异,发现上海、广东、福建和天津自贸区的设立,改革效应大于开放效应。

随着国家提出以改革促开放的新举措,重庆、广东、福建等多省市自贸区的相继设立,特别是2018年海南自贸区(港)落地,国内学者们的研究开始转向关注自贸区(港)的建设问题。如史本叶、王晓娟(2019)认为中国特色自由贸易港的本质特征在于要素和资源的自由流动,功能在于促进对外贸易、培育现代产业和引领开放,内在逻辑在于降低交易成本,核心在于制度创新。但王晓玲(2019)认为中国应优先选取区位地缘优势突出的港口推进中国特色自由贸易港建设。郭永泉(2018)认为中国内地自贸港建设可借鉴新加坡的属地原则和新加坡、中国香港自贸港实行的"境内关外"税制,提升营商环境。具体对海南自贸港建设问题的研究,周子勋(2018)认为海南建设自由贸易港,除了要形成自由贸易港的政策和制度体系,更在于战略定位,使其发挥在"一带一路"建设,尤其是泛南海经济合作中的中心枢纽作用。朱孟楠等(2018)等通过对比中国香港和新加坡、迪拜等自贸港经验,认为海南建设初期要严格地执行各种宽松政策,但在各种宽松环境下严格各相关规则。

近年来,研究发展平台经济的主张为自贸区建设提供新方向。如罗切特和梯若尔(Rochet and Tirole,2006),埃文斯和施马兰奇(Evans and Schmalensee,2018)认为早期的自由港遵循多边平台经济的模式;晁钢令、王涛(2013)将平台经济从微观的商业模式扩大到宏观的经济发展模式,自贸区发展可以成为平台经济在宏观层面的研究对象。刘家明、蒋亚琴(2019)认为,平台经济有助于推进市场统一开放和有序竞争,是区域经济发展的新引擎。王冠凤(2015)认为上海的发展要将总部经济与平台经济进行融合,在平台经济的基础上,大力发展新型贸易;洪联英、黄汝轩(2017)认为上海自贸区"金融+服务贸易+科技"的功能定位偏离了平台经济,当前政府要致力于平台建设,营造良好的企业发展环境。不过,这些研究是将微观的平台经济商业模式应用到宏观层面,而不是深入到自贸区发展的微观层面,没有考虑微观市场基础和体制机制不完善对自贸区发展的影响。

总之,上述文献为推进自由贸易区及其平台建设问题研究提供了重要的理论基础和参考。然而,这些研究讨论的大都是宏观层面问题,很少有从微观层面来剖析当前自贸区建设中存在的深层次问题。自由贸易区是一组允许商品、要素自由流动的特殊制度安排，是一个在特定区域营造的较高水平的自由交易市场，即本质上是一个自由交易机制和交易关系的高度集合，需要关注它的微观基础。国外典型自由贸易区经过几十年甚至上百年的发展，微观市场基础和体制机制都较为成熟，较少关注微观层面问题是情理之中的。但是，我国市场经济体制尚不完善，制约自贸区发展的体制机制矛盾依然存在，因此，研究中国特色自贸区建设问题时，要基于发展中大国的"发展"和"规模"双重特征（欧阳峣、罗富政，2016；欧阳峣，2018），高度重视微观基础准备不足的问题。

本文的主要创新点体现在：自由贸易区建设本质上就是一个追求贸易投资便利化的平台经济，要顺利推进开放大国自由贸易区的建设和发展，首先要立足平台补短板，从微观市场基础着手，分析平台经济的内涵和要素构成条件。然后，基于这一思想，本文将平台经济理论思想运用到自由贸易区建设领域，构建开放大国自由贸易试验区平台经济理论框架，并以海南自贸区建设为例，从平台经济内涵出发，对海南自贸区内外供需市场条件、平台企业及其支持产业条件、平台支撑者条件等三大要素条件进行深入分析，探究当前海南自贸区建设的三大短板问题及其根源，为推进中国（海南）自贸区平台建设提供新的理路和政策参考。

二、大国自贸区利用国内超大规模市场优势的条件分析

从内涵上看，自由贸易区分两类：一类源于关税及贸易总协定（GATT），是指国家或地区间通过贸易协定达成的自由贸易区（FTA），其核心功能是通过削减关税和非关税壁垒促进成员之间贸易自由；另一类源于世界海关组织（WCO）签订的《京都公约》，是指主权国家在本土自行设立的、以关税减免为特征的自由贸易区（FTZ），其核心职能是贸易便利化，以及所带动的投资自由化和金融开放。显然，我国自由贸易试验区属于第二类，是中国政府自主开放的贸易园区。不过，我国作为发展中的开放大国，自由贸易区建设仍然基于"发展"和"规模"双重特征，要将转变政府职能作为制度创新进行先行先试，"试验区"是我国与国外自由贸易区的根本区别，即开放大国的自由贸易试验区。

依据平台经济理论，平台实质上是一种交易的空间或场所，可以存在于现实世界，也可以存在于虚拟网络空间，该空间引导或促成双方或多方客户之间的交易，并且通过收取恰当的费用而努力吸引交易各方使用该空间或场所（徐晋，2013）。这一内涵表明：从微观层面来看，大型超市、银行甚至证券交易所、期货交易所、产权交易所等

都属于平台的范畴；从宏观层面来看，"平台经济"可以定义为一种宏观的经济发展模式，即一个城市或区域具有汇集国内外贸易、金融、物流、信息交易活动的服务功能和集散功能，从而形成强大的国内外资源配置能力的经济功能和经济发展模式（晁钢令，2013；洪联英、黄汝轩，2017）。因此，我国自贸区建设也可以作为一个大的平台来看待。

具体地说，作为追求贸易投资便利化、自由化的经济特区，自由贸易区是一个特殊的经济平台：以双边市场为载体，以平台企业产业为核心，通过促成双方或多方供需之间的交易博弈获取利润或发展（Rochet and Tirole，2006）。如图1所示，从平台经济的组成成分来看，自贸试验区包括双边市场（需求方、供给方）、平台企业（或产业）和平台支撑条件三大要素。其中，双边市场是载体；平台企业或者产业是这个组织结构的核心与灵魂，通过合同的组成、规则设计及结构安排，将大量相异但又相容、处于市场不同位置的客户群体，形成平台的网络规模；而平台支撑者又是平台企业的宏观保障和微观基础，主要取决于供给方技术的构成、政府对平台规则规制以及整个产业生态系统（李凌 2013；洪联英，黄汝轩，2017）。

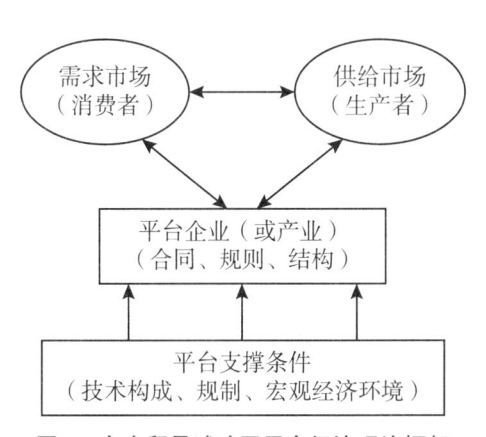

图1　自由贸易试验区平台经济理论框架

在开放大国的自由贸易区平台经济框架中，双边市场的培育和发展是至关重要的。按照罗切特和梯若尔（Rochet and Tirole，2006）对双边市场的定义，在自由贸易区平台交易中，假设商品需求方的每笔交易需要支付 ax 的费用，生产供给方的每笔交易需要支付 ay 的费用；假设在自贸区平台上交换成功的贸易投资量 M 主要取决于总价格水平 $p = ax + ay$，而与商品需求方或生产供给方的单边变化不敏感，则该市场就是单边市场；相比较，假设总价格 p 不变，贸易投资交换量 M 随着 ax 的变化而变化，则该市场就是双边市场。换言之，双边市场就是市场的一边商品需求方或生产供给方规模会直接影响另一边生产供给方或商品需求方的参与意愿和参与价值,而交易成本的分割会直接影响各边的参与者规模。具体地说,在自由贸易区平台建设市场上,商品需求方或生产供给方对加入这个自由贸易区建设平台有一个价值预期,这个价值预期取决于对该自贸区平台上的市场的另一方——相对应的生产供给方的商品需求的规模预期,以及交易成本的大小两个因素。当规模预期确定时,如果该方承担的交易费用很高,则其加入该市场的意愿就会降低;而一方参与者人数的减少,会使得另一方加入该市场的激励下降。因此,自由贸易区平台建设中的双边市场具有普通市场所没有的独特特征,具体体现在以下三个方面:

一是自由贸易区的双边市场具有交叉网络外部性。与传统的网络外部性不同,自由贸易区双边市场中的网络外部性是一种交叉网络外部性,表现为:生产供给市场的产品或服务数量将影响消费需求市场的产品或服务数量和交易量;反之,消费需求市场的产品或服务数量也将影响生产供给市场的产品或服务数量和交易量。这种交叉网络外部性是通过自由贸易区平台来实现的,也是双边市场形成的一个前提条件。

二是自由贸易区的双边市场具有价格的非对称性。一项贸易或投资交易的达成涉及自由贸易区平台企业、平台的供给者,以及平台的需求者三方。假设平台企业支付的价格总水平为 $p = ax + ay$,由于平台企业价格的决定不是按照边际收益等于边际成本的原则确定,而是基于合理性要求,在供给市场与需求市场的企业之间进行非对称性分割,结果在价格水平上会呈现出一定的倾向性。这一特点可以保障平台企业拥有合理的利润水平及社会福利水平。

三是自由贸易区的双边市场具有相互依赖性和互补性。在自由贸易区双边市场中,消费需求方对平台中的生产供给方提供的产品和服务存在需求,同样,生产供给方对平台中消费需求方的产品和服务也存在需求。只有供需双方同时对所提供的产品和服务都产生需求时,平台企业的产品和服务才具有价值,否则只有一方有需求或双方均无需求,那么平台企业的产品和服务将不具有价值。这就是自由贸易区平台的相互依赖性和互补性。

依据上述内涵、框架和特点,我国自由贸易区成立以后,逐步汇集国内外贸易、金融、物流、信息交易等活动的各类企业和产业,形成一个较为宽广的平台,即为图1所示的平台提供者;围绕各种交易关系和投资服务活动便构成平台经济的双边市场;国务院、各省区市政府和省区市自贸区管委会共同组成了平台的支撑者,他们为各省区市自由贸易区平台的运行制定规则,为平台内的企业提供优质的服务,同时保证平台的稳定运行,因而一个开放大国的自由贸易区平台经济的内涵包括三大要素:一是围绕各种交易关系和投资服务活动构成自贸区建设平台的供需双边市场;二是逐步汇集国内外贸易、金融、物流、信息交易等活动的各类平台企业及其产业，是自贸区建设的核心与灵魂；三是由国务院、各省区市政府、各省区市全面深化改革开放领导小组和自贸区管委会共同组成的平台支撑者。

具体以海南自贸区为例，海南自由贸易区作为平台提供者，出台了一系列深化改革开放的举措，其实质就是在进行合同的组成、规则设计及结构安排，并依托自贸区平台，对来自国内外的商贸物流、资本和技术，通过平台企业或者平台组织者有效地组织与安排，以信息、网络等为纽带，为供求双方提供信息空间，从而达到撮合市场交易、降低交易成本和提升交易效率的目的。

三、利用国内超大规模市场优势的要素条件短板分析：以海南自贸区平台建设为例

（一）研究方法与方案设计

由于我国设立自贸区的提出时间较短，且各省市设立的时间都不一致，可用的大样本数据资料较少，微观数据资料则更难获取。本文以海南自贸区建设为例，采用典型案例进行研究；同时，本文采用案例嵌套比较分析，即在对海南自贸区这一典型案例研究过程中，通过与自贸区建设水平相对较高的上海自贸区以及与邻近的广东、福建省自贸区进行比较分析。这种多案例研究方法不仅能够有效解决数据资料不足的量化难点，而且能较好地观察和研究自贸区建设发生的系列变革。此外，由于多案例研究可通过案例的复制来支持结论，可以提高研究的效度，因此，本文采用多案例嵌套比较方法，分析海南自贸区建设中存在的微观基础问题与市场体制机制障碍，以揭示中国自贸区建设中存在的短板问题及其内在根源。

本文选择海南自贸区建设作为总目标案例，以上海自贸区建设、邻省的广东自贸区和福建省自贸区为具体嵌套比较案例进行经验分析，主要基于以下原因：

首先，海南自贸区建设是中国继改革开放之后又一重要的顶层设计，海南自贸区作为推动海南经济发展的动力，政府层面对海南自贸区的定位很明确，但由于海南省有比其他省市更为独特的区域特点、微观市场基础、经济基础和建设条件，其存在的微观层面问题和市场条件问题更为典型。以海南自贸区为例，从平台经济的视角探讨海南自贸区发展的微观基础和短板问题，既可以为相关政策的实施探索提供新的理路和突破点，也可以为其他省市自贸区的发展提供借鉴。既能较好地反映无优势企业

"走出去"存在的问题与障碍,也为其他省份的研究提供范例。

其次,以上海自贸区、邻省的广东自贸区和福建自贸区为具体嵌套比较案例,是因为上海自贸区成立6年以来,形成了一批可复制推广的先进经验,推进了上海及其他自贸区省份贸易和投资便利化自由化进程,目前研究的文献也相对较多,方便以它作为对照案例进行比较分析;而选择广东自贸区和福建自贸区作为研究对象,主要是基于区域相邻的特点,比较有现实意义。

最后,多案例嵌套的自贸区分别属于国务院审批的第一批、第二批、第三批,尤其是第一批的上海自贸区建设已经扩容多次,建设已达到一定水平,在建设中不断暴露的贸易投资便利化问题、双边市场体制机制问题以及数据资料生成等方面,可以满足案例比较研究的要求。

(二)海南自贸区建设中的双边市场条件短板分析

1. 外需导向型市场发展受限

一是海南经济外向成分占经济总量比重低,2018年实际利用外资总额7.45亿美元,仅为上海的4.3%;对外投资总额33.75亿美元,仅为上海的22.02%;进出口总值849亿元,仅为上海的2.47%,仅占全国平均比重的0.26%,货物进出口总额仅为新加坡总值的1.4%左右,如表1和表2所示。二是海南不具备香港亚洲金融中心地位,不具备香港的转口贸易的区位优势,也不具备新加坡同时具有的航运枢纽关键区位和临港工业基础,这些直接制约海南的外需市场规模。三是综观世界各国自由贸易区(港)的成功,都是顺应对外经贸趋好这个势,或者依托转口贸易这些支点,但海南自贸区建设时机特殊,一方面是国内40年的改革开放进入深水区,出口导向转型升级迫在眉睫;另一方面全球贸易规则遭遇单边主义挑战,中国对外经贸条件恶化,海南自贸区建设缺乏外贸发展势好这个支点。

表1　2001~2018年上海市和海南省外向型经济发展趋势比较

年份	上海				海南			
	进出口额(亿美元)	占比(%)	FDI(亿美元)	OFDI(亿美元)	进出口额(亿美元)	占比(%)	FDI(亿美元)	OFDI(亿美元)
2001	608.98	11.95	—	—	17.62	0.35	—	—
2002	726.64	11.71	—	—	18.67	0.30	—	—

续表

年份	上海				海南			
	进出口额（亿美元）	占比（%）	FDI（亿美元）	OFDI（亿美元）	进出口额（亿美元）	占比（%）	FDI（亿美元）	OFDI（亿美元）
2003	1123.97	13.21	—	—	22.79	0.27	—	—
2004	1600.26	13.86	65.41	2.06	34.02	0.29	6.43	0
2005	1863.65	13.11	68.50	6.67	25.92	0.18	6.84	0.001
2006	2274.89	12.92	71.07	4.49	39.74	0.23	7.49	0.003
2007	2829.73	13.00	79.20	5.23	73.57	0.34	11.20	0.012
2008	3221.38	12.57	100.84	3.37	105.24	0.41	12.83	0.008
2009	2777.31	12.58	105.38	12.09	89.1	0.40	9.38	0.607
2010	3688.69	12.40	111.21	15.85	108.71	0.36	15.12	2.218
2011	4374.36	12.01	126.01	18.38	127.56	0.25	15.23	12.200
2012	4367.58	11.29	151.85	33.16	143.3	0.27	16.41	3.201
2013	4413.98	10.61	167.80	26.75	149.81	0.36	18.11	8.173
2014	4666.22	10.85	181.66	49.92	158.6	0.37	18.89	8.871
2015	4517.33	11.43	184.59	231.83	139.67	0.35	20.06	12.012
2016	4338.05	11.77	185.14	239.68	113.48	0.31	21.31	4.797
2017	4762	11.59	170.08	129.9	103.7	0.25	23.06	31.496
2018	5156.8	11.16	173	153.3	127.3	0.26	7.45	33.753

资料来源：历年《上海统计年鉴》《海南统计年鉴》《对外直接投资统计公报》。

2. 内需主导型市场准备不足

一是从GDP指标看，2018年度全国31个省份GDP排名中（排名不含港澳台），海南省名列第28位；地区生产总值仅4832.05亿元，只相当于上海2000年的GDP水平，人均GDP为全国平均水平的80.53%左右，如图2所示。二是从经济增长的潜力指标看，海南省企业创新活跃程度明显偏低，创新意识薄弱问题较为突出，只有两成企业开展技术创新活动，高层次、创新型人才明显不足，教育投入和科研投资整体不足。三是从交通物流条件看，虽然拥有深水良港和国际邮轮码头，但同内陆地区缺乏运输通道，岛内运输成本高，且港口配套基础设施建设不完善，货物处理水平、功能有所欠缺，港口吞吐量较低，集装箱吞吐量更低。这些说明，海南自贸区要形成内需主导型市场规模优势，目前缺乏良好的经济基础支撑。

（万亿元）

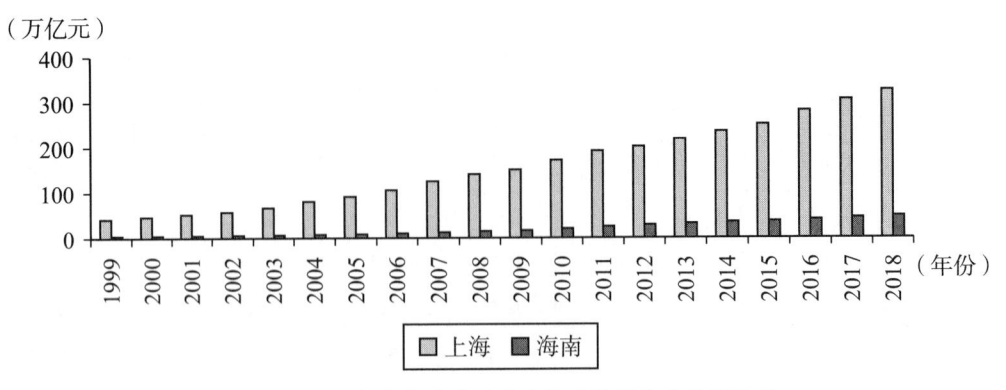

图2　1999~2018年海南省和上海市地区生产总值比较

资料来源：作者根据历年《中国统计年鉴》和上海、海南统计年鉴整理。

3. 省内供给市场体量过小、增速缓慢，与其他自贸区相比存在巨大差距

供给市场反映一个地区的生产能力。相应地，供给市场规模可以说明该地区生产总值高低；第一、第二、第三产业的增加值可以反映出该地区供给市场的增速快慢。但目前，海南省供给市场存在三大主要短板：一是供给市场体量较小、未能形成一定规模；二是当地供给市场增速缓慢；三是与其他自贸区存在巨大差距等问题。具体地说：

其一，海南当地供给市场体量过小，未能形成一定规模。如表2所示，海南省2013~2018年地区生产总值从3146.46亿元到4832.05亿元，平均年上升率达到8.93%，表明海南省的经济发展处于快速平稳增长期，供给市场也在不断扩大增长中。然而，与地理位置相近的自贸区省份福建和广东相比，则存在较大差距，而且这种差距不只是体现在某个或几个产业，而是全面性的落后；与全国水平相比，海南省的供给市场也是处在末尾。

表2　2013~2018年海南省与自贸区邻省的当地供给市场体量（地区生产总值）比较

单位：亿元

省份	2013年	2014年	2015年	2016年	2017年	2018年
福建省	21759.64	24055.76	25979.82	28810.58	32182.09	35804.04
广东省	62163.97	67809.85	72812.55	80854.91	89705.23	97277.77
海南省	3146.46	3500.72	3702.76	4053.2	4462.54	4832.05

资料来源：根据各省统计年鉴整理。

其二，海南当地供给市场增速较缓，与地理位置相似区域存在较大差距。如图3所示，从上述是三个省份的地区生产总值的折线图看，海南省的折线明显要比广东省和福建省的平缓很多。从数据上计算，2013~2018年，地区生产总值增速最快的是福建省，比海南省高10.98个百分点；然后是广东省，也要比海南省高2.92个百分点。可以得出，海南省生产总值不仅在总体上落后临近两个省份，而且在成长速度上也有所落后。因此，海南省要想从供给的角度去获得优势，是极其困难的，而且短时间去增加地区生产总值，必定对当地生态环境造成严重破坏，不符合可持续发展观。

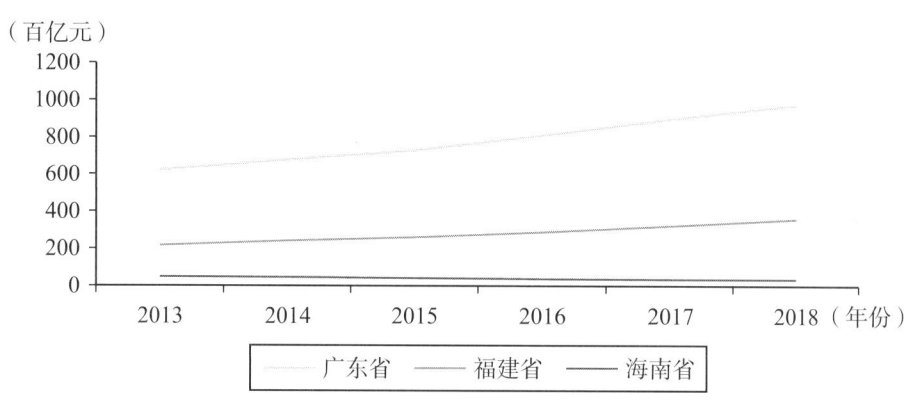

图3　2013~2018年海南省与自贸区邻省供给市场体量（地区生产总值）增速比较
资料来源：根据各省统计年鉴整理。

其三，海南当地供给市场与上海自贸区各项指标也存在极大的差距。图4是上海自贸区和海南省近4年供给市场的各项指标数据，先从总体的生产总值来看，海南

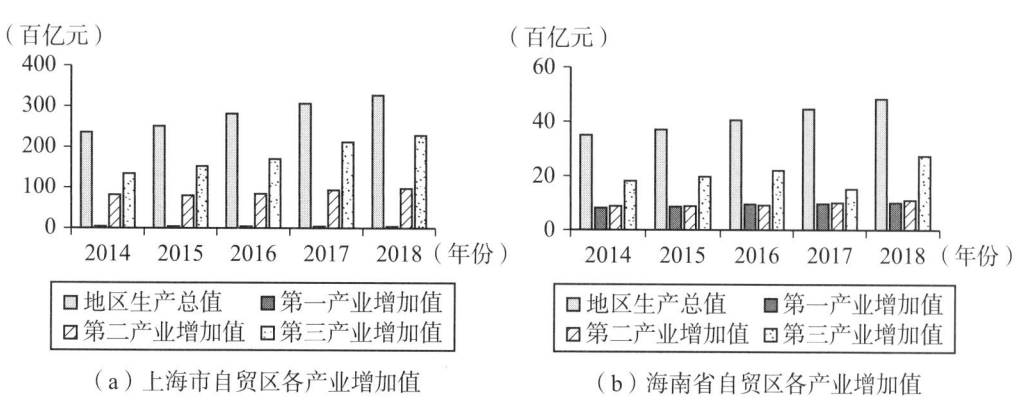

（a）上海市自贸区各产业增加值　　（b）海南省自贸区各产业增加值

图4　2014~2018年海南省与上海自贸区的各产业增加值比较
资料来源：根据各省份统计年鉴整理。

省大大落后于上海市；从各项小数据来看，海南省只在第一产业的增加值比上海市领先，第二、第三产业增加值与上海市相比，还存在巨大差距，这才是决定地区经济的加速器。此外，海南省还存在着房地产一业独大、人才短缺、物价偏高等三个制约海南长远发展的"痛点"，这三个"痛点"制约着海南自贸区（港）建设的需求市场。若直接发展供给市场，海南的经济可能短期会加速发展，上升一个阶梯，但如果海南的需求市场跟不上脚步，未来可能会造成海南经济的萎缩。

4. 需求市场总体偏低，消费人群受限，增速较慢

需求市场体现一个地区的消费能力，当地消费人群与人均消费则是影响该地区消费能力的关键因素。但目前，海南当地消费人群受限，人均消费不足，致使需求市场总体偏低，增速较慢。

其一，海南省当地社会消费品零售总额总体偏低，增速较慢。表3是海南与自贸区邻近省份福建和广东三个地区的社会消费品零售总额，反映的是各地区一定时期的消费水平或需求市场。从数据上看，海南的需求市场和供给市场类似，甚至与福建和广东的地区差距更大。并且从近几年全国各地区的社会消费品零售总额数据排名（除港澳台地区）来看，海南省一直排在倒数第四的位置。可以看出海南省需求市场总体是偏低，福建省4年增长53.1%，海南省4年只增长40.2%，存在增速缓慢的问题。

表3 2014~2018年海南省与邻省自贸区的需求市场体量（社会消费品零售总额）比较

单位：亿元

省份	2014年	2015年	2016年	2017年	2018年
福建省	9346.7	10505.9	11674.5	13013	14317.43
广东省	28471.1	31517.6	34739.1	38200.1	39501.12
海南省	1224.5	1325.1	1453.7	1618.8	1717.08

注：各地区社会消费品零售总额数据相加不等于全国，原因是全国数据进行了修正。
资料来源：根据各省统计年鉴整理。

其二，海南省当地消费人群数量受限，潜在消费人群有限。表4为海南省近四年的人口数据，可以看出其常住人口大概只有900多万人，而2018年中国总人口达13.95亿人，占比只有0.68%，所以当地消费人群数量受限，并且有将近2/5的人口属于乡村人口，所以潜在消费人群也有限。

表4　　2014~2018年海南省消费人群数量变化　　单位：万人

指标	2014年	2015年	2016年	2017年	2018年
年末常住人口	903	911	917	926	934
城镇人口	486	502	521	537	553
乡村人口	418	409	396	389	381

资料来源：根据历年《海南统计年鉴》整理。

其三，海南省当地人均消费水平较低，外来消费收入逐年增加，但仍然有限。从图5可以看出，海南省人均消费支出从2013年的11712元增长到2018年的22553元，增长率为92.56%；上海从39223元增长到58988元，增长率为50.39%。从增长速度来看，海南省人均消费增长速度确实比上海快很多，但从人均消费水平来看，上海市是海南省的2.57倍，海南省人均消费过低。此外，海南省的国际旅游外汇收入从2013年的3.37亿美元增加到2018年的7.67亿美元，仅占全国的0.6%。虽然每年都有一定的涨幅，但从全国的旅游数据（除港澳台地区）来看，海南省国际旅游外汇收入排倒数第9名，表明外来消费水平是有限的。

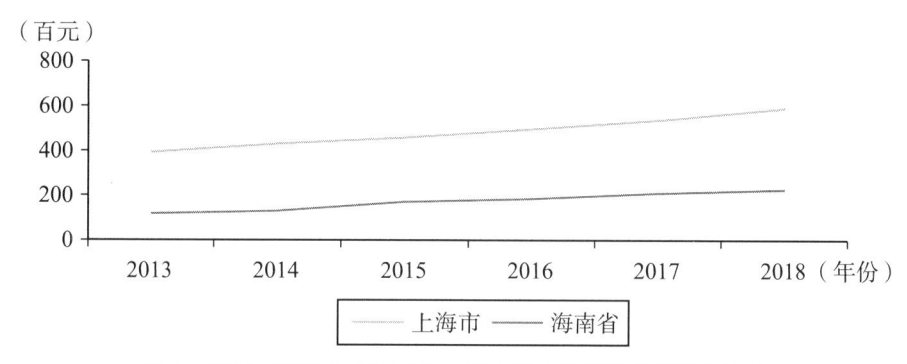

图5　2013~2018年海南省与上海市的人均消费水平增速比较

资料来源：根据上海、海南统计年鉴整理。

5. 缺少与内陆腹地一体化的大市场支撑

海南拥有全面开放所需要的独立地理单元，但目前琼州海峡仍然没有贯通与大陆腹地的连接，缺少内陆腹地一体化的市场支撑，难以成为推进海上丝绸之路建设的海上战略支撑点。

综上所述，通过外需条件和内需条件、供给市场和需求市场的比较，海南自贸区的双边市场平台目前还是比较薄弱。如果以单边市场的方式，单纯的提升一方或两方，都需要极大的努力,而且也很难去超越临近的广东和政策形势相同的上海。海南迫切需要根据自己的优势,充分运用政府给予的政策,创新开拓一个新型的双边市场模式。

(三) 海南自贸区建设中的市场主体条件短板分析

按照平台经济内涵,海南自贸区能否成功,微观企业条件是微观基础的核心,扎根立足的企业越多越强,自贸区建设才可能持续。但目前微观企业主体准备不足,存在以下突出问题:

1. 中小企业为主体,规模小、实力不强

海南省以中小企业为主体,大型企业少且多为国有企业;中小企业主体仍然是资源开发型、产品初加工型、服务低层次型;特别是海南实体经济基础薄弱,没有很好的微观企业基础。2017 年海南省规模以上企业仅 3017 户,仅占全省企业数量的 4.8%;国有资产企业为 988 户(其中省属国有企业 624 户),占全省企业数量的 1.5%;非公经济市场主体数量为 61 万余户,占全省市场主体的 91.78%。[①] 而且受资金和技术的制约,企业基本上都是依托本地资源,缺乏高新技术产业,一旦将经营重心放在开放的国际竞争市场中,难以支撑起自贸港经济持续、稳定发展的微观要求。

2. 生产率水平低,企业基础薄弱、创新能力偏低

2018 年中国民营企业 500 强中,海南省没有一家入围。2017 年只有海航和海马两家;营业收入 50 亿元以上企业只有 17 家,营业收入超 100 亿元的企业只有 9 家,百强企业的入围门槛仅为 5.62 亿元;这一水平不及位于中部地区的湖南的 1/3,不及上海的 1/7;而且排名在前的百强企业,如海航、华信、石化海南炼油化工等多为垄断型企业,真正有市场竞争力的国际企业少之又少,人均营业收入和人均利润的国际差距很大。另外,海南企业创新能力偏低,如表 5 所示,与全国平均水平相比,2016 年海南省开展创新活动企业占比要低 3%,实现创新的企业占比要低 1.8%;与浙江省相比,分别低 11.2% 和 9.6%;2017 年海南省开展技术创新企业占比低全国平均水平 4.5%、实现技术创新企业占比低全国平均水平 3.7%;与浙江相比,分别低 17.2%、16.2%;在开展创新合作的企业占比方面,比全国平均水平低 0.4%,比浙江省低 3.6%;在开展产学研合作的企业占比方面,比全国平均水平低 22.4%,比上海低 34.9%。可见,海南与全国平均水平及自贸区省份相比,海南企业在创新层面都存在较大的差距(见表 5)。

---

① 根据《海南统计年鉴》整理得到。

表 5　　　　　海南省与全国及自贸区省份企业创新情况比较　　　　单位：%

指标	全国	海南	上海	广东	福建	浙江	四川	重庆	湖北
开展创新活动企业占比	39.1	36.1	36.1	36.5	38.6	47.3	37.6	36.9	36.6
实现创新企业占比	36.1	34.3	33.9	32.5	36.8	43.9	35.7	34.7	33.9
开展技术创新企业占比	26.5	22.0	26.2	28.3	22.8	39.2	21.7	24.4	24.2
实现技术创新企业占比	22.0	18.3	22.8	22.6	19.8	34.5	18.0	20.7	19.6
开展创新合作企业占比	16.5	16.1	15.8	16.0	16.9	19.7	15.2	17.0	16.4
开展产学研企业占比	43.8	21.4	56.3	48.1	40.5	52.9	44.3	37.9	40.9

资料来源：根据海南省人民政府网站数据整理。

3. 企业治理结构和治理机制不完善，限制企业做大做强

海南企业以非公有制经济为主体，产权清晰，但多数企业存在现代企业治理制度缺位、资金融通弱势和抵押贷款担保的局限；大型国有企业虽然建立起现代企业制度，但存在治理结构和治理机制困境，这些都限制企业做大做强，直接影响自贸区的可持续发展。

（四）平台支点产业支持条件短板分析

没有产业就没有贸易，更谈不上建设自由贸易港，平台产业支持是自贸区建设的核心和灵魂。但目前缺乏支点产业支持，存在以下突出问题：

1. 旅游、房地产是海南的优势产业，但难以成为海南自贸区的支点产业

2018年服务业占全省生产总值比重达56.635%，其中房地产开发固定资产投资占GDP比重超过50%，旅游业占服务业产值比重达34.73%。但是，旅游业收入转移支付效应明显，对经济的长期贡献非常有限，旅游饱和反而给城市带来负效用和高成本；而房地产对经济的贡献是短期性，难以形成地区产业竞争力，因此，单靠旅游致富的城市是不可能持续的，单靠服务业或商业也成不了自由贸易港，二者都不足以成为推动自贸区发展的支点产业。

2. 海洋业、热带农业是海南的特色产业，但由于资源型产业特征及其局限性，也难以成为海南自贸区的支点产业

2018年海南海洋经济生产总值约为1400亿元，仅占同期全国海洋经济生产总值约1.7%，而同期广东和山东的海洋经济总产值已分别达19600亿元和16000亿元。相比

较,2018年热带特色高效农业增加值超过1034.44亿元,占GDP比重为21.41%[①],目前已经构建海南特色海洋经济产业体系,形成"五基地一区"为主导的热带特色高效农业体系。从这些数据上看,发展海洋经济和热带特色农业都是海南的特色优势产业。但是,由于属于资源开发型、产品初加工型、服务低层次型,产业结构形态偏低,附加值增值有限,而且具有脆弱性和自我循环的特点,一旦自然环境遭受破坏将难以恢复,这些因素都制约了海洋业和热带农业也难以成为支点产业。

3. 工业"短腿",现代工业短缺

海南的工业基础薄弱,工业水平远低于深圳、上海等发达地区(见图6),与全国平均水平相比,也相差20%,工业"短腿"仍为自贸区平台提升瓶颈:一是工业发展起点低、基础差,基本上都是依托本地资源,如热带水果、水产品为主的农副加工业等,港口、铁路、公路等运输制约瓶颈依然存在。二是工业企业分布零散,行业间的生产联系和协作配套差,产品链和市场链薄弱,没有形成主导产业链。三是高技术、资金密集型工业企业少,产品技术低,知名品牌少,目前主要集中在生物和制药领域,电子信息、高端制造等高附加值产业基本空白。四是基于生态环保要求,中央对海南自贸区的功能定位是传统的大中型工业和加工业都不能搞,产业生根困难。

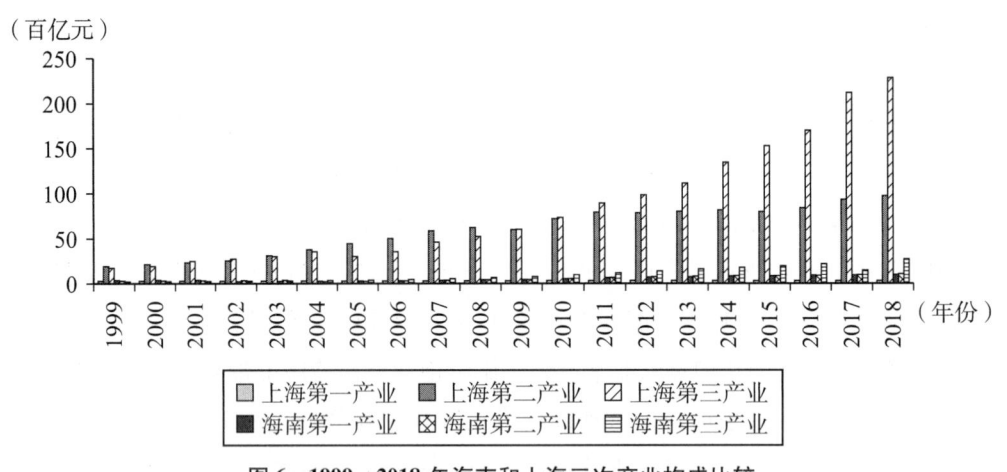

图6 1999~2018年海南和上海三次产业构成比较

资料来源:根据历年《中国统计年鉴》整理。

---

① 根据《海南统计年鉴》整理得到。

四、政策建议

按照本文构建的平台经济内涵及其要素构成条件，海南自贸区建设要克服三大短板问题，当前急需摒弃出口导向型发展模式的老路，要基于微观层面实施新开放型平台经济发展模式。具体来说：一是以提升供需双边市场条件为基础，构建以国内、国际化为主导的新型内需主导型市场；二是以平台企业或平台提供者为核心，大力培育和发展有为企业；三是依托平台支持政策优势，打造以信息化、科技化、服务化的新型工业为支点产业。相应的配套政策建议：

（一）以提升供需双边市场条件为基础，构建以国内国际化为主导的新型内需主导型市场

新型内需主导型市场是指通过对内对外开放相互促进与联动，以国内国际化为主导，不断提高内需产品竞争力来促进经济增长的大国开放型市场。当前需要从以下三大方面着力：

（1）要解放思想，致力打造自贸区的供需双边市场条件。一要解放保守思想，实现政府理念创新。当务之急是要强化政府的开放意识、法治意识、服务意识和市场意识，打破行政手段调控惯性，通过有效的市场机制和较好的营商环境来影响供求关系，同时为微观主体的创新需求及时提供制度支持。二要尽快贯通琼州海峡与大陆腹地链接，为海南自贸区与内陆腹地一体化提供市场支撑，这是海南大市场实现国内国际化的前提。三要建立海南自贸区管理局，实行政企合一的管理模式和市场化运营方式。在自贸区建设初期，急需一个实行政企合一的运营和管理机构，有序推进市场化自贸区建设，以市场为导向，为企业提供一站式高效服务。

（2）启动自贸区的内源式开放战略。内源式开放是指主动利用自贸区深化改革开放契机，通过进口市场和引用外资、产业转移等方式，开放搞活国内市场。一要将培育企业的自生能力与进口选择相配合，战略地引进有利于本地企业成长和发展的进口技术，并引导和激励有为企业提升消化和吸收能力，尽快实现从模拟自主创新转变；二要加强与内陆地区间的产业转移和开放，获得更多的技术模仿和学习机会，增强岛内企业的竞争能力，真正培育起新型内需主导型市场的微观企业主体；三是支持在海南设立海上丝绸之路文化、教育、农业、旅游交流平台，推动琼海对外开放合作试验

区建设,推动海南成为中国和东盟交流的中心。

(3) 加强自贸区的外源式开放战略。外源式开放是指通过充分利用出口市场和对外投资等方式,拓展和提升海南国外市场。一直以来,海南经济外向度低,没有达到自贸区的开放水平,当前:一是仍然需要通过促进与优化出口结构,提升海南自贸区平台企业参与全球产业链的国际化水平。二是推动海南企业和产业主动加快融入亚太经济体系,提升海南企业的国际化能力和水平,成为海上丝绸之路建设的海上战略支撑点。

(二) 以自贸区平台企业为核心,大力培育和发展有为企业

企业条件是实现内需主导开放型市场的微观基础,只有让有为企业成长和发展起来,才能稳内需、扩内需,真正实现国内市场国际化,促进自由贸易区稳步发展。

(1) 要致力平台企业或平台提供者条件的提升。一是要改善营商环境,重点对平台企业或平台提供者在合同设计、规章制度及组织结构等内部环节下功夫。二是扶持自贸区的战略产业和先进企业,出台相应政策针对性地扶持和发展中小企业,在理念上,政府要引导企业做专做强,而不是盲目做大。三是通过专业人才引进和吸引优质高校入驻等提升配套条件,鼓励国内巨头和知名企业在海南投资和扎根经营,带动和扶持中小企业发展壮大。

(2) 为企业提供一个良好的制度支撑环境。对海南自贸区来说,适时提供政府融资、减税免税等扶持政策是必要的,但不是根本性的,当务之急应该是创造一个有利于广大企业成长和发展的制度支撑环境,尤其是良好的营商环境、法治环境和市场环境,让平台企业在一个平等、竞争的市场机制环境所创造的压力中持续升级,这是成功推进自贸区发展的必要前提。

(3) 加大对平台企业的产权保护,激励企业创新与长远发展。在自贸区建设中,一方面,要落实民营企业产权保护,倡导和鼓励企业特别是大型企业、高科技企业和国际化企业建立健全与贸易有关的知识产权应急处理机制;另一方面,通过体制创新和制度保障,倡导与学习企业家精神,引导社会尊重企业家及其创新成果,激发企业开展自主创新与模仿创新的主动性和积极性。

(三) 依托平台支持政策优势,打造以信息化、科技化、服务化的新型工业为支点产业,建立科技网络交易平台补充产业支撑短板

发展新型制造业对物流条件和历史基础的要求和转型成本都较低,海南自贸区应

该走信息化、科技化、服务化的新兴产业之路，以信息工业和高科技工业为支点，大力引进互联网、IT公司、高端制造业等实体经济，建立科技网络交易平台补充产业支撑短板。

（1）以海洋产业、育种基地、卫星发射、医疗与制药业、互联网与信息产业这五个板块作为基础，建设海南科技特区和国际级的科技成果交易市场、科技企业的资本市场和科技企业的孵化基地，力争在5～10年内建设全球领先的科技交易平台。

（2）重点对电子器件、生物医药、人工智能、新材料和新能源等高端制造业进行突破，选定重点企业和产品，给予相关产业扶持政策，并加大对这些企业的研发资助，促成产业成长与发展。

（3）要依托自贸区平台支持政策优势，充分发挥人才、资本、技术集聚的作用，加大对高技术产业的基础研究投入，克服传统上偏重于对应用研究的投入和开发问题，通过政策调整，实现自贸区特色产业的持续稳步发展。

参 考 文 献

[1] 晁钢令，王涛. 自由贸易试验区与"平台经济"城市[J]. 外国经济与管理，2013（12）：60-69.

[2] 陈爱贞，刘志彪. 自贸区：中国开放型经济"第二季"[J]. 学术月刊，2014（1）：20-28.

[3] 陈林，邹经韬. 中国自由贸易区试点历程中的区位选择问题研究[J]. 经济学家，2018（6）：29-37.

[4] 成新轩，郭志尧. 中国自由贸易区优惠原产地规则修正性限制指数体系的构建[J]. 管理世界，2019（6）：70-80.

[5] 戴维·S. 埃文斯，理查德·施马兰奇. 连接：多边平台经济学[M]. 张昕，译. 北京：中信出版社，2018.

[6] 郭永泉. 中国自由贸易港建设和自由贸易试验区深化改革的策略研究[J]. 国际贸易，2018（3）：21-26.

[7] 何枭吟，吕荣艳. 空港型自贸区发展趋势与中国内陆空港自贸区战略抉择[J]. 国际经济合作，2018（8）：52-59.

[8] 洪联英，黄汝轩. 上海自贸区的功能定位反思及其调整[J]. 国际商务研究，2017（1）：54-64.

[9] 黄玖立，周璇. 定制化与地方保护主义：经验证据及对自贸区建设的启示[J]. 管理世界，2018（12）：56-66.

[10] 李凌. 平台经济发展与政府管制模式变革 [J]. 经济学家, 2015 (7): 27-34.

[11] 刘家明, 蒋亚琴. 平台经济视角下的海南自贸区建设: 定位与策略 [J]. 经济研究参考, 2019 (13): 109-116.

[12] 欧阳晓, 罗富政, 罗会华. 发展中大国的界定、遴选及其影响力评价 [J]. 湖南师范大学社会科学学报, 2016 (6): 5-14.

[13] 欧阳峣. 大国发展经济学的逻辑体系 [J]. 湖南师范大学社会科学学报, 2018 (6): 40-46.

[14] 史本叶, 王晓娟. 探索建设中国特色自由贸易港: 理论解析、经验借鉴与制度体系构建 [J]. 北京大学学报 (哲学社会科学版), 2019, 56 (4): 149-158.

[15] 谭娜, 周先波, 林建浩. 上海自贸区的经济增长效应研究: 基于面板数据下的反事实分析方法 [J]. 国际贸易问题, 2015 (10): 14-24.

[16] 王冠凤. 贸易便利化机制下的上海自由贸易试验区跨境电子商务研究: 基于平台经济视角 [J]. 经济体制改革, 2014 (5): 38-42.

[17] 王晓玲. 国际经验视角下的中国特色自由贸易港建设路径研究 [J]. 经济学家, 2019 (3): 60-70.

[18] 邢孝兵, 雷颖飞. 自由贸易区的地区经济增长效应: 开放还是改革 [J]. 国际商务研究, 2019 (7): 55-65.

[19] 徐晋. 平台经济学 (修订版) [M]. 上海: 上海交通大学出版社, 2013.

[20] 张幼文. 自贸区试验与开放型经济体制建设 [J]. 学术月刊, 2014 (1): 11-19.

[21] 周子勋. 海南创建自贸港: 中国开放跃升新高度 [N]. 上海证券报, 2018-04-18 (9).

[22] 朱孟楠, 陈冲, 朱慧君. 从自贸区迈向自由贸易港: 国际比较与中国的选择 [J]. 金融论坛, 2018 (5): 3-12.

[23] Boring T W. The Development of Foreign-trade Zones in Inland Ports [J]. The Journal of Commerce, 2005, 6 (36): 45-78.

[24] Castilho M, Marta M, Aude S. Poverty and Inequality Dynamics in Manaus: Legacy of a Free Trade Zone [J]. Développement, Institutions Mondialisation Working Paper, No. 18, 2015: 1-20.

[25] Chauffour J P, Maur J C. Preferential Trade Agreement Policies for Development: A Handbook [M]. World Bank Publications, 2011.

[26] Graham E M. Do Export Processing Zones Attract FDI and its Benefits the Experience from China [J]. Internal Economics and Economic Policy, 2004 (32): 87-103.

[27] Jenkins G P, Kuo C Y. Taxing Mobile Capital in Free Trade Zones to the Detriment of Workers [J]. Asia-Pacific Journal of Accounting & Economics, 2019, 3 (26): 207-222.

[28] Li Q, Scolloy R, Maani S. Effects on China and ASEAN of the ASEAN-China FTA: The FDI Perspective [J]. Journal of Asian Economics, 2016 (6): 229-243.

[29] Polaski S. The Employment Consequences of NAFTA [J]. Carnegie Endowment for International

Peace, 2006, 9 (11): 125 – 149.

[30] Rochet J, Tirole J. Platform Competition in Two-sided Markets [J]. Journal of European Economic Association, 2006 (1): 364 – 412.

[31] Thangavelu S M, Narjoko D. Human Capital, FTAs and Foreign Direct Investment Flows into ASEAN [J]. Journal of Asian Economics, 2014 (11): 259 – 272.

[32] Yang Y C. A Comparative Analysis of Free Trade Zone Policies in Taiwan and Korea Based on a Port Hinterland Perspective [J]. The Asian Journal of Shipping and Logistics, 2009, 25 (2): 142 – 165.

多极雁行理论与全球价值链重构
——从产业视角观察当前世界经济体系*

欧阳峣**

习近平总书记在主持召开企业家座谈会时指出,"要拓展国际视野,立足中国,放眼世界,提高把握国际市场动向和需求特点的能力,提高把握国际规则能力,提高国际市场开拓能力,提高防范国际市场风险能力,带动企业在更高水平的对外开放中实现更好发展"①。进入21世纪以来,一大批新兴经济体和发展中国家快速发展,世界多极化加速发展。如何在一个更加不稳定不确定的世界中谋求我国发展,培育新形势下参与国际合作和竞争的新优势,是当前经济领域的重要议题。从产业发展的视角来观察,通过形成动态比较优势参与全球价值链重构,是未来的一个努力方向。

一、从"二元"到"三元"的世界经济体系

20世纪中期,发展经济学的拉美学派提出"中心-外围"理论,成为结构主义理论的重要基石和当时的拉美国家制定政策的主要理论依据。其主要代表人物普雷维什认为,世界经济可以划分为中心和外围两个部分,那些已经实现工业化的国家成为"中心部分",而从事农业和初级产品专业化生产的国家成为"外围部分",整个世界经济就是建立在"二元结构"基础上的。中心国家的角色是大规模生产资本品和工业消费品,在满足本国需求的同时出口到外围国家;外围国家的角色则是原材料的生产者、

---

* 本文原载于《光明日报》2020年7月28日第11版。
** 作者简介:欧阳峣,经济学教授,博士生导师,湖南师范大学大国经济研究中心主任。
① 《习近平主持召开企业家座谈会并发表重要讲话》,载中国政府网,http://www.gov.cn/xinwen/2020-07/21/content_5528789.htm。

廉价劳动力的提供者以及大规模标准化工业品的消费市场。在这种体系下，中心国家和外围国家通过商业贸易彼此联系在一起，落后的外围国家对先进的中心国家的经济依赖性不断加强。二战以后，拉美国家意识到这种国际分工体系阻碍了他们获取技术进步的收益，于是纷纷开始选择工业化作为国内经济扩张最重要的手段，并迅速走上工业化道路，进而推动了世界经济体系的演变。

20世纪中后期，随着新兴经济体和地区经济的兴起，美国学者沃勒斯坦提出了新的世界体系理论。他在"中心"和"外围"之间增加了"半边缘"的概念，并用"核心－半边缘－边缘"的结构来分析现代世界经济体系，从而建立起一个三层次的解释框架：一些经济减退的发达资本主义国家和一些新兴工业化国家，构成了"半边缘"国家，从而增加了现代世界经济体系的复杂程度。从"中心－外围"的"二元"结构理论到"核心－半边缘－边缘"的"三元"结构理论，反映了世界经济格局的变化。

进入21世纪，世界经济格局出现新的变化。诺贝尔经济学奖得主迈克尔·斯宾塞提出，全球经济正以惊人的速度发展演变，世界经济格局将会进入大重构的时期，以美国为主导的单中心权力体系将面临解体，世界将会出现多个力量中心并存的多极化格局，这个时期的世界经济具有三个明显特征：一是世界经济体系的异质性增加，出现多个经济中心，美国、欧盟、中国和日本等经济体共同主导全球经济；二是各个经济中心的力量可能会此消彼长，世界经济格局在"均衡—非均衡—均衡"的过程中演变；三是新兴经济体崛起的可能性增加，在从"半边缘地区"向"核心地区"转变的过程中，中国经济通过转型升级将成为全球经济的"头雁"之一。

二、从"雁行形态"到"多极雁行"产业格局

日本经济学家赤松要教授从纺织工业的兴衰过程中，发现了经济发展与产业结构升级的内在联系，提出"雁行形态"理论，即，以最发达国家为顶端，处于不同发展阶段的国家按顺序排列的产业发展状态。他的学生小岛清将"雁行理论"精细化和理论化，构建了相应的国际分工理论，并运用"雁行理论"分析对外直接投资，主张"对外直接投资应从本国（投资国）已处于或即将处于比较优势的产业——可称为边际产业（这也是对方国家具有显性或潜在比较优势的产业）依次进行"。"雁行形态"理论为二战后日本产业结构的优化升级提供了理论依据，展现了后进国家通过引进先进国家的产品和技术，建立自己的工厂进行生产以满足国内需求和出口创汇，进而后来

者居上取代"头雁"地位的过程。

"雁行模式"被人们用来描述东亚国家和地区经济依次腾飞的图景,诺贝尔经济学奖得主约瑟夫·斯蒂格利茨在《东亚奇迹的反思》中就曾用"雁行假说"解释东亚国家和地区的工业化进程,即工业部门的重心从第一组工业化国家(地区)向第二组国家(地区)转移,进而向第三组国家(地区)转移。如日本的对外直接投资带动技术和产业转移,为韩国和中国台湾地区等提供市场机会;后来,日本主要生产最复杂的高端产品,中端产品则由韩国、新加坡和中国台湾地区生产;现在,上述国家(地区)也转向重工业和高科技产品部门,轻工业则由泰国、菲律宾和印度尼西亚承担。日本经济学家伊藤和森井具体地分析了制造业各子部门在亚洲国家的演进,他们将制造业子部门划分为劳动密集型、资本密集型和技术密集型部门,描述了三者之间表现出的周期性特点:工业化的后进者通常会重复领先者的产业构成的变化;亚洲国家和地区成功地将领先者在制造行业的比较优势向跟随者传递,而跟随者又逐渐向后来的跟随者传递,从而实现更多国家或地区的经济繁荣。

在世界经济多极化背景下,随着"雁行模式"的延续和扩张,世界经济正在形成"多极雁行"的产业格局。即,随着一些跟随者成长为"头雁",将逐步形成不同产业部门交织的、由不同国家和地区领头的"多极雁行"格局。从当前世界经济格局看,美国是芯片、金融等产业的"头雁",欧盟是医药、化工等产业的"头雁",日本是家电、汽车等产业的"头雁",中国是高铁、电商等产业的"头雁"。随着新兴经济体的崛起,世界进入大变革大调整的时期,多极化趋势愈益明显。

"多极雁行"格局的形成具有以下特点:第一,新兴经济体已经和正在成为全球制造业的"头雁"。中国作为新兴经济体的典型代表,已成为与美国、德国并行的全球制造业中心,高铁、电商等行业逐渐确立了在全球的引领者地位,电子、汽车、轨道交通和工程机械等行业在生产规模上已居世界前列。其他新兴经济体在制造业中的地位也呈上升势头。第二,"多极雁行"格局是新兴经济体利用综合优势的结果。新兴经济体在某些制造行业取得领先地位,主要是较好地利用了自身的综合优势,包括要素禀赋的比较优势、超大规模国家要素和市场的规模优势等。第三,"多极雁行"格局将伴随着产业"头雁"之间的经济摩擦。在新兴经济体和发达国家经济力量变动的过程中,不仅新产业格局得以构建,而且价值链位置也会进行调整,很有可能产生利益矛盾和贸易摩擦。比如近两年来,美国为遏制中国经济崛起而发动贸易战,推行贸易保护主义政策,成为经济全球化进程中的逆流。

三、从"多极雁行"格局到价值链的重构

多元世界体系和"多极雁行"产业格局的形成，为中国经济的转型提供了战略机遇。习近平总书记指出，"要胸怀两个大局，一个是中华民族伟大复兴的战略全局，一个是世界百年未有之大变局，这是我们谋划工作的基本出发点"①。怎样在大变局中谋求发展？从总体战略上说，就是要抓住世界百年未有之大变局推进中华民族的伟大复兴。从经济发展上说，就是要利用"多极雁行"发展格局谋求全球价值链重构，通过创新驱动经济转型升级，使中国经济从产业规模上的"大雁"变成价值链条上的"头雁"。

第一，新兴经济体的产业链地位为价值链升级提供了产业基础。新兴工业化国家实现经济赶超的重要经验，就是遵循要素比较优势进入国际分工体系，在经济起飞的基础上实现从产品到产业再到价值链的梯度升级。改革开放以来，中国积极融入国际分工体系，已在全球产业链中占据重要地位。一是总量上迅速扩张，目前全球制造业出口的19%来自中国，已经形成明显的产业规模优势；二是配套上愈益完善，已形成完备的产业配套能力；三是结构上逐步改善，产品技术含量增加，已形成服务贸易和商品贸易并重的产业分工格局。中国依托自身的综合优势，成为世界制造业中心，奠定了在全球产业链和供应链的重要地位，同时也为实现全球价值链位置的攀升创造了有利条件。所谓产业链，是指在经济布局和产业组织中的不同区域、产业或相关行业之间具有链条式关联的产业组织；所谓价值链，是指经济体或企业在特定产业部门形成的反映其技术水平及经济效益的产业价值关系。产业链是价值链的基础，而且产业链的形成需要经历要素耦合的长期过程，我们可以凭借产业规模和配套能力强的优势，利用在全球产业链中前向和后向参与度都比较高的枢纽位置，积极推动产业和产品结构升级，进而改善在全球价值链中的位置，尽快从产业价值链中低端向中高端攀升，并在一些优势产业中成长为全球价值链的"头雁"。

第二，实现产业链和价值链转换是新兴经济体迈向高收入国家的必要条件。从宏观层面看，全球价值链涉及附加值分配和贸易利益问题，价值链位置的攀升可以促进国民收入水平的提高。中国通过经济开放不断融入全球经济和全球价值链，促进了贸

---

① 《习近平在推动中部地区崛起工作座谈会上的讲话》，人民网－中国共产党新闻网，2019 年 05 月 23 日，http：//theory.people.com.cn/n1/2019/0523/c40531－31099821.html。

易利益的显著增加和经济的快速发展,但目前在总体上仍然处在全球价值链的中低端,如果长期陷入中低端锁定的困境,必将难以跨越中等收入阶段。世界银行的《2020年世界发展报告》指出,中国在1990年至2015年间,从一个初级制造业的提供者升级为先进制造业和服务业的提供者,这同中国国民收入变动状况是相适应的。为此,我们必须发挥新兴经济体经济发展的综合优势,突破全球价值链位置的中低端锁定,在更多的产业成为全球价值链的"头雁",才能最终跻身高收入国家行列。

第三,创新驱动是新兴经济体实现产业链和价值链升级的必由之路。价值链升级的基本路径:第一步是从初级产品生产转向初级制造业,第二步是由初级制造业转向先进制造业和服务业,第三步是由先进制造业和服务业转向创新活动。全球经济中产业链和价值链攀升主要依赖于技术进步和创新活动。中国目前处在从价值链中端走向高端的起步时期。自2000年以来,中国现代服务业的前向参与度不断提高,现代服务业主要属于知识密集型产业,这表明中国出口产品隐含的研发要素逐渐增加,正在促进制造业部门在全球价值链中的位置不断得到改善。目前,我国正致力于建设创新型国家,使创新活动成为引领经济发展的第一动力,为此,需要在两个领域加快发展:一是在已经成为国际上技术并行者或领跑者的产业,如高铁、通信技术等产业,依托先进的产业技术和强大的配套能力,利用庞大的市场规模和产业规模优势,有效聚集全球创新资源,研发出国际前沿水平的关键技术,牢牢占据价值链的顶端;二是抓住新一轮新技术革命的机遇,同发达国家站在同一起跑线上发展数字经济,利用国内的消费市场规模优势,快速发展大数据、物联网和电商产业,打造最佳的数字经济生态系统,培育全球产业链和价值链的"头雁"。

后发大国的分工模式选择与
中国全要素生产率提升*

唐 玲** 欧阳峣

摘 要 选取1995~2011年中国33个行业的平衡面板数据,从国内分工和国际分工两个维度分析了分工模式对后发大国全要素生产率的影响。研究结果表明:中国各行业参与国内分工的程度高于国际分工程度,但相比国内分工,国际分工对全要素生产率的提升作用更大;对非核心生产环节、服务产品环节以及高技术密集型生产环节的国际分工以及与金砖国家开展国际分工对全要素生产率有显著的促进作用,从而更有利于中国获得全球化红利。

关键词 后发大国 国内分工 国际分工 全要素生产率

一、相关文献梳理

中国作为最大发展中国家,正在以新发展理念和实际行动践行"人类命运共同体"思想,并为后发大国经济增长提供中国智慧和中国方案。党的十九大报告指出:"我国经济已由高速增长阶段转向高质量发展阶段",并首次提出了提高全要素生产率的要求。随着人口老龄化进程加快和"人口红利"的逐渐丧失,学术界普遍认为全要素生产率提升是未来中国经济增长和全球化红利获得的重要支撑。与此同时,以中间产品贸易为主的全球价值链分工格局在分化调整中跌宕起伏,为中国更高层次对外开放带来较大的外部不确定性冲击。欧美国家为应对制造业空心化,纷纷出台吸引制造业回流的政策。中国则表现为两种分工模式并存的局面:一方面,依靠改革开放政策和要

---

* 本文原载于《湖南师范大学社会科学学报》2020年第5期。
** 作者简介:唐玲,湖南师范大学商学院讲师,经济学博士。

素禀赋的特殊优势,通过大量承接来自欧美、东亚等国家和地区的国际产业转移参与国际分工;另一方面,凭借大国庞大的国内市场进行国内分工,且近年来中间产品分工出现了明显的内向化趋势(Duan et al.,2018;王雅琦等,2018)。如何理解和认识中间产品在国际和国内市场的重新配置,研究由此产生对全要素生产率的影响具有重要意义。许多学者研究发现,通过深化改革强化国内市场分工协作与扩大开放提升国际分工参与度,是提升全要素生产率的新动力。同时,相关研究也引发了诸多争议,特别是针对作为发展中大国的中国在国内分工和国际分工的侧重问题上,学术界存在不同看法。国内外有关分工生产率效应的研究主要有两类:

一是以克鲁格曼和藤田昌久为代表的新经济地理学为基础,将规模报酬递增和运输成本等因素引入垄断竞争的一般均衡分析框架中,着重考察大国内部分工对本国生产率或经济增长的影响。大多数研究认为大国一般拥有较大的市场潜力、本地市场效应以及各层次产业并存的完整且互补的社会分工体系,有利于大幅度降低其生产成本、获得产业关联优势以及有效实现本地化分工(钱学森、梁琦,2007;李君华,2009;范剑勇、谢强强,2010;欧阳峣,2014;易先忠、欧阳峣,2018;易先忠、高凌云,2018;等等)。大国国内市场规模大,可以用国内产业转移代替国际产业转移,从而可以通过国内分工构建国际"雁行分工模式"(蔡昉等,2009)。李君华和欧阳峣(2016)则认为由于企业之间和劳动者之间的学习效应和知识溢出效应存在典型的距离衰减特征,而大国拥有数目众多的企业和劳动者的优势将有利于本国内部的知识溢出和创新。综合来看,大多数研究认为大国优势通过促进国内分工对生产率产生积极影响。

二是在要素禀赋差异框架下讨论分工模式随着要素禀赋变化对生产率的影响。此类文献大多以发达国家向发展中国家进行垂直专业化分工为例,研究中间投入品跨国分工对生产率的影响。理论研究从标准的 H-O 模型、李嘉图贸易模型或者特定要素假说出发,构建一个包含中间品贸易和分工的理论模型,检验国际分工如何影响一国生产率。这些理论模型一般都假设各国按照比较优势原理进行国际分工,发达国家聚焦技能密集型的生产环节,而将非技能密集型生产环节转移至发展中国家,这种生产环节的跨国转移带来的成本降低、劳动力之间的替代效应以及技能偏向型技术进步等对一国生产率产生重要影响(Arndt,1997;Acemoglu and Gancia,2012;等等)。经验研究则一般在理论模型框架下,运用行业和企业层面数据,构建投入产出模型或者计量回归模型,论证理论模型中推导出的结论(Amiti and Wei,2009;Schworer,2013;等等)。国内有关国际分工生产率效应的研究大多从承接国角度分析国际垂直专业化分工或者加工贸易对生产率的影响(刘庆林等,2010;唐东波,2014;等等)。该类研究关注的重点是"外部性"的因素,即从国家之外寻求能帮助其实现生产率的途径,试图借助分工合作的知识溢出来提高分工水平,实现技术和生产率水平的飞跃。但过度依赖中间品国际分工,缺乏核心技术,容易导致发展中国家陷入"比较优势陷阱",特别是随着在我国人口老龄化进程加快和"人口红利"逐渐消失,许多学者开始关注中间产品国内分工替代国际分工对出口和价值链提升的影响(王雅琦等,2018;马丹等,2019;戴翔等,2019;等等)。

综合以上研究不难发现,已有文献侧重于单独考察某一种分工模式对生产率的影响。虽然与本文密切相关的文献——唐东波(2014)运用企业数据将国内分工变量引入到理论和计量模型中,考察了不同分工形式对中国劳动生产率的影响,但该文重点探讨中国参与国际垂直专业化分工对单要素生产率的影响,对分工环节性质如何影响分工生产率效应的分析也相对缺乏。在已有研究的基础上,本文利用投入产出模型考察中国全要素生产率及国内、国际分工对其的影响。与以往研究相比,本文的拓展之处主要体现在以下几个方面:第一,突出分析行业、分工环节和分工对象层面参与国际国内分工的异质性。第二,突出考察国际国内分工同框架下分工的生产率效应,并结合分工环节性质及分工对象国不同,研究其对中国全要素生产率的影响机制和行业差异。这种综合性分析不仅避免了对单一的国内或者国际分工生产率效应的高估,而且能够比较不同生产环节分工、与不同对象国展开分工对中国全要素生产率的影响差异。第三,研究数据支持更全面,口径相对一致。本文采用世界投入产出数据库(WIOD)编制的(进口)非竞争型投入产出表进行研究。该数据库提供了40个国家和地区1995～2011年的投入产出表,和标准的投入产出表不同,WIOD针对各行业的中间投入品区分了进口品和国产品,可以口径一致地计算不同行业参与国内和国际分工的比重。同时,WIOD区分了投入品来源,有利于我们考察不同来源地的进口投入品对全要素生产率影响的异质性,从而深入分析一些结构性问题。该表的社会经济账户也给出了测算全要素生产率所需变量的数据,可以避免对不同数据库提供的数据进行归口统一带来的遗漏和偏误。

二、分工模式影响全要素生产率的理论假说

学术界有关分工对生产率影响的理论和实证研究已较为成熟,从要素禀赋理论到新经济地理学,均认为分工对生产率的提升有积极影响。进一步地,分工对生产率的影响是否会基于分工模式不同而有差异?现代经济学研究表明,相对而言,中国作为典型的发展中大国,人口众多,资源丰富,有着依靠国内市场在许多行业达到规模经

济的优势，数量众多的本土企业也会增强市场竞争活力。因此，在国际贸易摩擦和交易成本较大的现实条件下，可以偏向于选择依赖本国市场的国内分工模式以达到经济增长的目标。但是，随着经济全球化的深入，从国外进口中间投入品更有可能促进生产率提升。一方面，中国通过发挥劳动力和资源比较优势，与发达国家进行分工合作，引进并吸收进口品中的关键技术使其边际生产力相对较高。另一方面，外国企业的加入促进了本土企业的竞争，创新活力也随之增强，最终使得国内生产效率提高。如上所述，不论是国际分工还是国内分工都可以通过多种途径发挥其促进生产率提升的作用。因此，在本文中我们期望分工和全要素生产率之间呈现正相关关系。但是不同分工模式对生产率影响大小则取决于本土规模优势和比较优势的相互比较和差异。

综上，我们提出假说1。

假说1：国内分工和国际分工都能提升全要素生产率水平，但影响大小不确定。

在假定分工程度一定的条件下，不同分工环节的性质会影响分工生产率效应的大小。根据本文的定义，非核心生产环节的分工程度是指来自其他行业的中间投入占总产出的比重。因此，相比于核心环节，非核心环节是该行业不具备比较优势或者缺乏效率的生产环节，将这些生产环节转由国内或者国际其他企业去生产，可以把原来生产非核心生产环节所使用的要素释放出来，投向更具优势和竞争力的核心环节生产，这种要素的再配置效应可以有效促进全要素生产率的提升。因此，企业将非核心生产环节分工出去更有利于生产效率的提高。

相比于物质品环节的分工，在服务品环节开展分工合作更有利于企业进行重组和结构变革，且由于物质品环节分工规模报酬递减规律发生作用，使得服务品环节分工对生产率的作用大于物质投入生产环节的分工（Amiti and Wei, 2009）。当一个国家进行物质品生产环节分工的水平较高时，从物质品生产环节的分工中获取的利益趋于最大化，以致这种分工的生产率效益趋于下降。

新增长理论认为，中间投入品质量和技术升级是内生技术进步的源泉。企业通过购买高质量中间品参与国内外分工是实现技术赶超和生产率提升的重要途径。因此，生产环节的质量或技术密集度是分工生产率效应发挥作用的一个重要渠道。

综上，我们提出假说2。

假说2：就分工环节的性质来看，把非核心环节、服务环节以及技术水平较高的环节进行分工，其对全要素生产率的影响越大。

此外，国际分工对行业生产率的影响程度还可能与对象国有关。无论是资源禀赋理论还是比较优势理论都认为，国家之间技术差异和资源禀赋差异是形成国际分工的基础。在这一理论范式下，发展中国家与发达国家因要素禀赋和比较优势的巨大差异，进行国际分工的程度会大于发展中国家之间的分工程度。同时，发展中国家与发达国家之间的南北分工有利于技术进步和结构转换，从而更有利于生产率提升。相比于发展中国家，欧美等发达国家在资本和技术密集型生产环节上具有比较优势。因此，中国与发达国家进行分工，通过进口质量或者技术密集度更高的中间投入品，将会导致更大的学习效应和技术扩散效应。但是，重叠需求理论以及强调规模经济和产品差异的新贸易理论却认为，贸易和分工的利益通过相似国家的产业内贸易获得。内含于北方发达国家的新技术生产工艺和成品不适合发展中国家的要素禀赋和消费模式，发展中国家之间的贸易和分工环节具有相对高的技术密集度，有助于南方国家和地区实现工业化和产品差异化，且具有更大的学习效应和技术扩散效应。特别是在对金砖国家的研究中，欧阳峣等（2012）认为，中国与其他金砖国家在经济及与贸易结构中互补性明显，金砖国家之间的贸易更有利于技术进步和结构转换。根据这些理论，发展中国家之间的南南贸易和分工合作具有比南北贸易更大的基础。

综上，我们提出假说3。

假说3：分工对象国对国际分工的生产率效应影响不确定。

三、中国分工模式的测度及其比较

（一）测度方法及数据来源

在本文中，国际分工定义为进口的中间投入品占总产出的比重，而国内分工则定义为总产出中本土中间投入品所占的比重。计算公式如下：

$$OFF_{it} = \frac{\sum_{j} M_i^j}{Y_i} \tag{1}$$

$$DOM_{it} = \frac{\sum_{j} D_i^j}{Y_i} \tag{2}$$

其中，OFF_{it} 和 DOM_{it} 分别代表 i 行业 t 时期的国际分工和国内分工的程度；M_i^j 和 D_i^j 则分别为 i 行业购买的来自国外和本国的中间投入品 j；Y_i 表示 i 行业的总产出。

根据进口投入品的性质，我们还可以定义三种不同形式的分工：第一，核心环节分工与非核心环节分工。核心环节分工即中间投入品来自购买者同行业（$i=j$），非核心环节分工表示中间投入品来自本行业之外的其他行业（$i \neq j$）。第二，物质投入品分工和服务品分工。一个行业的物质投入品分工被定义为原材料投入品的购买比例，即式（1）和式（2）中的 j 是指各种原材料等物质投入品，例如农产品或者工业品。一个行业的服务投入品分工则被称为服务投入品的购买比例，即式（1）和式（2）中的 j 指各种服务投入品，如金融中介、教育业等。第三，低等、中等和高技术含量产品的分工。我们参考了福斯特－麦格雷戈等（Foster-Mcgregor et al.，2013）对产品进行分类的方法，将中间产品分为三类。其中，高技术含量产品对应福斯特－麦格雷戈等分类中的 1 和 2，中等技术含量产品对应分类中的 3~5，低技术含量产品对应分类中的 6 和 7。

同时，我们根据分工对象国的不同，将国际分工划分为与高收入国家（如 OECD 国家）开展的分工和与低收入国家开展的分工。

我们按照施沃雷尔（Schworer，2013）的方法，用增加值占总产出的比重作为衡量行业内部制造的程度。因此，产出的构成基本分解为三个部分：内部制造、国内分工和国际分工。

本文所用数据来自于 WIOD 提供的中国 1995~2011 年的投入产出表以及社会经济数据。同时，我们剔除了"机动车销售及维修、燃料销售"和"有雇工的私人住户"两个数据不全的行业，剩下 33 个行业。

（二）总体分析

表 1 列出了 1995~2011 年间，中国各行业总体内部制造、国内分工和国际分工分别占总产出的比重。由表 1 可知，到 2011 年，中国各行业内部制造及国内分工约占总产出的 94%。其中，37.23% 来自内部制造，56.55% 来自国内分工，国际分工占总产出的比重则约为 6%。根据欧阳峣（2014）对发展中大国的界定以及数据的可获得性和可比性，我们测算了同期主要的发展中大国（俄罗斯、印度、巴西、墨西哥）的分工情况，计算结果表明这些发展中大国内部制造和国内分工约占总产出的 90% 左右，而欧洲国家这一比重约为 60%（Schworer，2013）。这是从分工的角度对欧阳峣（2014）等研究发现的佐证，后者发现大国具有两个初始条件，即人口规模和国土规模，由此出发可以推演出大国市场规模和经济规模较大。中国作为发展中大国，正是由于这种规模优势的存在，相比小国来说，国内行业分工更细，降低了对中间产品进口或国际分工的依赖。

表1　　　　　　中国行业总体：内部制造、国内分工和国际分工　　　　　单位：%

变量	1995年	2011年	平均值	增长率
INTER	40.009	37.233	38.877	-6.938
DOM	54.072	56.550	55.112	4.583
Core	9.065	12.988	11.336	43.279
Non-core	45.007	43.562	43.775	-2.736
Material	39.201	41.516	39.854	5.885
Services	14.863	15.258	10.803	2.654
H-tech	13.455	16.928	15.205	25.812
M-tech	16.675	16.076	15.933	-3.592
L-tech	23.942	23.546	23.974	-1.654
OFF	5.565	5.907	5.674	6.164
Core	1.383	1.084	1.301	-5.957
Non-core	4.181	4.824	4.373	15.356
Material	4.886	4.986	4.984	2.039
Services	0.679	0.922	0.690	35.853
H-tech	1.464	1.838	1.780	25.546
M-tech	2.115	2.876	2.457	35.981
L-tech	1.985	1.139	1.437	-42.620

注：INTER、DOM 和 OFF 分别表示内部制造、国内分工和国际分工；Core 和 Non-core 分别表示核心环节和非核心环节；Material 和 Services 分别表示物质投入品和服务投入品；H-tech、M-tech 和 L-tech 分别表示高技术含量产品、中等技术含量产品和低技术含量产品。

资料来源：根据WIOD提供的数据，经作者计算所得。

从分工环节或者投入品的性质来看，我们发现了如下事实：首先，无论是国内分工还是国际分工，核心环节分工的比重均低于非核心环节的分工。从总体上来看，中国各行业更倾向于将不具备比较优势的非核心环节分工给国内或者国际其他行业生产，而将核心环节留在企业内部进行。其次，国内和国际的物质投入环节的分工远远高于服务投入环节。这表明我国各行业将服务活动进行国内和国际分工的程度较小，有两个原因可以解释：一是我国第二产业对第一产业的依赖度不高，国内分工主要表现为产业内部分工。二是与我国服务业发展相对落后的现状有关。全国服务品在地区以及国家之间的进口规模远远小于货物等物质投入品的进口，进口量的偏小直接导致其占总产出的比重偏低。最后，我们进一步分析三类技术含量不同的产品国内和国际分工的程度。表1的数据表明，中国各行业国内分工主要表现为行业之间或者行业内部进行低技术密度产品的购买。1995~2011年，中国各行业低技术含量产品国内分工的比重平均为23.97%，占国内分工的份额为44%，均高于中等技能产品和高技能产品的国内分工程度。国际分工则主要表现为中等和高技能密集度产品的进口，两者国际分工的比重平均分别为2.46%和1.78%，分别占总国际分工的43.30%和31.37%。即相比于国内分工，中国各行业倾向于从更高发达水平的国家进口高技能产品。

从总体变化趋势来看，1995~2011年，中国行业内部制造比例下降6.94%，参与国内、国外分工比例分别上升4.58%和6.16%。这在一定程度上反映了如下事实：外包或中间投入品来自其他产业，已经成为中国产业内分工的典型特征和未来的趋势。表1显示不同类型的分工差异较为明显，主要表现为三个方面：其一，无论是物质投入品还是服务品的生产都由内部生产转向国内和国际分工。其中，服务投入品进行国际分工的比重上升较快，增长了35.85%。这主要由于工业企业内部功能不断得到深化，越来越多的服务活动被外部化，如产品的售后、运输服务等。同时，服务投入品进行国际分工的基数小，且2001年加入世贸组织带动了服务贸易的增长，从而提升了其在国际分工中的比重。其二，非核心环节生产由国内转向国外分工，核心环节则由国际分工转向国内其他行业生产。核心环节国内分工比例上升43.28%，而国际分工比例下降5.96%，这说明中国各行业进行国际分工的趋势更多地表现为利用劳动力和资源优势进行核心生产环节产品的生产，把非核心环节产品外包给国外其他企业进行。其三，高技术含量产品的国内外分工比重都在提升，而低技术含量产品的国内外分工程度都趋于下降。分工环节的技术密集度上升，一方面反映了国内中间投入品生产商技术创新能力的提升，另一方面也表明中国进口的中间投入品技术含量逐步提高，这都有利于中国生产率的提升。同时，我们也应该注意到，中国中间品进口最多以及增长较快的不是技术附加值最高的产品，而是次高的产品，这与樊纲等（2006）和魏浩（2014）等学者的研究一致。

（三）行业分析

接着，我们分析了33个细分行业国内外分工的程度，结果见表2。从表2可以看出，内部制造程度最高的前5个行业分别是房地产活动（H28）、金融中介（H27）、农林牧副渔（H1）、邮政与电信（H26）和教育（H31）行业，内部制造比例分别为78.07%、64.78%、58.96%、57.74%和57.41%，这五个行业基本分属于服务业和农业。国内分工程度最高的5个行业是皮革与制鞋（H5）、建筑（H18）、食品、饮料与烟草（H3）、运输设备（H15）和基本金属及金属制品业（H12），国内分工比例分别为 71.81%、70.38%、69.77%、69.57% 和 69.42%。国际分工程度最高的前 5 个行业是焦炭、炼油及核燃料（H8）、电器及光学设备（H14）、化工及化学制品（H9）、基本金属及金属制品业（H12）和橡胶及塑料（H10），国际分工比例分别为 22.48%、15.70%、8.84%、8.36% 和 8.36%。国内外分工比重最高的前五个行业都属于工业行业。该数据初步反映了一个基本事实：中国工业行业参与国内外分工的程度高于农业和服务业。

表 2   中国细分行业：内部制造、国内分工和国际分工   单位：%

行业代码	内部制造	国内分工	国际分工	行业代码	内部制造	国内分工	国际分工
H1	58.961	38.420	2.471	H18	24.855	70.378	4.501
H2	51.083	44.456	4.190	H19	55.414	41.694	2.775
H3	27.134	69.765	2.914	H20	55.414	41.694	2.775
H4	24.402	68.484	6.712	H21	39.727	58.184	1.977
H5	20.724	71.806	6.927	H22	55.403	41.691	2.722
H6	26.128	67.946	5.561	H23	40.620	55.009	4.085
H7	29.029	64.188	6.355	H24	33.041	60.911	5.739
H8	18.975	57.685	22.475	H25	41.107	55.351	3.384
H9	24.698	65.962	8.844	H26	57.735	36.497	5.408
H10	22.375	68.783	8.359	H27	64.776	33.164	1.989
H11	30.316	65.293	4.122	H28	78.074	20.668	1.215
H12	21.672	69.422	8.361	H29	41.945	50.796	6.793
H13	27.487	64.867	7.165	H30	50.872	46.321	2.688
H14	20.335	62.870	15.695	H31	57.408	39.194	3.226
H15	23.362	69.567	6.599	H32	38.327	53.961	7.292
H16	37.402	57.029	5.230	H33	45.748	49.444	4.544
H17	38.400	57.184	4.147	—			

注：这 33 个行业分别为：H1 为农林牧副渔业；H2 为采掘业；H3 为食品、饮料及烟草；H4 为纺织及纺织品；H5 为皮革与制鞋；H6 为木材及木制品；H7 为纸浆、纸及印刷出版；H8 为焦炭、炼油及核燃料；H9 为化工及化学制品；H10 为橡胶及塑料；H11 为其他非金属矿物；H12 为基本金属及金属制品业；H13 为未列入其他分类的机器；H14 为电器及光学设备；H15 为运输设备；H16 为未列入其他分类的制造业、回收利用；H17 为电力、煤气及供水；H18 为建筑；H19 为除机动车外的批发贸易及佣金贸易；H20 为除机动车外的零售贸易、家庭用品维修；H21 为住宿和餐饮业；H22 为内陆运输；H23 为水运；H24 为空运；H25 为其他支持及辅助运输活动、旅行社活动；H26 为邮政与电信；H27 为金融中介；H28 为房地产活动；H29 为机器设备租赁及其他商务活动；H30 为公共管理与国防、社会保障；H31 为教育；H32 为健康及社会工作；H33 为其他社区服务、社会及个人服务。

资料来源：根据 WIOD 提供的数据，经作者计算所得。

(四) 国际分工国别分析

最后,我们考察了中国进行国际分工的对象差异及其变化趋势(见表3)。结果发现,中国从 OECD 国家进口的中间品比重远远高于从其他国家和地区进口比重,这说明中国倾向于与较高收入水平经济体展开国际分工(程大中,2015)。从变化趋势来看,中国向 OECD 等高收入国家进行分工的比重由 1995 年的 68.44% 下降到 2011 年的 64.78%,而同期内向非 OECD 国家进行分工的程度则由 6.41% 提高到 14.86%,且向巴西、印度和俄罗斯这三个金砖国家的分工比重上升最快,增长率高达 407.41%。和"世界其余国家和地区"(ROW)开展国际分工的比重也出现下降(-29.12%)。该数据从一个侧面反映出当前中国参与国际分工的格局发生了细微的变化,由原来的"南-北模式"逐步向"南-南模式"转化。中国企业从 20 世纪 90 年代通过进口和吸收发达国家的先进技术展开国际分工逐渐转变为主动根据比较优势进行分工的对象调整和转移。特别是近年来随着劳动力比较优势的丧失,越来越多的中国企业开始把一些低技能密集型生产环节分工给更低收入水平的发展中国家或者落后国家和地区生产。另外,金砖国家之间的南南分工模式之所以增长迅速,其原因在于这些国家的资源禀赋条件和产业优势也有明显差异,发展模式差别较大,经济结构也具有较强的互补性,这种共享式外贸增长的基础(即基于资源禀赋差异所形成的互补性贸易)以及广泛的贸易利益源导致了南南分工模式发展潜力巨大(欧阳峣等,2012)。

表3　　　　　　　　　中国国际分工的地区占比　　　　　　　　单位:%

国家和地区	1995 年	2011 年	增长率
OECD 国家	68.437	64.782	-5.341
Non-OECD 国家	6.411	14.861	131.805
金砖国家	2.174	11.031	407.406
世界其他国家和地区(ROW)	25.151	17.828	-29.116

资料来源:根据 WIOD 提供的数据,经作者计算所得。

四、实证模型及回归结果分析

从上述描述统计分析可以看出,在全要素生产率提升的同时,中国行业内部制造呈现下降趋势，参与国内外分工呈现上升态势。从行业层面看，中国工业行业参与国内外分工的程度高于农业和服务业。从合作对象国看，南南合作程度在逐步提升，潜力巨大。接下来，我们建立固定效应的行业面板数据模型实证考察不同分工模式对中国全要素生产率的影响，该模型如下：

$$TFP_{it} = \beta_0 + \beta_1 DOM_{it} + \beta_2 OFF_{it} + \beta_3 Hr_{it} + \beta_4 Open_{it} + \mu_i + \mu_t + \varepsilon_{it} \quad (3)$$

式（3）中，DOM 和 OFF 分别表示国内分工和国际分工的比重；Hr 和 $Open$ 分别表示高技能劳动力数量和外贸依存度，我们引入这两个变量以控制人力资本和贸易开放对全要素生产率的影响；变量 μ_i 代表行业或国家固定效应，控制了不随时间变化的行业或者国家特征；μ_t 则表示年份固定效应。

同时，我们考察了分工环节的差异性以及与不同收入水平国家展开国际分工对全要素生产率影响的差异性。

TFP 表示全要素生产率。我们用柯布－道格拉斯生产函数估算全要素生产率：

$$VA_{it} = \alpha + \beta_1 K_{it} + \beta_2 L_{it} + TFP_{it} \quad (4)$$

式（4）中，VA、K 和 L 分别表示增加值、资本和劳动力的对数值，数据来自于 WIOD 的社会经济账户；增加值和资本以 1995 年为基期进行折算，劳动力用劳动时间计算；i 和 t 则分别代表行业和年份，β_1 和 β_2 分别衡量资本和劳动力对产出的贡献度，则残差即是对全要素生产率的估算。

（一）基本回归结果

表 4 报告了中国各行业全要素生产率回归方程的面板最小二乘估计结果。列（1）显示，在只控制年份和行业效应的情况下，国内外分工均显著地促进了全要素生产率提升，但国际分工系数大于国内分工的系数，这意味着国际分工对行业全要素生产率的正向促进作用更为显著。

表 4　　　　　　　　　　　　面板最小二乘估计结果

变量	（1）	（2）	（3）	（4）	（5）	（6）
Dom	0.0077 * （1.82）	0.0069 * （1.65）	0.0086 ** （2.04）	0.0020 （0.49）	0.0012 （0.30）	0.0014 （0.50）
Off	0.0315 *** （3.96）					0.0423 *** （4.21）

续表

变量	(1)	(2)	(3)	(4)	(5)	(6)
Offcore		−0.0029 (−0.16)				
Offnoncore		0.0384*** (4.50)				
Offmaterial			0.0198** (2.16)			
Offservice			0.1463*** (3.15)			
Offhtech				0.1468*** (4.80)		
Offmtech				0.0404*** (4.80)		
Offltech				−0.1081*** (−4.23)		
OffOECD					0.0048 (0.30)	
OffBRICKS					0.071*** (2.79)	
OffROW					−0.0016 (−0.13)	
Hr	0.0001*** (10.48)	0.0001*** (10.56)	0.0001*** (9.13)	0.0001*** (8.90)	0.0001*** (10.54)	0.0001*** (9.21)
Open	0.0072*** (3.21)	0.0094*** (3.84)	0.0057** (2.47)	0.0041* (1.82)	0.0069* (1.80)	0.0051** (2.04)

注：*Offcore* 和 *Offnoncore* 分别表示国际分工中的核心和非核心环节；*Offmaterial* 和 *Offservice* 分别表示国际分工中物质投入品和服务投入品环节；*Offhtech*、*Offmtech* 和 *Offltech* 分别表示国际分工高、中、低三种技术水平环节；*OffOECD*、*OffBRICKS* 和 *OffROW* 分别表示国际分工中与 OECD 国家、金砖国家和其他国家三种合作对象国。表中括号内为 t 值。

资料来源：利用 Stata 12，经作者整理所得。

考虑到国际分工对中国行业全要素生产率提升的积极影响，以及中间产品的异质性会影响到分工的生产率效应大小，列（2）至列（4）考察了不同性质分工环节对全要素生产率的影响差异。列（2）中我们将国际分工分为核心和非核心环节，考察其对生产率影响的差异。结果发现，非核心环节的国际分工显著促进了中国总体行业全要素生产率的提升但核心环节的国际分工对生产率有消极影响，但不显著。说明中国企业倾向于把不具备比较优势的非核心环节外包给他国生产，而专注于生产相对具有竞争力的核心环节，通过有效要素配置提升全要素生产率。列（3）中将国际分工区分为物质投入品和服务品环节分工，考察两者对全要素生产率的不同影响。结果表明，无论是物质投入还是服务投入环节的国际分工，都显著推动了中国总体行业全要素生产率水平，但服务环节分工的影响会大于物质投入环节的分工。列（4）将国际分工环节区分为高技术、中等技术和低技术三类，考察将不同技术密集度生产环节分工出去对全要素生产率影响的异质性。结果显示，中高等技术环节分工对全要素生产率的影响显著为正，且高技术环节分工的正向作用更强。同时，低技术环节的国际分工对全要素生产率的影响显著为负。此结果说明发展中国家外购更高技术密集度的中间品，并模仿、吸收和采用外部先进技术参与全球分工，对生产率的影响越大，这也验证了本文假说2。

在第（5）列中，我们将进口中间品按其来源地分为三种类型：OECD国家、金砖国家和其他国家和地区，考察国际分工对行业全要素生产率的影响是否与进口中间品来源地本身的发展水平有关。回归结果显示，中国与OECD国家进行分工对全要素生产率的影响为正但不显著，与金砖国家之间的分工对全要素生产率的影响则显著为正，与其他国家和地区的分工则对全要素生产率产生不显著的负向影响。该实证结果表明，虽然中国各行业全要素生产率的提升在一定程度上依赖于发达国家的技术追随和吸收，但与金砖国家之间的南南分工具有相对高的技术扩散效应和学习效应，且金砖国家在科技方面各具优势和特点，互补性较强，有利于贸易和产业结构升级（欧阳峣等，2012）。因此，南南合作对中国全要素生产率提升作用更为明显。

上述结果说明，中国作为典型的发展中大国，通过比较优势发展国际分工，促进了全要素生产率的提升。通过发展开放型经济，利用国外的资金和市场，并使劳动力比较优势由潜在优势转变为现实优势，赢得了世界制造业大国的地位（欧阳峣，2015）。控制变量的回归结果基本符合我们的经济学直觉，即提高行业的劳动技能和开放度有利于全要素生产率的提升。

（二）内生性问题讨论

基本结果可能存在以下内生性问题：一是分工模式与行业全要素生产率之间存在双向因果关系，相对于低生产率企业，高生产率企业更倾向于进行国际分工。二是测量误差问题。我们采用柯布-道格拉斯生产函数法对全要素生产率进行测算，但残差项中除包含生产率外，还包括一些影响行业产出但无法分离出来的因素。三是遗漏变量问题。由于控制了国内分工因素，我们的研究在一定程度上降低了遗漏变量偏误，但是还存在其他遗漏变量。例如行业研发投入是影响全要素生产率的关键因素，而世界投入产出表并未给出行业研发投入的数据，考虑到行业合并和归口统一带来的数据删截以及分类不明晰，我们在模型中并未控制该因素，而是选取高技能劳动力工作时间衡量人力资本对生产率的影响。

考虑到国际分工对全要素生产率的显著影响，本文采用世界国际分工变量作为工具变量。该变量根据 WIOD 提供的 40 个国家提供的投入产出数据，测算 40 个国家的平均分工水平。回归结果见表 4 列（6）。总之，在考虑了内生性问题后国际分工显著提升中国行业全要素生产率的结论依然成立。

五、结论与政策启示

本文利用 WIOD 提供的投入产出表，在对中国 1995~2011 年 33 个行业的国内外分工比重进行测度的基础上，运用计量模型对国内分工和国际分工的全要素生产率效应进行了研究。我们发现国内外分工均能显著提升行业的全要素生产率水平，但国际分工的生产率效应更大。在考虑分工环节的性质和分工合作对象国时，我们还获得了一些有益的发现：一是企业围绕非核心生产环节、服务环节投入以及技术密集度高的中间环节进行分工，更有利于全要素生产率的提升；二是中国与金砖国家进行国际分工的生产率效应更大，南南合作更有利于进一步获取全球化红利。

本文的研究结论具有以下政策含义。首先，进一步深化改革，为市场分工合作创造优质的内部环境。正如斯密所指出的，"分工是国民财富增进的源泉"，不论是国内分工还是国际分工对中国行业全要素生产率的提升都非常重要。因此，我们需要继续坚持市场化改革方向，充分发挥市场在资源配置中的决定性作用，降低交易成本和行业准入门槛，利用丰富的自然资源、广阔的国内市场以及区域间发展水平的差异为国内外分工创造条件（唐东波，2014）。其次，进一步扩大开放，加强合作，为促进行业全要素生产率提升和获取更大全球化红利营造良好的外部环境。当前国际分工趋势对中国全要素生产率增长更有利。发达国家逐渐把价值链的一些中、高端环节转移到中国，使得国内的技术水平和国内的产业关联得到加强，促进全要素生产率水平的提升。更重要的是，在讨论中国经济增长的过程中，不应该忽视通过与发展中国家进行国际分工对中国全要素生产率提升的影响。特别是在中国劳动力成本优势逐步减小和发达国家再工业化的现实情况下,应强化中国与金砖国家或者"一带一路"沿线国家互补性占主导的国际分工关系,实现"共享式"增长。最后,致力于核心技术自主创新,不断加强研发投入力度,努力在关键技术上取得新的重大突破。考虑到核心环节的分工对全要素生产率的重要影响,我们应该加快自主研发来培育本土企业核心环节以及技术密集型环节的生产能力,这也是未来中国实现内外平衡和获取全球化红利的重要方向和现实选择。

参 考 文 献

[1] 蔡昉,王德文,曲玥. 中国产业升级的大国雁阵模型分析 [J]. 经济研究,2009 (9):4 - 14.

[2] 程大中. 中国参与全球价值链分工的程度及演变趋势:基于跨国投入产出分析 [J]. 经济研究,2015 (9):4 - 16.

[3] 戴翔,李洲,张雨. 服务投入来源差异、制造业服务化与价值链攀升 [J]. 财经研究,2019 (5):30 - 43.

[4] 樊纲,关志雄,姚支仲. 国际贸易结构分析:贸易品的技术分布 [J]. 经济研究,2006 (8):70 - 80.

[5] 范建勇,谢强强. 地区间产业分布的本地市场效应及其对区域协调发展的启示 [J]. 经济研究,2010 (4):107 - 133.

[6] 李君华,欧阳峣. 大国效应、交易成本和经济结构:国家贫富的一般均衡分析 [J]. 经济研究,2016 (10):27 - 40.

[7] 李君华. 学习效应、拥挤性、地区的分工和集聚 [J]. 经济学 (季刊),2009 (4):787 - 812.

[8] 刘庆林,高越,韩军伟. 国际生产分割的生产率效应 [J]. 经济研究,2010 (2):32 - 43.

[9] 马丹,何雅兴,张婧怡. 技术差距、中间产品内向化与出口国内增加值份额变动 [J]. 中国工业经济,2019 (9):117 - 135.

[10] 欧阳峣. 大国经济发展理论 [M]. 北京:中国人民大学出版社,2014.

[11] 欧阳峣. 发展中大国的经济发展型式 [N]. 光明日报,2015 - 10 - 02 (5).

[12] 欧阳峣,张亚斌,易先忠. 中国与其他金砖国家外贸的"共享式"增长 [J]. 中国社会科学,2012 (10):67 - 87.

[13] 钱学森,梁琦. 本地市场效应:理论和经验研究的最近进展 [J]. 经济学 (季刊),2007 (3):969 - 990.

[14] 唐东波. 垂直专业分工与劳动生产率:一个全球化视角的研究 [J]. 世界经济,2014

(11): 25-52.

[15] 王雅琦, 张文魁, 洪圣杰. 出口产品质量与中间品供给 [J]. 管理世界, 2018 (8): 30-40.

[16] 魏浩. 中国进口商品技术结构的测算及其国际比较 [J]. 统计研究, 2014 (12): 54-60.

[17] 易先忠, 高凌云. 融入全球产品内分工为何不应脱离本土需求 [J]. 世界经济, 2018 (6): 53-76.

[18] 易先忠, 欧阳峣. 大国如何出口: 国际经验与中国贸易模式回归 [J]. 财贸经济, 2018 (3): 79-94.

[19] Acemoglu D, Gancia G A. Offshoring and Directed Technical Change [J]. Journal of Economic Literature, 2012, 40 (1): 7-72.

[20] Amiti M, Wei S J. Service Offshoring and Productivity: Evidence from the US [J]. Word Economy, 2009, 32 (2): 203-220.

[21] Arndt S W. Globalization and the Open Economy [J]. North American Journal of Economics and Finance, 1997, 8 (1): 71-79.

[22] Duan Y, Dietzenbacher E, Jiang X, Chen X, Yang C. Why Has China's Vertical Specilization Declined [J]. Economic Systems Research, 2018, 30 (2): 178-200.

[23] Foster-Mcgregor N, Stehrer R, De Vries G J. Offshoring and the Skill Structure of Labor Demand [J]. Review of Word Economics, 2013, 149 (4): 631-662.

[24] Schworer T. Offshoring, Domestic Outsourcing and Productivity: Evidence for a Number of European Countries [J]. Review of World Economics, 2013, 149 (1): 131-149.

中国区域创新能力的空间
结构及大国雁阵模式[*]

陈 琦[**] 欧阳铭珂

摘 要 从创新投入、创新环境、创新成效三个维度构建中国区域创新能力评价体系,选取我国30个省级样本数据,采用主成分分析法对各区域创新能力进行评价,并深入分析其空间结构特征。研究表明:中国区域创新能力的空间结构呈现出明显的"东强西弱"阶梯式分布格局;创新能力高的区域高度集聚在沿海长三角、珠三角和京津冀三大区域。最后,依据实证结论创造性地引入雁阵理论,构建中国区域创新能力提升的大国雁阵模式,并探讨其实现路径。

关键词 区域发展 创新能力 空间结构 雁阵模式

一、前言

党的十九大报告提出"创新是引领发展的第一动力,是建设现代化经济体系的战略支撑",区域创新作为现代化经济建设的战略支撑、区域经济发展的不竭动力和创新型国家实现的重要环节,被摆在新时代国家建设的重要位置。然而,我国是典型的发展中大国,各区域创新能力发展不均衡的问题十分突出,导致整体创新发展速度不快,势必会阻碍我国创新型国家建设目标的实现。因此,科学评价我国不同区域的创新能力,寻求科学的解决方案,对加强我国不同区域创新能力建设和整体创新能力提升、加快实现我国创新型国家建设目标具有重要的现实意义。

国内外学者围绕区域创新能力的研究,主要集中在如下几个方面:第一,区域创

---

[*] 本文原载于《湘潭大学学报(哲学社会科学版)》2020年第5期。
[**] 作者简介:陈琦,湖南财政经济学院工商管理学院教授,管理学博士。

新能力评价体系构建的研究,主要从内涵的不同理解、创新的运作机制等方面来构建(Nelson,1993;柳卸林等,2002;陈劲等,2007;易平涛等,2016)。第二,区域创新能力评价的研究,主要从国家层面、省域层面、城市层面进行评价(Furman et al.,2002;郭新茹等,2019;黄少安等,2020;董勇等,2018)。第三,区域创新能力影响因素的研究,主要体现在创新投入、创新环境和产业集群等方面的影响(芮雪琴等,2014;孙凯,2019;张宽等,2019;严太华等,2019)。

综观上述研究成果,大部分研究主要集中于区域创新能力评价指标体系的设计及实证,且多数是对实证结果的描述性分析,较少对区域差异的空间分布规律进行深层次探讨,关于区域创新能力提升模式的研究较为匮乏,且忽视中国的大国经济特征,因而缺乏针对性和可操作性。本文在对中国区域创新能力进行评价的基础上,深入分析其空间结构特征,并创造性地引入雁阵形态理论构建中国区域创新能力提升的大国雁阵模式。

二、中国区域创新能力的测评

(一)中国区域创新能力评价指标体系的构建

由于目前还没有形成统一的区域创新评价体系,本文在回顾国内外文献的基础上,结合《中国创新指数》《中国区域创新能力报告》《中国区域创新能力监测报告》相关指标,构建如表1所示的区域创新能力评价指标体系。

表1 中国区域创新能力评价体系

一级指标	二级指标	三级指标	说明
区域创新能力	创新投入	V_1:万人R&D人员数[人年(全时当量)/万人]	反映区域创新人员的投入规模和强度
		V_2:R&D经费投入占GDP比重(%)	反映区域的科技投入水平
		V_3:科研和技术服务业占城镇新增固定资产比重(%)	反映区域对创新物资的投入水平
	创新环境	V_4:万人移动互联网用户数(户/万人)	反映区域信息化基建水平

续表

一级指标	二级指标	三级指标	说明
区域创新能力	创新环境	V_5：万人大专以上学历人数（人/万人）	反映区域劳动力综合素质和创新人力资源情况
		V_6：一般公共预算支出中教育支出占比（%）	反映区域对教育的支持与投入情况
		V_7：万人科技企业孵化器数量（个/万人）	反映区域中小型科技企业的成长环境
		V_8：一般公共预算支出中科学技术支出占比（%）	反映政府有关创新扶持政策的落实情况
	创新成效	V_9：万人专利授权量（件/万人）	反映创新产出水平和效率
		V_{10}：万人国外主要检索工具收录我国科技论文数（篇/万人）	反映创新产出水平和效率
		V_{11}：万人技术市场交易金额（元/万人）	反映创新成果转移和转化的总体规模
		V_{12}：高技术产业新产品销售收入占生产总值比重（%）	反映科技成果转化为新产品的能力
		V_{13}：高技术产品出口额占商品出口额比重（%）	反映创新成果的国际相对竞争优势

（二）中国区域创新能力的主成分分析

1. 数据来源及数据处理

本研究以中国 30 个省份为研究对象（由于数据缺乏，不包括西藏和港澳台地区），选取 2018 年各省份的相关数据进行实证分析，基础数据来自于《中国科技统计年鉴》和《中国统计年鉴》，其中部分数据由基础数据计算得出。

由于各指标的属性和量纲、量级不同，本文在进行主成分分析之前，采用标准化方法对每个指标进行无量纲处理，标准化数据为 $Z_{ij}=\dfrac{X_{ij}-\overline{X_j}}{S_j}$。其中 X_{ij} 为第 i 个省份第 j 个指标的初始数据，Z_{ij} 为 X_{ij} 标准化后的值，$\overline{X_j}=\dfrac{1}{n}\sum_{i=1}^{n}X_{ij}$ 为均值，$S_j=\sqrt{\dfrac{1}{n-1}\sum_{i=1}^{n}(X_{ij}-\overline{X_j})^2}$ 为标准差。

2. 因子主成分分析

(1) 假设检验。

为了验证运用主成分分析法对中国各区域创新能力进行评价的可行性与科学性，本文使用 SPSS 21.0 软件对数据进行 Bartlett 检验和 KMO 检验，如表 2 所示。结果显示：KMO 值为 0.778，大于 0.5，而且从 Bartlett's 检验中可以看到 Sig. 值很小，小于 0.05。因此本文数据适合做主成分分析。

表 2　　　　　　　　　　　　KMO 和 Bartlett 的检验

取样足够度的 Kaiser-Meyer-Olkin 度量		0.778
Bartlett 的球形度检验	近似卡方	524.212
	df	78
	Sig.	0.000

(2) 主成分的提取。

表 3 给出了各因子的方差贡献率。可以看到，三个主成分的累计方差贡献率达到 81.171%，已超过 80%，表明这三个主因子包含了原始数据中的大部分信息，解释度较高。

表 3　　　　　　　　　累计方差贡献率（total variance explained）

指标编号	初始因子解			提取平方和载入			旋转平方和载入		
	特征根	方差贡献率（%）	累计方差贡献率（%）	特征根	方差贡献率（%）	累计方差贡献率（%）	特征根	方差贡献率（%）	累计方差贡献率（%）
1	7.331	56.394	56.394	7.331	56.394	56.394	5.821	44.777	44.777
2	2.040	15.693	72.088	2.040	15.693	72.088	3.493	26.870	71.647
3	1.181	9.084	81.171	1.181	9.084	81.171	1.238	9.524	81.171

为了更好地了解各主成分的因子结构，本文利用最大方差化方法进行 5 次迭代的旋转，得到如表 4 所示的因子载荷矩阵。由旋转后的结果可以得出：V_{10}、V_5、V_{11}、V_4、V_2、V_1 在第一主成分因子 H_1 上载荷最高，其中既有反映创新投入情况的指标，又有反映科技成果产出的指标，故可将 H_1 命名为创新投入与科技成果产出因子；V_3、V_8、V_9、V_7、V_6 在第二主成分因子 H_2 上有较高载荷，主要反映创新环境状况，故可将 H_2 命名

为创新环境支撑因子；第三个主成分因子 H_3 在 V_{12}、V_{13} 等反映创新的经济成效指标上载荷量较大，因此第三个主成分因子 H_3 可以被称为创新经济成果产出因子。

表4　　　　　　　　　　　旋转后的因子载荷矩阵

指标	成分		
	H_1	H_2	H_3
V_{10}	0.968	0.141	-0.007
V_5	0.965	0.006	0.132
V_{11}	0.936	0.100	-0.078
V_4	0.859	0.369	-0.105
V_2	0.818	0.502	-0.006
V_1	0.749	0.628	0.115
V_3	0.019	0.892	0.008
V_8	0.472	0.794	0.112
V_9	0.634	0.719	0.136
V_7	0.491	0.663	0.334
V_6	-0.460	0.531	-0.341
V_{12}	0.111	-0.023	0.772
V_{13}	0.139	-0.124	-0.579

3. 因子得分及排名

在因子分析的实际应用中，当因子确定以后，便可计算各因子在每个样本区域上的具体数值。然后根据计算出的中国各区域创新能力各因子得分，以各个主因子的方差贡献率为权数，可以构造中国各区域创新能力的评价模型，在此基础上，利用 SPSS 软件可以计算出我国 30 个省份创新能力具体得分，结果如表5所示。数据按标准化要求处理后，平均水平为0，得分大于0表示该区域的创新能力超过了平均水平，小于0则表明该区域创新能力低于平均水平。

表5 各省份创新能力的因子得分及排名

省份	H_1 得分	H_1 排名	H_2 得分	H_2 排名	H_3 得分	H_3 排名	综合 得分	综合 排名
北京	4.874	1	0.564	7	0.391	8	2.758	1
天津	0.943	4	0.033	12	4.212	1	1.025	4
河北	-0.434	25	-0.148	15	0.225	10	-0.262	20
山西	-0.178	17	-0.558	21	-0.543	24	-0.346	25
内蒙古	0.189	7	-1.229	30	-0.998	29	-0.257	19
辽宁	0.381	5	-0.887	26	0.036	14	-0.079	13
吉林	0.074	12	-0.792	24	0.666	5	-0.143	15
黑龙江	0.060	13	-1.128	28	2.339	2	-0.066	12
上海	2.129	2	0.447	9	0.875	4	1.425	2
江苏	0.177	8	2.0505	2	0.942	3	0.887	5
浙江	0.327	6	1.934	3	-0.268	20	0.790	6
安徽	-0.391	23	0.717	6	0.218	11	0.047	10
福建	-0.300	21	0.910	4	-0.430	22	0.086	7
江西	-0.655	28	0.299	11	-0.176	19	-0.283	22
山东	-0.425	24	0.717	5	0.626	6	0.077	9
河南	-0.697	30	0.516	8	-0.475	23	-0.269	21
湖北	0.111	9	0.015	14	0.146	12	0.084	8
湖南	-0.298	20	-0.256	17	0.557	7	-0.184	18
广东	1.005	3	3.714	1	-0.008	15	1.026	3
广西	-0.639	27	-0.331	18	-0.099	16	-0.474	29
海南	-0.048	14	-1.005	27	0.080	13	-0.350	26
重庆	-0.066	15	0.347	10	-0.645	26	0.003	11
四川	-0.084	16	-0.179	16	-0.599	25	-0.176	17
贵州	-0.658	29	0.0319	13	-0.993	28	-0.469	28
云南	-0.495	26	-0.423	19	-0.952	27	-0.525	30
陕西	0.101	11	-0.741	23	-3.853	30	-0.143	16
甘肃	-0.235	18	-0.502	20	-0.132	17	-0.312	23
青海	-0.368	22	-1.129	29	-0.151	18	-0.336	24
宁夏	0.105	10	-0.617	22	0.354	9	-0.105	14
新疆	-0.266	19	-0.805	25	-0.332	21	-0.452	27

三、中国区域创新能力发展的空间格局

从区域创新能力综合得分可以看出,不同地区差异显著。为了进一步分析中国区域创新能力的空间特征,本文采用 SPSS 21.0 中的 Q 型系统聚类方法进行聚类分析。其中,以各省份综合创新能力得分为样本,选用组间联接法,以平方欧式距离进行测度,生成聚类树形图,如图 1 所示。

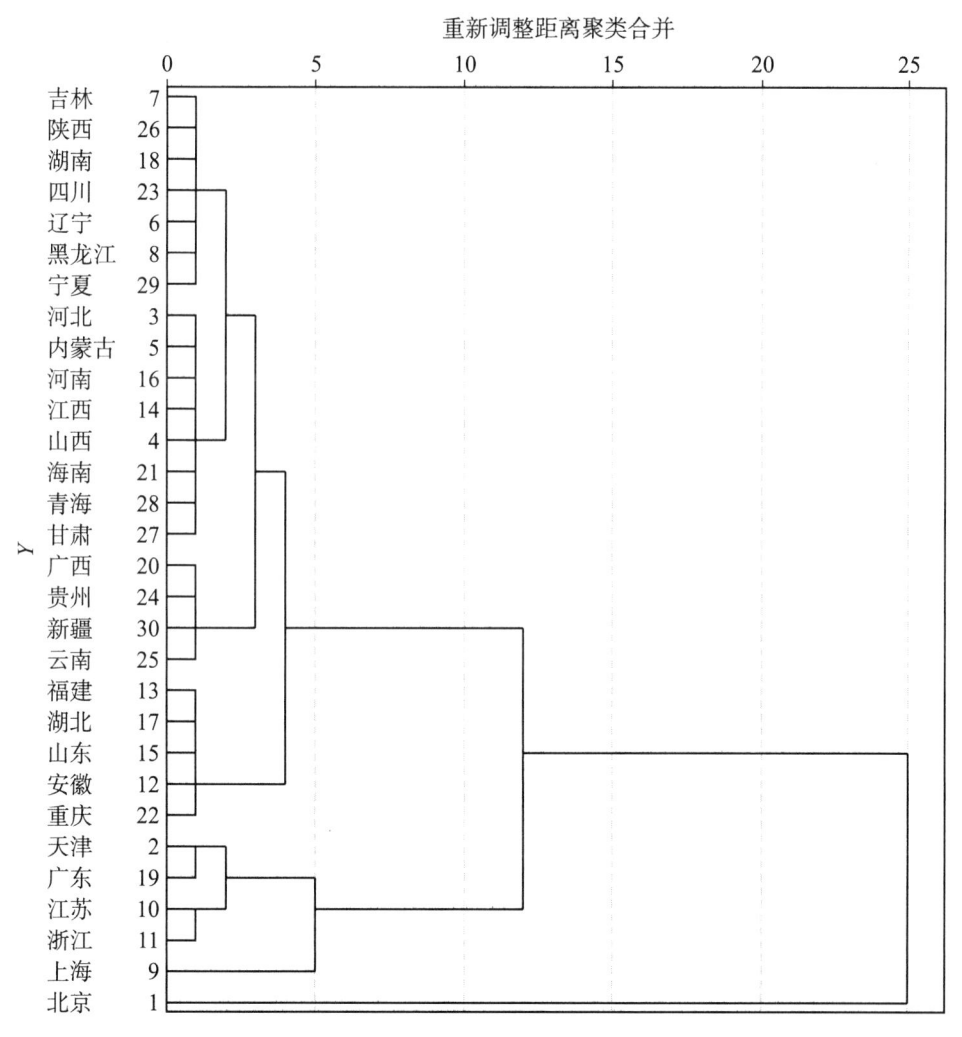

图 1　聚类分析树形图

从图 1 的聚类树形图的分布结构来看，我国 30 个省份的创新能力存在较为明显的层次差异性，结合表 5 各省份创新能力综合评价排名，可将我国 30 个省份区域创新能力划分成 5 种类型，如表 6 所示。

表6　　　　　　　　　　　我国 30 个省份创新能力区域分布

区域分类	创新能力水平	省份数量	排名	平均得分	省份名称
创新领先区	高	2 个	1~2	2.092	北京、上海
创新发达区	较高	4 个	3~6	0.932	广东、天津、江苏、浙江
创新潜力区	中等	5 个	7~11	0.059	福建、湖北、山东、安徽、重庆
创新追赶区	较低	15 个	12~26	-0.221	黑龙江、辽宁、宁夏、四川、湖南、陕西、吉林、甘肃、青海、海南、山西、江西、河南、内蒙古、河北
创新落后区	低	4 个	27~30	-0.480	广西、贵州、新疆、云南

由表 6 可知，具有高水平和较高水平创新能力的领先区与发达区共 6 个省份，全部都来自于我国东部地区，且都位于长三角、珠三角和环渤海地区；具有中等水平创新能力的潜力区共 5 个省份，其中有 4 个省份来自东中部地区，4 个省份中有 2 个位于泛长三角和环渤海地区；具有较低水平创新能力的追赶区共 15 个省份，其中有 11 个省份来自中西部地区；具有低水平创新能力的落后区则全部来自西部地区。因此，我国目前的区域创新能力发展很不平衡，主要呈现"东强西弱"阶梯式分布格局，而且基本形成了长江三角洲、珠江三角洲和京津冀地区三大创新能力极化区域，并且从类型间平均得分比较来看，技术创新水平越高极化效应越明显。究其原因，这种创新能力的区域集中趋势是在经济发展规律作用下由政策和市场的双重作用形成的。改革开放以来，东部地区由于优越的地理位置、自然禀赋及经济基础，吸引了大批科技人才的集聚与迁徙，而早期国家关于优先发展东部沿海城市的政策导向，带来了优质创新资源向该区域的增长和集中，创新能力不断增强。然而，近年来随着区域经济一体化进程的加速，以及跨行政区域分工与合作的日益加强，科技创新跨区域的特征越来越明显。因此，必须加强中国区域创新能力的协调、均衡发展。

四、中国区域创新能力提升的大国雁阵模式

雁阵模式是对地区间经济发展不平衡、产业发展具有明显地区梯度现象的描述。该模式最早由日本经济学者赤松要（Akamastu，1937）提出，基于对日本工业的"进口—进口替代—出口"发展模式的总结，尝试对日本作为后起经济利用比较优势的变化完成发展与赶超的过程进行解释，开辟了一条分析判别国家产业发展趋势的新路径。蔡昉（2009）认为一国雁阵模式的产生在于比较优势的动态变化，但对于不同经济体，其雁阵模式呈现出不同的特征，他把独立经济体之间的产业转移和承接称为"小国雁阵模式"，而一个经济体内部地区之间的产业转移与承接称为"大国雁阵模式"。欧阳峣等（2018）认为在小国中出现的产业升级中的跨越式发展，在大国不可能实现，原因在于"大国效应"。大国效应既体现在大国具有人口规模庞大和国土规模庞大的初始特征，并由此形成的人力资源、自然资源和市场需求的规模优势上，还体现在大国所独有的区域间资源禀赋、基础设施等条件的梯状差异特征，并由此形成多元的技术结构、产业结构和空间结构，进而形成实现多元要素耦合的综合优势上。

综上，大国效应下，雁阵模式同样适合中国各地区之间的产业转移与升级，而产业转移与升级是中国区域创新的重要形式，因此雁阵模式也同样适合中国创新能力提升的区域实现。

基于以上理论分析以及前述实证分析结果，本文可构建中国区域创新能力提升的大国雁阵模式，并将我国30个省份划分为三个雁阵梯度（见图2）。其中，第一梯度为雁头，第二梯度为雁身，第三梯度为雁尾。根据雁阵模式理论，中国区域创新能力提升的先后顺序应为第一梯度—第二梯度—第三梯度，从东中西部划分的视角来看，发展顺序应为东部—中部—西部，从而最终带动中国区域创新能力的整体提升。

大国雁阵促进中国区域创新能力提升是一种全新的模式，其具体实施会有很多难点，我们可从如下方面探讨其实现路径。

第一，培育区域创新极，带动中国总体创新能力的提升。中国幅员辽阔，由于各区域经济、历史、文化和体制机制等的不同，导致各区域在科技基础、资源禀赋、创新能力等方面差异较大，而区域创新雁阵模式的实现以区域资源禀赋梯次差异特征为基础，由此产生基于当地资源禀赋的创新极是促进区域和国家创新能力提升最有效的方式之一。东部地区的经济、科技较为发达，应着重发展外向型经济和前瞻性基础研发、引领性原创成果重大突破，不断形成科技制高点；应通过不断加快北京、上海等

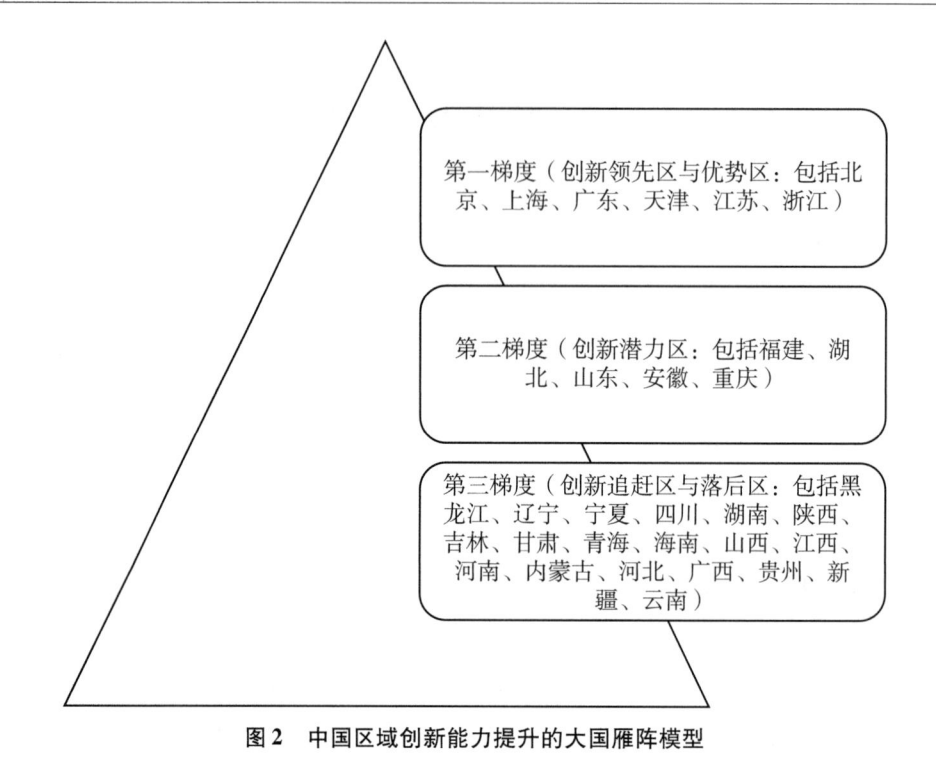

```
        ╱╲
       ╱  ╲
      ╱ ┌──────────────────────────┐ ╲
     ╱  │ 第一梯度（创新领先区与优势区：包括北 │  ╲
    ╱   │ 京、上海、广东、天津、江苏、浙江）    │   ╲
   ╱    └──────────────────────────┘    ╲
  ╱   ┌────────────────────────────┐     ╲
 ╱    │ 第二梯度（创新潜力区：包括福建、湖    │      ╲
╱     │ 北、山东、安徽、重庆）             │       ╲
      └────────────────────────────┘
    ┌──────────────────────────────────┐
    │ 第三梯度（创新追赶区与落后区：包括黑     │
    │ 龙江、辽宁、宁夏、四川、湖南、陕西、     │
    │ 吉林、甘肃、青海、海南、山西、江西、     │
    │ 河南、内蒙古、河北、广西、贵州、新       │
    │ 疆、云南）                         │
    └──────────────────────────────────┘
```

图 2　中国区域创新能力提升的大国雁阵模型

地的科技创新中心和粤港澳大湾区国际科技创新中心建设，以点带面，发挥城市群、城市圈的高端引领和支撑带动作用，从而健全梯次联动的区域创新布局，培育创新增长点、增长带、增长极。中西部地区则应着眼于发掘自身优势实现技术追赶，加大力度提升自身技术承接、消化、吸收、转化能力；应通过建立省级乃至国家级高新区等创新集群，促进区域内创新人才、资金、技术等资源的集聚，获得高新区创新的快速稳定发展，继而辐射带动区域内其他地区的协同创新发展。

第二，改善区域创新体制机制，提升中西部地区承接能力。当前中西部创新承接考虑的不仅仅是可不可能承接的问题，更是能不能接好的问题。所以打造中西部地区的发展雁阵，最重要的是需要提升雁身和雁尾的承接能力，完善的体制机制则是提升中西部地区承接能力的重要保障。首先，人才尤其是高层次人才是中西部地区最为欠缺也最为关键的资源。中西部地区要在人才培养、引进、激励以及收入分配等机制方面进行改善，要在薪酬、社保、医疗和住房等待遇上给予相应照顾，要大力发展教育事业，以吸引东部高层次人才，提升本地人才素质与能力，为承接东部创新转移提供必要的人力资源和智力支持。其次，中西部地区，要深化行政管理和经济体制改革。例如：加快转变政府职能，简化行政审批与办事程序，提高行政效能；继续推进以央企、国企为主的"单一所有制结构"改革，提高资源配置的有效性和激发市场活力；

大力发展和完善土地、资本、劳动力、技术等要素市场，促进生产要素优化配置。最后鼓励中西部地区与东部沿海地区之间，以及中西部毗邻地区之间合作共建产业园区，积极探索承接产业转移新模式，从而实现东部与中西部的优势互补、互利共赢，以及中西部区域的资源整合与联动发展。

第三，构建良好创新生态，优化区域创新环境。促进区域创新能力提升的雁阵模式还在于构建良好的创新生态环境。要构建良好创新生态，必须加快建立协同创新机制，如产学研合作机制、人才流动机制、利益共享和风险共担机制等；应在全国营造一种崇尚创新的文化氛围，激发全民培养创新精神、企业家精神和工匠精神，不断为创新雁阵发展提供强大精神动力。此外，政府还应构建便捷高效的综合交通运输网络，完善基础设施保障；加强公共信息共享、公共试验、技术评估、成果转化等公共服务平台与中介机构建设；加强知识产权保护，完善法制环境；优化科技要素分配激励机制，着重解决不同雁阵之间、单个雁阵内部的创新资源分配以及信息网络、交通运输等配套设施建设。

参 考 文 献

[1] 蔡昉，王德文，曲玥. 中国产业升级的大国雁阵模型分析 [J]. 经济研究，2009 (9)：4-14.

[2] 陈劲，陈钰芬，余芳珍. FDI 对促进我国区域创新能力的影响 [J]. 科研管理，2007，28 (1)：7-13.

[3] 董勇，张永超，刘宁，魏玮. 河南省区域创新能力测评与障碍因素研究 [J]. 河南农业大学学报，2018，52 (3)：471-478.

[4] 郭新茹，陈天宇. 高质量发展背景下我国区域创新能力比较研究：基于省际面板数据的实证 [J]. 江西社会科学，2019 (9)：60-69.

[5] 靳巧花，严太华. OFDI 影响区域创新能力的动态门槛效应 [J]. 科研管理，2019，40 (11)：58-67.

[6] 柳卸林，胡志坚. 中国区域创新能力的分布与成因 [J]. 科学学研究，2002，20 (5)：550-556.

[7] 欧阳峣. 大国发展经济学的逻辑体系 [J]. 湖南师范大学社会科学学报，2018 (6)：40-46.

[8] 芮雪琴，李环耐，牛冲槐，任耀. 科技人才聚集与区域创新能力互动关系实证研究 [J]. 科技进步与对策，2014，31 (6)：23-28.

[9] 孙凯. 研发投入对区域创新能力的影响 [J]. 现代经济探讨，2019 (6)：14-21.

[10] 徐鹏杰，黄少安. 我国区域创新发展能力差异研究：基于政府与市场的视角 [J]. 财经科

学, 2020 (2): 79-91.

[11] 易平涛, 李伟伟, 郭亚军. 基于指标特征分析的区域创新能力评价及实证 [J]. 科研管理, 2016, 37 (4): 371-378.

[12] 张宽, 黄凌云. 引进外资对区域创新能力的影响研究: 基于贸易开放的新视角 [J]. 软科学, 2019, 33 (8): 49-53.

[13] Akamastu K. Waga Kuni Keizai Hatten No Sogo Benshoho [J]. Shogyo Keizai Ronso, 1937, 15 (7): 179-210.

[14] Furman J L, Porter M E, Stern S. The Determinants of National Innovative Capacity [J]. Research Policy, 2002, 31 (6): 899-933.

[15] Nelson R R. National Innovation Systems: A Comparative Analysis [M]. New York Oxford University Press, 1993: 17-18.

大国经济治理

全球经济治理变革与新兴国家制度性话语权提升研究*

林跃勤**

摘　要　近年来，全球化遭遇强大逆袭，单边主义盛行使全球经济治理陷入僵化、扭曲、低效和赤字增多的境地。这固然跟全球性经济问题急剧增多和尖锐化有关，也跟原有多边治理体系渐趋软弱，新兴经济体制度性话语权偏低、治理潜能得不到正常发挥以及行为体之间的利益冲突和政策矛盾加剧全球经济治理体系的失灵有关。面对全球经济稳健持续发展对改善经济治理提出的更高要求以及新兴国家通过全球经济治理为自身营造更佳外部制度环境的强烈需求，全球经济治理变革的核心内容应当是着力调整权力结构，提升新兴国家赋权，增强治理的正当性、协调性和有效性等。其中，新兴国家制度性话语权的提升对于构建强劲有力、合理高效的全球经济治理体系具有重要意义。新兴国家提升制度性话语权的基本方向在于坚守多边治理宗旨，积极推动既有多边治理组织改革，积极倡建新的多边治理规则与平台机构，提高多边治理的引领力和贡献力等方面。新兴国家与发达国家争夺全球治理主导权的博弈将是曲折而漫长的过程，新兴国家需要努力提升制度性话语权，争取把握主导权，以期实现全球善治和构建良好的国际秩序。

关键词　全球经济治理　新兴国家　制度性话语权

进入 2020 年，全球性新冠肺炎疫情对全球经济产生重大冲击，贸易投资保护和遏制他国行为泛滥，国际经济合作阻力陡然上升，全球经济治理体系严重失灵，面临瓦解消亡之危。面对多边经济治理应扮演的角色以及调整完善等问题，不同国家态度迥异，美国等全球经济治理传统主导群体急欲削弱之，而新兴群体则急切希望维护和完善之，以推动各国合作解决全球经济贸易发展的难题和矛盾，并提升自身在这一多边体系中的话语权和影响力。为此，新兴国家需要审时度势，认清全球经济治理体系失灵的深层根源，推动全球经济治理朝着有利于提升自身话语权和影响力的方向合理变

---

* 本文原载于《社会科学》2020 年第 11 期。
** 作者简介：林跃勤，中国社会科学杂志社对外传播中心主任、研究员。

革,克服当下存在的短板及面临的困境,共同寻求有效推进变革的路径和方案。

一、全球经济治理变革的动因

近年来,经济全球化以及网络化引发的全球性经济问题逐渐增多和尖锐化,例如全球化过程中一些国家内部以及国家间发展和收益不平等的问题引发其他国家错误的理解,以美国为代表的全球化主导力量对经济全球化的态度和政策发生逆转,不仅使经济全球化遭受威胁,也导致全球经济治理陷入紊乱和失灵。这反过来进一步威胁到全球经济稳健持续发展的局面,强化了多边治理的需求和迫切性。

(一) 全球风险与经济政策冲突加剧

随着全球化、区域化进程的加快,一国或者区域发生的金融危机、债务风险、汇率波动、生态危机、粮食危机、能源危机以及贫困、难民等问题更容易演变为跨境问题及全球性矛盾。全球产业链或价值链管理,政府间、企业与政府间的争端,跨界金融监管,全球气候变化以及政府采购管理、产业政策制定、劳工权利维护、知识产权保护等问题日益超越原来一国的管理范畴,"边境壁垒"扩展为"边境后壁垒"。此外,突发性全球经济问题、地缘政治冲突、全球性肺炎病毒大流行等导致各行为体之间的经济政策冲突加剧,发达经济体采取的产业贸易及投资保护、技术封锁政策,特别是宽松的货币政策、加征关税等增加了全球经济的不确定性和风险性,这些都对全球经济治理提出了更高的要求。全球化、全球问题的发生发展和全球治理之间有着必然的内在逻辑关系。全球化和全球问题是全球治理出现的根本性依据(庞中英,2006)。可见,全球化条件下单个主权国家无法独自解决的全球性问题的日益增多和尖锐化,导致国家行为体和非国家行为体采取建立国际规则和制度以协调应对的行动(张宇燕,2016)。全球经济治理便是全球治理在经济领域的延伸,在一定程度上也是其他治理的基础。

(二) 全球经济发展对规则制度的要求不断提高

人类社会通过集体行动诠释社会生活的内容,而集体行动要具有秩序就需要去获得行动的一致性。在如何获得集体行动的一致性方面,人们聚焦于价值、规则和规范这三个无法完全割裂开来并存在着相互转化和相互包含关系的要素，即依靠价值、规则和规范去整合集体行动（张康之，2014）。随着全球化、网络化、智能化和民主化的深入发展，国际产业分工更加细化，对行业间、国家间、区域间以及全球间的政策协作要求更高。规则和机制在协调国际关系、治理全球问题方面的作用变得更加重要，规模越大、融合越深的集体行动对规则制度的要求也越高。各国围绕规则制定权的争夺表现得更加激烈，例如发达国家希望通过维护原有三大正式多边机构等旧规则，以及制定新规则继续巩固和增大对自己更有利的治理体系，而新兴国家与发展中国家则通过谋求对旧规则的改造以及倡建新规则建立有利于增大自身话语权的更加公平合理的治理体系，由此引发国际规则的新一轮变革潮。新的规则和机制不断涌现，包括二十国集团（G20）、全球气候治理机制、APEC、金砖国家合作机制、亚投行等国际协调机制以及跨太平洋伙伴关系协定（TPP）、跨大西洋贸易与投资伙伴协定（TTIP）、RCEP等（徐秀军，2015）。新兴国家和非政府组织等非国家行为体群体性崛起，在国际体系中日益发挥着重要作用，这些都使传统国家行为体面临新的挑战，无法完全控制所有国内外事务，进而使全球治理成为一种新的选择（刘亚男、王跃，2019）。

（三）原有多边治理体系渐趋软弱

面对层出不穷的各种"黑天鹅"事件以及不断增加和复杂化的全球性问题，自二战后期就开始运行的三大主要正式机构（布雷顿森林体系）以及后来出现的G20、APEC和诸多其他区域组织等共同构成的多边治理体系应对乏力、效能不足。

首先，多边治理机制本身存在诸多短板和软肋，难以适应新问题和新挑战。其一，多边治理机制的规则设计一开始就存在缺陷。全球三大主要正式治理组织天生不足，例如IMF、世界银行等资本金偏小、基本票不断被稀释，IMF与世界银行份额及投票权的分配不合理。依托三大机构建立起来的全球金融贸易多边治理体系在此后近70年间因成员增多、利益诉求多元化、问题复杂化和规制调整本身滞后等原因，既不能满足应对挑战和危机的资金需求，同时调节对象及机制也存在诸多缺陷。目前，世行份额结构与投票权的分配、执行董事会的组成和决策机制，与各国对世界经济的影响很不相符且差距继续拉大，债权国对世行运行成本的贡献比率由原先的约70%下降到2004年的23%，而借款国贡献率则相应上升。2010年的小幅度改革并没有让发展中国家得到应有的投票权，撒哈拉以南非洲国家的投票权甚至被削减，IMF及世行决策机制的合理性和效率并未明显提高。美国依然霸占着行长职位，理事会成员中发达国家也依然占据绝对优势。

其二，规则缺陷下的治理权力结构失衡扭曲，畸轻畸重，难以凝聚合力。多边治理组织本来是依据内部权力配置来共同协调决策和行动的，而严重失衡扭曲的权力结构必然导致组织内部冲突加剧，产生离心倾向，进而抑制组织规则与决策的制定和执行。发达国家在 IMF、世界银行等主要多边组织中拥有绝对话语权，新兴与发展中国家的权力利益分配格局与其经济实力的迅速崛起不相匹配，使其治理愿景和潜能无法发挥，也使多边经济治理的正当性、适应性、协调性和效能受到质疑。

其三，多边治理机制僵化，难以适应新问题，而对美元霸权及其管束的软弱是 IMF 和世界银行体系的最大缺陷之一。金本位之后的美元本位制体系允许美国将本国债务出口并让世界各国来处理由美国政策造成的各种意外。由于在汇率公平决策和其他决策中缺乏民主和权力制衡，美国能够将"过度特权"分配到世界银行和 IMF 的决策过程当中。此外，IMF 对主导经济体及其货币霸权的滥用也缺乏有效的监督和制衡，对其跨境投机活动往往采取自由放任的政策，甚而默认更多美元冲击国际金融市场。除此之外，IMF 还缺乏对全球性金融风险和危机的预警防范能力，例如对 1997 年亚洲金融危机、2008 年全球金融危机的爆发和蔓延缺乏预警及预防举措。至于 WTO，也面临着诸多新的挑战。WTO 无法调解几大贸易伙伴关于 WTO 改革议题的立场冲突，美国等发达国家主张取消发展中国家的优惠待遇问题。欧盟等认为现行 WTO 规则已经不能充分约束某些新兴国家特别是中国的贸易政策，美国等则主张用更高级的双边或区域自贸协定替代低水平的 WTO 规则。由美、欧、日、加四个发达成员构成的 WTO "四极体制"长期操纵着 WTO 决策，导致其他成员的态度基本无关大局。"绿屋谈判"模式的盛行使 WTO 重要决策由少数发达成员方先行磋商决定，再强迫其他成员方接受，广大发展中成员的权益得不到充分保护。一致同意原则让 WTO 无法进行有效的谈判和决策，而美国一票否决的法官遴选程序也致使 WTO 最重要的裁决机制失效。渔业纠纷、电子器材、电子商务或数字贸易等一些新问题未能及时纳入 WTO 的监管范畴。可见，三大多边经济治理组织都面临着重大的合法性与问责性危机，因为它们内部的投票与决策结构没有反映全球新的权力关系现实。要让国际经济组织在 21 世纪充满活力的全球经济中重要、负责、有效，则有必要进行重大的制度改革。政府领导人应当将这作为一项优先事务。[①]

其次，主导力量滥作为严重影响多边治理体系效能的发挥。特朗普当选美国总统之后执行一条试图以退群和削减自身对多边治理贡献的"美国第一"的单边主义方式实现逆袭和再次伟大，由此加剧了全球多边治理的分崩离析。美国实施"货币政策正

---

① 黛布拉·斯蒂格：《世界贸易组织的制度再设计》，汤蓓译，上海人民出版社 2011 年版，第 5~6 页。

常化+大幅度减税+贸易保护主义+构建高标准贸易规则"的政策组合,通过"一对一"的方式迫使对手与其达成有利于美国的双边经贸协定,吸引更多国际资本主动流向美国,对发展中国家形成"资本流出+经贸规则被边缘化"的双重压力,特别是以"三零方案"(零关税、零非关税壁垒、非汽车工业零补贴)为核心的多边贸易新规则严重冲击了以WTO为核心的多边贸易体制,导致世贸组织争端解决机制陷入停滞,未能完成2001年启动的多哈议程谈判。WTO副总干事艾伦·沃尔夫表示,应对全球性挑战集体行动至关重要,如不解决各国互利贸易安排的障碍,将损害并最终扭转各国通过贸易积累的非凡经济、社会和政治收益。①

(四) 赋权偏低抑制新兴经济体治理能力的发挥

新兴与发展中国家在正式多边治理组织内部赋权偏少,治理诉求与参与决策的潜能得不到应有重视,这必然严重挫伤其参与全球经济治理的积极性,抑制其能力发挥,影响多边机制的正常运转。在G20等重大国际磋商之前或者期间,G7和B5(金砖五国)往往分头举办内部协调会议。发展中国家和发达国家之间围绕发展中国家在WTO框架下的优惠待遇去留问题一直争论不休。美国倡议建立的G20机制表面上给予了主要新兴国家平等参与全球经济治理的对话机会,但其作为不具有法律权威性的非正式国际经济治理制度,无法彻底改变现有国际经济秩序及新兴国家的弱势地位。它实际上是G7试图分担责任并得以重新恢复对包括新兴经济体国家在内的更广泛的世界经济秩序的控制并使其合法化的过程(Beeson and Bell, 2009)。

约瑟夫·E. 斯蒂格利茨(2004)认为,在一个可以称为没有全球化政府的全球化治理体系内,世界银行、国际货币基金组织、世界贸易组织和财政部部长、商务部部长和贸易部部长等若干个角色与特定的金融与商业利益紧密地联系在一起,支配着整个局面,受到他们决策影响的许多人却几乎没有发言权。现在是重新思考有关决策是如何在国际水准上做出以改变某些国际经济秩序治理规则的时候了。让所有国家在相关政策上都有发言权才能有可能创立一种崭新的、更加可持续和较少变化的、增长果实可被更加平等分享的全球经济。② 在疫情大流行的冲击下,全球发展与全球治理更需要提倡多边主义概念和包容性治理、更大的经济公平性和共同责任。随着新兴参与者

---

① Http://www.tbt-sps.gov.cn/page/cwto/listNewsContent.action?id=7882&DIC_AREA=&ICSCODE=&DIC_INDUSTRY=41&indexstop=1.
② 约瑟夫·E. 斯蒂格利茨:《全球化及其不满》,李杨、章添香译,机械工业出版社2004年版,第15页。

的作用和影响力不断发展,确实应当探索多边治理决策的新方式和建立共识的新方法。① "除非发展中国家能够积极参与新的国际经济体系治理程序的设计,否则这些组织的重要性与合法性就岌岌可危。现在是国际体系急剧变化的时期,但正是在充满压力与不确定的时代,关于改革的思想将成为有助于引导制度构建发展的明灯。"② 全球经济治理变革的核心、克服当前国际经济组织合法性危机的关键应当是扩大广大发展中国家的参与权、决策权。

(五) 行为体利益冲突和政策矛盾加剧全球经济治理的失灵

单边主义和保护主义而引发的利益冲突和政策矛盾加剧了全球治理的失灵风险。其一,造成全球治理能力不强。三大正式多边治理机制对区域性、全球性重大经济问题,被动隐患和重大突发事件,以及其他各类风险可能造成的冲击和危害缺乏预警和充分应急准备,例如对2008年美国次贷危机的发生、2020年全球性新冠肺炎疫情对全球经济造成的巨大伤害等预警及应对不力。其二,引发高昂的治理成本。如世界银行存在机构臃肿、行政费用高、办事效率低等诸多问题,2018财年的行政费用创历史新高。其三,造成治理低效。拥有一票否决权的美国以及其他西方国家主导下的 IMF 和世界银行难以做出维护新兴与发展中国家权益的重大决策。WTO 还被双边和区域贸易协定边缘化,多边谈判功能几近丧失,以致运转低效和困难。多哈谈判多年无果几乎停止,历经多年谈判的 RCEP 因印度、日本变卦面临尴尬。三大多边机制以及《巴黎协定》等在促进货币金融稳定、维护贸易自由和贸易平衡、保障投资公平、确保能源安全、解决气候治理问题等方面的作用结果都不尽如人意。全球经济治理严重"赤字"不仅使经济全球化负面效应难以及时消解,甚至成为发展失衡、治理困境、数字鸿沟、公平赤字的推手 (徐秀军,2019)。

二、全球经济治理变革的核心内容

全球经济治理变革涉及多方面的内容,如组织机构职能变化、治理权力结构与计算规则调整、规则制度制定程序优化、监督运行机制强化、效能与效率提高等。其中,

---

① Matthew Welsion: "Is Multilateralism Dead?", https://onresearch.ch/ismultilateralism-dead/。
② 黛布拉·斯蒂格:《世界贸易组织的制度再设计》,汤蓓译,上海人民出版社2011年版,第5~6页。

治理权力结构与计算规则调整以及扩大新兴与发展中国家的制度性话语权是基础和根本。权力配置在多边治理组织中具有发挥各自潜能、平衡行为体相互关系、协调决策和行动、保证决策实施等重要功能。但现实中的全球经济治理存在权力结构扭曲、僵化难调等问题，由此助长权力过大者滥权不负责任，权力不足者扩权阻力重重，导致治理潜能难以发挥，形成分裂、对立、内耗，严重降低治理效能甚至造成治理失灵。因此，找准病根、推进治理权力结构优化是当下保证多边治理有效运行的基础和核心。

（一）提高全球经济治理的正当性和协调性

权力结构及其适时调整优化对于提高多边治理的正当性、协调性和效能具有核心意义，而制度性话语权的提升对于合理平衡的多边治理组织权力结构的形成及机制运行具有重要作用。全球治理是在无政府状态下的多边规则制度的基础上实现的，因而，规则制度的提出、建立和实施是多边组织赖以存在、运行和发挥效能的基础和核心。依据美国政治学家塞缪尔·P. 亨廷顿（1989）的观点，"制度就是稳定的、受珍重的和周期性发生的行为模式"。[①] 美国制度研究学者道格拉斯·C. 诺斯（2008）指出："制度是一个社会的博弈规则，……制度构造了人们在政治、社会或经济领域里交换的激励。制度变迁则决定了人类历史中的社会演化方式。……制度对经济绩效的影响是无可争议的。"[②] 组织凭借规则去谋求行动的一致性。没有规则，组织就不可能以一个整体面目出现，更不用说去实现组织目标了。正是规则所提供的标准、规范、控制实现了集体行动的一致性。如果没有铁一样的规则，整个组织就会陷入纷乱的无序之中（张康之，2014）。话语权表现在一个行为体具备的话语表达权利和空间在国际社会范围内被广泛认可和接纳的程度，主导或强势话语者往往拥有规则及制度制定、实施、评估、修改的主要影响力。正式治理组织规则赋予的制度性话语权能够成为其他非正式治理体系话语权和影响力的基础和支撑，进而带动和增强后者在全球经济治理体系中的整体决策影响力。而多边组织中各个行为体的地位和影响力集中体现在通过规制获得的制度性话语权上，包括在国际金融机构中的投票权、本币是否被纳入 SDR 货币篮子及比例、董事会席位、高管职位、总部办公场地和其他被委托的职责以及基于这些重要元素的规制、决策影响力等。

[①] 塞缪尔·P. 亨廷顿：《变化社会中的政治秩序》，王冠华、刘为等译，生活·读书·新知三联书店 1989 年版，第 12 页。

[②] 道格拉斯·C. 诺斯：《制度、制度变迁与经济绩效》，杭行译，格致出版社、上海三联书店、上海人民出版社 2008 年版，第 3 页。

制度性话语权是一种以制度形式固化的话语权，即制度体制为话语权提供保障。制度性话语权意味着行为体在一个集体组织获得集体规则认可的声望、地位、影响力、决策及实施能力。掌握制度制定优势的国家通过话语博弈可在全球经济治理中对自己分配较多的权力（陈伟光、王燕，2016）。行为体在治理体系中的地位和话语影响力、提出的新政策与机制建设倡议被采纳的概率和程度、协调执行能力等都与其在这个体系中的制度性话语权密切相关。制度性话语权直接决定了一个国家在国际组织中的地位与作用及整体国际影响力，是其参与及影响全球治理的核心基础和重要抓手。各行为体制度性话语权的配置结构是多边治理组织赖以动员和组织行为体参与决策及行动、进而实现多边治理目标的基本元素和抓手。在"传统的经济手段和军事资源已经不足以解释当下的种种现象"，"军事威胁和经济制裁并不是国际政治中促成改变的仅有手段，设置议程并施以诱惑也能达到同样的效果时"[①]，新兴国家必须要从战略的高度来看待制度建设、制度调整和制度供给的意义（燕继荣，2012），将构建和提升在多边治理体系中的制度性话语权作为参与国际制度建设的重要布展。

基于制度性话语权在多边治理组织权力结构的形成及机制运行中的基础地位，多边治理体系改革的核心就是在多边组织内进行行为体制度性权力的合理测算、实时调整，形成更佳权力结构，为整个多边组织的决策、运行创造平衡和谐、高效协作的基础。行为体制度性话语权的调整影响到整个治理组织和机制的力量均衡及合作决策状态，可改变权力话语畸轻畸重、失衡扭曲的状态，增强决策的民主性和合理性，减少行为体之间的分裂、对抗和冲突。因此，行为体制度性话语权的提升将有助于提高全球经济治理决策的正当性和合理性，改善治理能力、治理效力和治理效果（见图1）。

从图1可见，权力结构在全球经济治理运行及其变革的诸要素和环节中扮演着核心角色，权力配置和调整影响着多边组织的公正、声誉、效能以及内部各行为体的角色、关系、决策和行动。数量众多的行为体要和谐共处、合作行动，必须有较为合理和均衡的权力搭配及相应的规则制度。畸轻畸重的权力配置必然引发行为体间的猜忌、矛盾和对立，从而导致行为体在整个治理体系的决策制定及其实施运行方面难以达成共识。在解决全球性经济问题上设定议题和形成决策、创设和改良规则、解释和适用规则、解决争端和处理危机时的话语理解和运用能力、话语构建及说服能力（即全球经济治理制度性话语权）的缺失与全球贡献度分配的错配、失衡，必然导致全球经济治理出现合法性和有效性危机，也必然促使一些行为体试图在现有多边框架之外寻求解决方案，从而对现有多边治理框架及其效能的发挥造成冲击。

---

① 约瑟夫·奈：《软实力：权力，从硬实力到软实力》，马娟娟译，中信出版社2013年版，第8、92页。

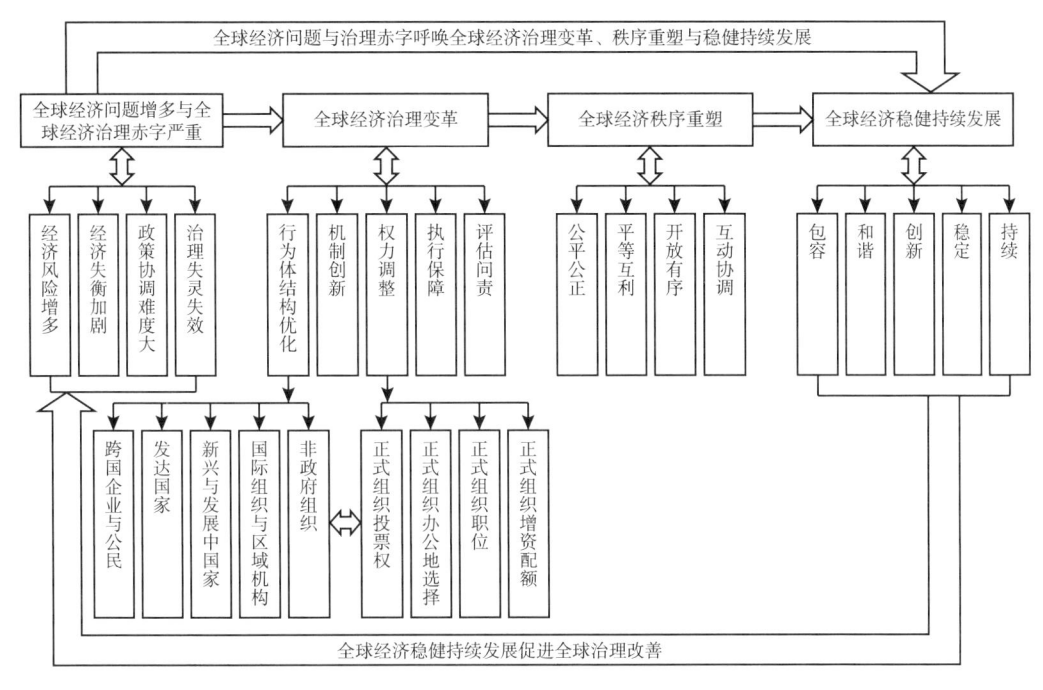

图1　全球经济治理变革的背景、内涵及目标

(二) 提升新兴国家的制度性话语权

在现有多边治理组织中，无论是从 IMF 份额、SDR 份额、世界银行投票权比例，还是执董席位、重要管理岗位的职数及级别，重要治理机构总部办公场所的供给、重要决议的起草及其讨论组织，或是决策的制定及新机构的倡建等诸多方面来看，新兴与发展中国家的存在感均严重不足。鉴于现有的全球经济治理权力结构不利于推动全球经济治理朝着更加合理、公正、协调、高效的方向前进，有必要通过提高新兴国家的制度性话语权来改善多边治理权力结构的失衡状况。而改变发达国家在世行的份额和投票权占绝对优势的决策机制，是确保世界银行进行实质性改革并依照专业准则履行发展职能的关键。世界银行原行长佐利克在 2010 年 4 月 14 日的演讲中指出，富裕国家不能再将它们的意愿强加于新兴经济体国家和发展中国家，后者已成为全球经济增长的主要动力。调整正式多边组织的权力结构，给予新兴国家更多制度性话语权，将有助于解决多边治理的扭曲和失灵问题。2015 年人民币获准成为 SDR 后，时任 IMF 总裁的拉加德曾表示，将人民币纳入 SDR 货币篮子将推动建立一个更加充满活力的国际货币和金融体系，为国际金融治理提供新的手段和带来新的机遇。

其次，当前美国等多边经济组织内主要领导国家滥作为以及逃避责任，使多边治理陷入困境，因此多边治理体系迫切需要补充新鲜力量。提升新兴国家的制度性话语权可以有效弥补美国等国家霸权缺位或者不作为带来的权力空白和治理赤字，维护开放性国际经济合作态势，营造持续发展的良好国际环境，维护广大发展中国家利益，进而促进全球经济治理的转型，推动全球经济治理机制向着更加公正合理的方向发展。另外，新兴国家参与多边治理经验的积累也为其承担更大的治理责任奠定了坚实基础。因此，新兴国家愿意推动多边经济治理机制的变革进程，也希望看到更加强劲有力高效的多边经济治理体系。

再者，新兴国家制度性话语权的提升有利于加强对多边治理的民主监督。在既有的多边经济治理框架下，权力主导者滥用职权，多边组织民主监督不足、监管乏力等问题突出，例如在 IMF 框架下缺乏切实可行的金融监督标准、早期预警机制和风险预防机制，导致美元主导国家滥用货币霸权。为了避免 IMF 等沦为富有国家的表决工具以及增强 IMF 表决系统对不同利益的包容性，争取让更多新兴国家货币进入 SDR 货币篮子并发挥其平衡美元霸权的作用，让新兴国家获得更多的 IMF 份额和管理席位，这也有助于推动新兴国家更广泛地参与国际金融治理进程，提高 IMF 和世界银行对全球经济活动的监督力度，增强国际金融货币体系的公平性和透明度。

三、新兴国家提升制度性话语权的基本方向

全球经济治理的失灵和失效严重威胁着全球经济发展秩序，也对新兴与发展中国家深度参与和推动全球经济治理变革提出了严峻挑战。中共十八届五中全会通过的国民经济"十三五"规划建议指出，要"积极参与全球经济治理和公共产品供给，提高我国在全球经济治理中的制度性话语权"。这为包括中国在内的新兴国家推动全球经济治理变革并改善自身的地位和影响吹响了号角。鉴于全球多边治理制度的复杂性及其内在缺陷，权力再分配必将受到既得利益者的抵制，新兴国家要在推进全球经济治理变革的进程中提升制度性话语权，应当努力维护并适当改进现有多边治理机制，在此基础上提出多边治理的新倡议、新规则、新标准、新平台，增强合作倡议及倡议传播说服能力，创设构筑可以为国际社会广泛接受的强有力的多边治理系统性话语体系，强化对多边治理的责任担当和贡献等。

(一)坚守多边治理宗旨

当前各行为体受"冷战"思维的影响,普遍不愿承认国际责任,使全球治理观念"赤字"广泛存在(秦亚青,2013)。在集体行动中,多元行为体不为应对公共危机积极提供公共产品,反而偏向"搭便车"的自利行为,由此加深了全球治理的"参与赤字"和"责任赤字",同时也带来集体行动困境和全球治理机制危机。特别是在传统主导力量拒绝承担多边治理的主要责任、单边主义盛行的语境下,新兴群体应挺身而出,坚持全球化理念和高举多边主义旗帜。人类命运共同体是中国积极参与全球治理,推动全球治理转型和走出困境的重要战略设想(门洪华,2017)。坚持以平等为基础、以开放为导向、以合作为动力、以"普惠包容"为原则、以"共享共赢"为目标的全球经济治理观,应是全体新兴与发展中国家的共同方针。新兴国家只有自觉自愿高举全球化大旗,秉持多边合作的理念原则,才有可能在推动全球经济治理的合理变革中谋求到主动权,并为增强自身道德影响力和话语表达权等夯实基础。

(二)积极推动现有多边治理组织改革

推动现有全球经济治理框架的改革不是另起炉灶,而是在现有基础上不断调整完善。为此,新兴国家需要积极提出改革方案,参与到全球经济治理的改革当中,促进现有多边治理体系更具合理性、活力和效能。

首先,推动 IMF 和世界银行投票权规则的合理改革。为增强国际主要金融机构决策的合理性和民主性,需要进一步调整世界银行的份额计算公式。例如将原先 50% 的 GDP 权重提升至 55%,30% 的开放程度权重降至 25%,15% 的金融波动权重降至 10%,5% 的国际储备权重提高到 10%,使代表权向着中国、印度和韩国等活跃经济体转移;提高基本投票权,保护最贫穷国家的投票权益;降低对于新借款设置的借款保障要求;修订协定以实现更有代表性的、全面选举的执行董事会制度。活力经济体在 70% 多数票获胜规则下的决策权将与投票权比重保持同步上升,其综合决策权力、阻止行动权力以及倡议行动权力均有显著上升。因此要在 IMF 协定修改等重大问题的票决制方面争取将 85% 的获胜规则调整为 70% 的多数票获胜规则,这有助于削弱、剥夺美国的绝对否决权(黄薇,2016),并增强 IMF 机制的公正合理性,为中国等活力经济体强化话语权和影响力创造有利条件。

其次,推进 WTO 机制改革以维护国际贸易秩序。为强化 WTO 管理职能和权威以适应全球经济治理的新任务，需要围绕总干事以及秘书处职权、透明度、现行决策机制这三项基本制度尽快开展改革。为加强总干事和秘书处推动多边贸易谈判和决策的权力，WTO应选择发展中成员代表作为新任总干事，并扩大发展中成员的人才在秘书处任职的比例。为提高WTO决策效率，在坚持"协商一致"原则的前提下，如果全体成员方对涉及WTO基本原则和重要规则的重大决策长期达不成共识，应增加对重大决策的权重选择方式和适用比例，而且赞成成员方必须达到绝对多数且已包含世界主要贸易体。此外，还应建立与各成员方议会间的沟通交流机制，制定与非政府组织关系的规则，增强决策和争端解决的透明度（刘敬东，2013）。正如前世贸组织谈判代表德米特里·格罗祖宾斯基指出的那样，无论世贸组织的未来如何，应建立联盟来提升支持可预测、基于规则贸易体系的领导者——世贸组织的效率。各国政府必须从国内治理开始，引导工商界投入时间和资源来制定和宣传贸易政策，并支持企业和民间社会加强贸易政策参与。当务之急是加强国际合作，尽快恢复WTO对贸易纠纷的最终裁决功能。

最后，增强G20治理机能并强化新兴国家的话语地位。传统三大正式治理机制存在诸多内在弊端以及改革困难，G20作为一种有主要新兴国家平等参与的全球经济治理南北协商机制，在最近10年的全球经济治理中发挥着十分重要的作用。新兴国家需要支持、强化其在多边治理中的功能作用，争取将其上升为更加制度化的平台组织，并借助参与和强化G20机制提高自身的全球经济治理参与度，增强自身在全球经济治理中的地位和影响力。中国G20杭州峰会通过的《二十国集团领导人杭州峰会公报》不仅为世界经济指明了新方向，也彰显了完善国际治理体系的"中国担当"。新兴国家需要进一步重视和加强在G20的地位，包括巩固和强化在G20框架下的B5会晤机制（金砖五国磋商机制），为G20提出更多改革方案，使其在重塑国际经济治理格局中发挥更大作用。

（三）积极倡建新的多边治理规则与平台机构

在维护和完善现有多边经济治理框架的基础上，依据创新多边经济治理的需求以及改善新兴国家后来者和新晋者角色地位的愿景，及时倡建新的治理规则、组织平台等不失为改善现有多边经济治理失衡状况的出路之一。在这方面主要新兴国家需要努力发挥自身智慧。

其一，增强新的治理规则倡建能力。行为体自身制度建设能力和贡献力在一定程度上影响并决定其获得多边治理组织内制度性话语权的能力。一国参与全球经济治理所享有的话语权力源于其综合国力即硬实力、软实力和巧实力的合成，这也是一个行为体全球经济治理能力、影响力的集中体现，是其全球经济治理领导力的源泉（吴志成、王慧婷，2019）。新兴国家要从国际经济治理体系中的跟随者和依附者角色转变为引领者和贡献者，就必须善于学习、积极参与、大胆倡建，研究提出具有前沿性、合理性和可行性的规则制度等公共产品。建议 IMF 形成新的更为合理的份额计算公式，提高活力经济体份额。在 WTO 上诉机制停摆后，新兴国家需要联合其他主要成员共同提出替代方案以维持 WTO 对贸易争端的裁决功能。除此之外，新兴国家还可借助国际会议、媒体合作、智库合作以及参与联合国、世界银行等国际多边组织重要评估报告的撰写、调查和数据提供、讨论及联合发布等方式，及时发出、传递加强多边治理改革的声音。这也有助于打破西方研究者在世界银行《全球治理指数》等重要报告编写和发布中的价值偏好以及结构设计、方法论和数据选择等缺陷，突破西方政治的霸权逻辑（游腾飞，2016）。新兴国家还要在数字经济、互联网规则、5G、AI、大数据安全、电子商务、区块链、数字货币、绿色金融等新兴领域方面加快新技术标准及规则的开发和总结，并使其上升为全球性治理规则。除此之外，新兴国家还需要积极参与各类治理指数的研制，自行开发设计更加科学合理的治理评价体系，借助大数据、云计算、互联网体系等新兴信息技术提高指数算法的准确度，并加强这些新兴信息技术的国际传播，使其成为新兴国家未来获取制度性话语权的有力推手。2020 年 9 月 8 日中国提出《全球数据安全倡议》，显示了中国对于全球共同面临的数据安全等新兴治理问题的责任担当和贡献，受到国际社会的广泛关注和赞誉。在此基础上，中国可以进一步联合其他国家及国际组织等创设全球大数据安全协调机构，并推动其成为全球性常设治理机制。在提高多边治理规则的倡建能力方面，新兴国家还需要强化对自身倡议的游说能力。一方面，要采取建立联合阵线、非正式联盟或"准联盟"等合作方式来增强话语优势；另一方面，要加强与七国集团、欧盟等的政策合作。新兴国家可将支持和推动基于"有效多边主义"的国际秩序的欧盟作为寻求合作、共同推动多边治理的伙伴（陈志敏、吉磊，2014）。此外，新兴国家及其合作机制还要通过国际多边经济组织、区域合作机制等深化对话协作，汲取经验，增强自身的多边治理能力。

其二，倡建新的多边治理组织机构。2020 年 7 月 28 日，习近平在亚洲基础设施投资银行第五届理事会年会视频会议开幕式上指出，亚投行应该成为促进成员共同发展、推动构建人类命运共同体的新平台。金砖国家要继续强化包括金砖新开发银行、应急储备基金等在内的金砖国家合作机制，并将其作为提升集体制度性话语权的重要台阶，还可通过倡建"一带一路"沿线国家城市合作联盟等次国家机构以及"一带一路"智库联盟、媒体联盟等，发挥其作为推动区域治理、全球治理辅助工具的作用。例如中国积极倡建"一带一路"、亚投行、金砖国家新开发银行、丝路基金、上合银行和积极推进 RCEP 等,为建立新的世界治理体系作出了重要贡献。2020 年 4 月,联合国全球人道主义关键医疗物资应急中转枢纽选址广州,这有助于提升中国在全球卫生健康治理中的话语权和影响力,消除"金德尔伯格陷阱"之说。

其三,提高多边治理人才的供给力与竞争力。行为体在国际重要经济治理组织中占据的职位数量以及该职位的活跃程度不仅对于该行为体的话语权有较大影响,也对组织决策及其运转具有不可忽视的作用。一个经济体在全球经济治理体系中制度性话语权的强弱与其在该体系机构中的就职人数特别是领导岗位数有着不可忽视的关系。自各类主要多边经济治理机构建立伊始,各国就力求让更多自己国家的人员进入多边治理机构尤其是关键领导岗位任职,特别是美欧从来都十分重视并力图垄断重要领导权。新兴国家要多培养具有国际治理专业和实践背景并享有国际声望的人才,营造相互支持的环境,争取增加本国人士在重要区域和全球经济治理机构的任职数量。例如可以培训更多熟悉外语和国际法规的国家治理综合人才,并采取各种有效方法推荐其到 IMF、世界银行、WTO 等执行董事会和其他管理席位任职。

(四)提高多边治理的引领力和贡献力

全球经济治理需要所有行为体共同努力,在规则修订、决策制定以及决议执行等多个方面作出自身贡献。面对传统主导国家从多边治理中退匿的情形,新兴国家更需要对多边治理体系的完善加大支持和贡献。

首先在于推进新兴国家贸易投资的自由化。新兴国家要率先抵制、反对贸易和投资保护主义,坚决维护以世贸组织为核心的多边贸易体制,坚持开放和公平竞争取向;同时要积极支持更多发展中国家参与新一轮国际经贸规则的制定,在目标规划、协商议题优先项的设置、制度架构的建设等方面积极创造条件,以更好地维护发展中国家的利益;并致力于同发展中国家一道,共同维护多边主义,旗帜鲜明地反对贸易保护主义,推动国际秩序朝着更加公正合理的方向发展。例如,推动 WTO 上诉机制的恢复或者替代机制的建立,积极参与和推动高规格区域自贸协定的建设。

其次需要提升新兴国家的金融开放程度和治理能力。整体而言,新兴国家普遍存在金融制度改革滞后、金融市场开放不足与发育不良、货币体系较为脆弱、汇率不够稳定、金融风险防范与治理能力不强等问题。根据麦肯锡全球研究院 2018 年的"MGI 连接指数",中国金融开放度还不够高,外资在中国银行系统及证券市场中占比均只有 2%,股票市场占比约为 6%,金融市场运营监管负面清单还较长、较复杂。其他金砖国家的金融开放度、国际化水平、治理能力也不容乐观。因此,新兴国家需要深化金融制度改革,推进金融市场自由化、汇率稳定化,扩大本币结算和货币互换的范围,开展数字货币、区块链以及新兴国际结算体系的开发和运用等合作,增强金融治理能力及自主权。

此外,还应加强新兴国家对气候治理的责任担当。一个国家在气候和环境治理方面的能力表现,深刻影响着其国际威望和信誉。中国致力于承担大国责任,为《巴黎协定》的签署作出了巨大贡献,由此成为全球气候治理的领军者。但受发展水平的限制,中国等新兴国家在节能减排、推进生态可持续发展等方面仍然需要加大责任担当。据国际能源署(IEA)数据,中国和印度分别居2018年全球新增碳排放量的第一和第三名,增速超过世界平均增速。所以,中国应加大努力推动《巴黎协定》的落实,降低碳排放,为全球气候治理和绿色发展作出贡献。同时,金砖国家也需要加强内部气候治理政策的协调,消除俄罗斯与"基础四国"(中国、印度、巴西和南非)之间以及基础四国内部(印度和巴西)的分歧,在减少化石能耗、转向绿色能源以及节能减排、落实《巴黎协定》规定的气候治理目标方面加大力度。例如通过亚投行、金砖国家新开发银行、丝路基金等绿色金融政策的推行,以及经验总结和标准创新等,有力地提升中国等新兴国家在国际环境治理与绿色发展方面的话语权和领导力。

(五)提高国家经济治理能力和水平

行为体的多边治理话语权既取决于经济规模、黄金外汇储备、进出口状况以及稳定性等指标,还取决于其自身治理能力、治理质量、治理水平等。国家治理是一国参与全球治理的基础和前提条件之一。一国的国家治理能力、治理质量等决定了其能否有力、有效地参与全球治理,即一国内部的治理行为是全球治理价值得以实现的重要基础(高奇琦,2016)。国家治理水平和能力影响着全球治理体制的转型和目标的实现,因而提高国家治理水平是实现全球治理有效性的重要途径(刘雪莲、姚璐,2016)。依据世界银行的全球治理指标排名,主要新兴国家的各项治理指标尤其是规制质量、法治、政治稳定性、腐败遏制等指标不仅落后于美国也低于世界平均值,总体处在中后位置,而且2014年以来多数指标改善缓慢,个别指标甚至下降。此外,从世界银行发布的由衡量经济体的市场竞争、财产保护、审批效率、腐败治理、行政效率等政策竞争力的十大指标测算出来的世界营商环境指数来看,虽然中印俄等主要新兴国家的排名有所改善,但整体上仍然与美国等发达国家差距较大。全球化、信息化以及国内社会矛盾的复杂化使国家治理面临严峻挑战,也加剧了全球范围内的国家治理竞争。探索国家治理现代化的核心问题以提升治理质量和效能是每个国家政府的重大使命（夏志强，2020）。新兴国家需要通过大力改善内部经济制度和改善营商环境，提高经济治理现代化的能力和水平，以进一步融入全球经济一体化进程，这也可以极大地增强本国在全球治理体系中的美誉度和影响力，并为其全球治理能力的提升以及制度性话语权的增强奠定坚实基础。

四、结语

当今世界正面临百年未有之大变局，多种矛盾的交替和冲突空前加剧，对全球化和多边合作造成前所未有的冲击。全球化传统主导力量急于退出引领者、贡献者的角色，并对作为后来者、追赶者的新兴国家设置障碍，阻挠其在全球治理体系中提升制度性话语权，由此对后者为实现自身持续稳健追赶式发展谋求营造良好的外部制度环境及建构良性国际秩序的努力造成约束。因此，新兴国家与发达国家争夺全球治理主导权的博弈将是曲折而漫长的过程。对此，新兴国家需要有足够的认识和准备。除了加大改革开放和创新转型的力度，持续壮大综合实力，提高国家治理能力、质量和水平，夯实强化全球经济治理基础外，新兴国家还应研究学习全球经济治理的成熟国际经验，积极探索新形势下推动全球经济治理变革的规律和途径，加强国际合作，在对全球经济治理存量进行适度变革和完善的基础上寻求增量创新并争取把握主导权，着力提升全球经济治理的制度性话语权，在全球经济治理变革中承担更多责任和作出更大贡献，从而有助于实现全球善治和构建良好国际秩序。

参 考 文 献

[1] 陈伟光, 王燕. 全球经济治理制度性话语权: 一个基本的理论分析框架 [J]. 社会科学, 2016 (10): 16 - 27.

[2] 陈志敏, 吉磊. 欧洲的国际秩序观: "有效的多边主义"? [J]. 复旦国际关系评论, 2014 (1): 101 - 123.

[3] 黛布拉·斯蒂格. 世界贸易组织的制度再设计 [M]. 汤蓓, 译. 上海: 上海人民出版社, 2011.

[4] 道格拉斯·C. 诺斯. 制度、制度变迁与经济绩效 [M]. 杭行, 译. 上海: 格致出版社、上

海三联书店、上海人民出版社,2008.

[5] 黄薇. 国际组织中的权力计算:以 IMF 份额与投票权改革为例的分析 [J]. 中国社会科学,2016 (12):181 – 198,208.

[6] 刘敬东. 浅析 WTO 未来之路:WTO 改革动向及思考 [J]. 法学杂志,2013,34 (4):87 – 94.

[7] 刘亚男,王跃. 新世纪以来国内全球治理研究述评:基于 CSSCI 数据库的分析 [J]. 社会主义研究,2019 (4):155 – 163.

[8] 门洪华. 应对全球治理危机与变革的中国方略 [J]. 中国社会科学,2017 (10):36 – 46.

[9] 庞中英. 关于中国的全球治理研究 [J]. 现代国际关系,2006 (3):60 – 62.

[10] 秦亚青. 全球治理失灵与秩序理念的重建 [J]. 世界经济与政治,2013 (4):4 – 18,156.

[11] 塞缪尔·P. 亨廷顿. 变化社会中的政治秩序 [M]. 王冠华,刘为,等译. 上海:生活·读书·新知三联书店,1989.

[12] 吴志成,王慧婷. 全球治理能力建设的中国实践 [J]. 世界经济与政治,2019 (7):4 – 23,154 – 155.

[13] 徐秀军. 全球经济治理进入深度变革期 [J]. 经济研究参考,2015 (63):109 – 112.

[14] 徐秀军. 全球经济治理困境:现实表现与内在动因 [J]. 天津社会科学,2019 (2):81 – 87.

[15] 燕继荣. 未来十年中国崛起需要大战略 [J]. 人民论坛,2012 (16):4.

[16] 游腾飞. 西方治理指数与制度性话语权的传播 [J]. 探索,2016 (5):152 – 158.

[17] 俞可平. 全球治理引论 [J]. 马克思主义与现实,2002 (1):20 – 32.

[18] 约瑟夫·E. 斯蒂格利茨. 全球化及其不满 [M]. 李杨,章添香,译. 北京:机械工业出版社,2004.

[19] 约瑟夫·奈. 软实力:权力,从硬实力到软实力 [M]. 马娟娟,译. 上海:中信出版社,2013.

[20] 张康之. 论集体行动中的价值、规则与规范 [J]. 天津行政学院学报,2014,16 (4):3 – 11,2.

[21] 张宇燕. 全球治理的中国视角 [J]. 世界经济与政治,2016 (9):4 – 9.

[22] Beeson M, Bell S. The G-20 and international economic governance: hegemony, collectivism, or both? [J]. Global Governance: A Review of Multilateralism and International Organizations, 2009, 15 (1): 67 – 86.

国际货币金字塔：中国的位置及行动策略*

汤凌霄**

摘　要　本文从微观的主权货币国际化视角来考察当前国际货币体系的结构、表现形式及其演变规律，根据 2000~2019 年货币国际化三大指标测度，可以归纳出国际货币体系具有多层次的金字塔形状、单一货币国际化程度变动缓慢以及整个国际货币体系结构稳定的特征。进一步分析金字塔成员国权利义务及成本收益关系，发现金字塔两端具有极端非对称性：中心国主导全球货币政策、享受"超级特权"收益、能够避免发生货币或债务危机且有能力转嫁危机并选择性履行国际最后贷款人功能，而边缘外围国（或地区）则被动承受中心国货币政策的外溢效应、承担"原罪"成本、不时爆发货币或债务危机并产生救助需求。中国处于第三层次的货币地位使之具有"超越原罪"的中间外围国货币性质。据此，我们应制定适应国内大循环为主体的战略转型、守住不发生系统性金融风险底线，实现贸易与金融双轮联合驱动战略以积极推动人民币国际化进程，稳定中国现有外汇储备规模并提升人民币在全球外汇储备中的比重等行动策略。

关键词　国际货币金字塔　国际货币体系　货币霸权　原罪

　　国际金融治理的核心问题是国际货币体系。人们通常从宏观视角、制度层面来考察国际货币体系，认为它是关于国际本位货币的确定、统一的汇率安排以及有效约束各国相关行为的制度或机制，如国际金本位制、布雷顿森林体系和牙买加体系等。实际上，我们认为，还有一种微观视角，即从单个国家的货币国际化角度考察自下而上、自然形成的国际货币体系。国际货币体系的主要特征是缺乏一个拥有发行世界货币权力的世界中央银行，而黄金从 20 世纪 70 年代起便已非货币化，IMF 的普通提款权是各国自行缴纳且在危机时无须政策条件即可直接动用、仍由黄金和可兑换主权货币构成，特别提款权本质上是借款权而非货币且仅适用于官方和国际组织，因此，现实世界中最强的一个或多个国家的主权货币便自然成为世界货币的基础性力量。之前是英镑占

---

* 本文原载于《湖南师范大学社会科学学报》2021 年第 1 期。
** 作者简介：汤凌霄，湖南师范大学商学院教授，湖南省"芙蓉学者"特聘教授。

据主导地位,后来是美元为主导,再后来国际货币成员中出现日元、欧元等,新近又涌现出人民币等更多新兴国家和地区货币。本文尝试从微观的主权货币国际化视角来考察当前国际货币体系的结构、表现形式及其演变规律,研究这些国际化的主权货币具有何种权利义务从而实现何种成本收益,该体系是否运行稳健和救助体系是否完善,以及中国在该体系所具有的"超越原罪"地位、特征及其行动策略等问题。

一、国际货币金字塔的结构特征

明斯基曾说,每个人都可以创造货币,但问题在于它是否会被接纳。[①] 这个道理适用于国内货币,亦适用于国际货币。对国际货币的需求即对货币的国际记账单位、交易媒介和贮藏手段三大功能的需求,故一国货币国际化程度可用这三大功能的代理指标来衡量。贮藏功能的代理指标为外汇储备占比,即各国央行持有某种货币资产作为外汇储备的金额占全球外汇储备总额的比重;记账单位功能的代理指标为国际债券与票据份额,即以某种货币作为计价单位发行的国际债券或票据存量占全球国际债券与票据总存量的比重;交易媒介功能的代理指标为外汇交易份额,即一国货币与其他货币交易量占外汇市场交易总量之比。以此测度各国(或地区)货币国际化程度如表1所示。

表1　　　　　　　各国(或地区)货币国际化程度　　　　　单位:%

	项目	国际化程度		项目	国际化程度
外汇储备	美元	60.89	国际债券	美元	46.58
	欧元	20.54		欧元	37.96
	日元	5.70		英镑	8.30
	英镑	4.62		日元	1.79
	人民币	1.96		澳元	1.03
	加元	1.88		瑞士法郎	0.75
	澳元	1.69		加元	0.56
	瑞士法郎	0.15		瑞典克朗	0.46

---

① 兰德尔·雷:《现代货币理论——主权货币体系的宏观经济学》,张慧玉、王佳楠、马爽译,中信出版集团2019年版,第160~168页。

续表

项目		国际化程度	项目		国际化程度
国际债券	港币	0.45	外汇交易	澳元	6.77
	人民币	0.38		加元	5.03
	挪威克朗	0.29		瑞士法郎	4.96
	新加坡元	0.16		人民币	4.32
	墨西哥比索	0.15		港币	3.53
	新西兰元	0.13		新西兰元	2.07
	土耳其里拉	0.10		瑞典克朗	2.03
	巴西雷亚尔	0.08		韩元	2.00
	印度卢比	0.07		新加坡元	1.81
	俄罗斯卢布	0.06		挪威克朗	1.80
	印尼盾	0.06		墨西哥元	1.72
	波兰元	0.05		印度卢比	1.72
外汇交易	美元	88.30		俄罗斯卢布	1.09
	欧元	32.28		南非兰特	1.09
	日元	16.81		土耳其里拉	1.08
	英镑	12.79		巴西雷亚尔	1.07

注：表内各数据截至2019年底。
资料来源：IMF、BIS、SWIFT网站。

综合分析货币国际化程度的测度结果，并结合危机时期运行状况来考察，发现它具有多层次的金字塔形状、单一货币国际化程度变动缓慢以及整个国际货币体系结构稳定的特征。

（一）呈现多层次的金字塔形状

考察国际货币体系，不仅要考察"平静"时期的运行状况，还须考察危机时期的运行状况，而危机时期运行的关键在于是否覆盖于C6构筑的全球金融安全网内。根据以上两方面状况本文将国际货币体系划分为四个层次：第一是处于中心国地位的美元，不论是充当价值贮藏、记账单位还是交易媒介功能，均远超其他货币而地位超然。第二层次是C6中除美元之外的其他5种货币，即欧元、瑞士法郎、英镑、加元和日元，该层次中欧元居于领先地位，它们不但货币国际化程度较高，更为重要的是即便遭遇美元等国际货币短缺，也能通过C6央行货币互换而得到所需的国际货币，从而能够避免货币或债务危机的发生及其造成的损失。本文称发行这5种货币的国家或地区为"核心外围国（或地区）"。第三层次包括人民币、澳元、瑞典克朗、港元、新西兰元、韩元、挪威克朗、新加坡元等8种货币。它们均为外汇储备占比0.15%以上，或国际债券与票据份额排名前12位或外汇交易份额2%以上，相应地，称这些货币发行国（或地区）为"中间外围国（或地区）"。其余为第四层次货币，其发行国称为"边缘外围国"（详见图1）。总体而言，第一层次仅一个国家一种货币，国际货币规模却占据半壁江山；层次愈低，国际货币规模愈小，但涉及的国家（或地区）和币种愈多，国际货币体系呈现典型的金字塔形状。

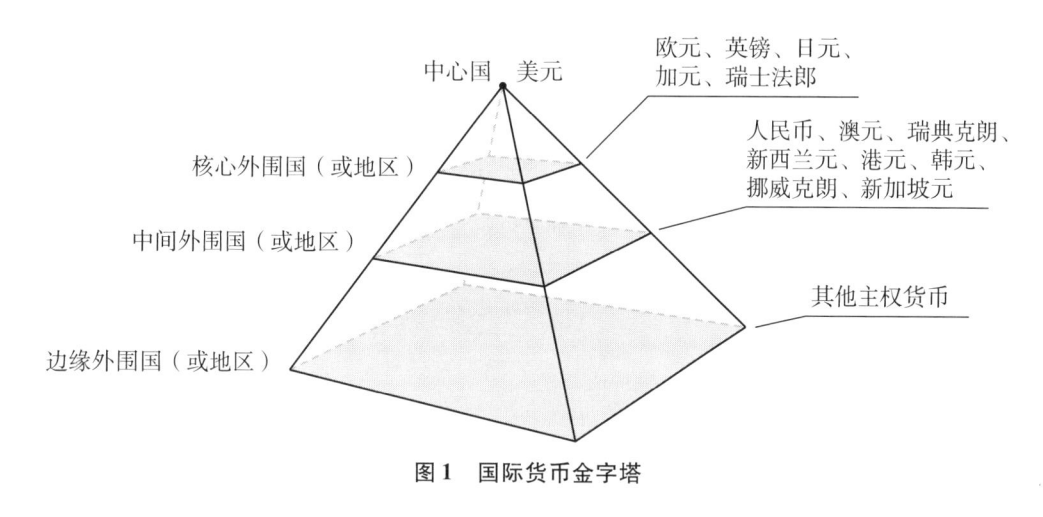

图1 国际货币金字塔

（金字塔图示：
- 中心国：美元
- 核心外围国（或地区）：欧元、英镑、日元、加元、瑞士法郎
- 中间外围国（或地区）：人民币、澳元、瑞典克朗、新西兰元、港元、韩元、挪威克朗、新加坡元
- 边缘外围国（或地区）：其他主权货币）

（二）单一货币国际化程度变动缓慢

单一货币国际化程度总体变动缓慢，美元始终居于金字塔顶端。（1）从货币的贮藏职能看，2000~2019年间美元在全球外汇储备中占比从2000年的71.13%逐渐小幅降至2019年的60.89%。欧元先后围绕20%上下波动最后基本稳定在20%。其他货币变动均未超过5%，如日元从2000年外汇储备占比6.06%逐步降至2009年的2.9%再逐步升至2019年的5.7%；英镑从2000年的2.75%升至2007年的4.82%再降至2014年的3.7%，最后升至2019年的4.62%；加元、澳元及人民币近年则呈现出轻微增长态势。详情见图2。（2）从货币记账单位职能看，美元计价债券及票据占比从1990年的45.34%降至1995年的39.66%、再增至2001年的48.23%，随后受到欧元冲击降至2009年的29.83%，最后升至2019年的46.58%，与1990年的占比持平；英镑则从1990年的5.33%升至2009年的10.42%，而后降至2019年的8.3%。详情见图3。（3）从货币的交易媒介职能看，美元外汇交易中的占比基本稳定在85%左右。欧元、英镑占比略微下降，欧元从2010年的39%降至2019年的32%；英镑从2004年的16%降至2019年的13%。澳元、加元、人民币则呈现小幅上升趋势。详情见图4。

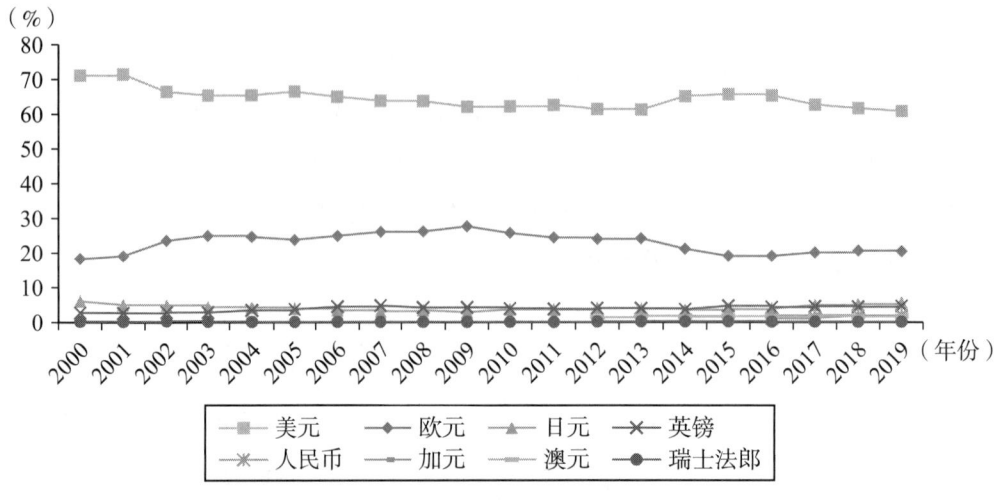

图 2 外汇储备占比变化趋势

资料来源：IMF 网站。

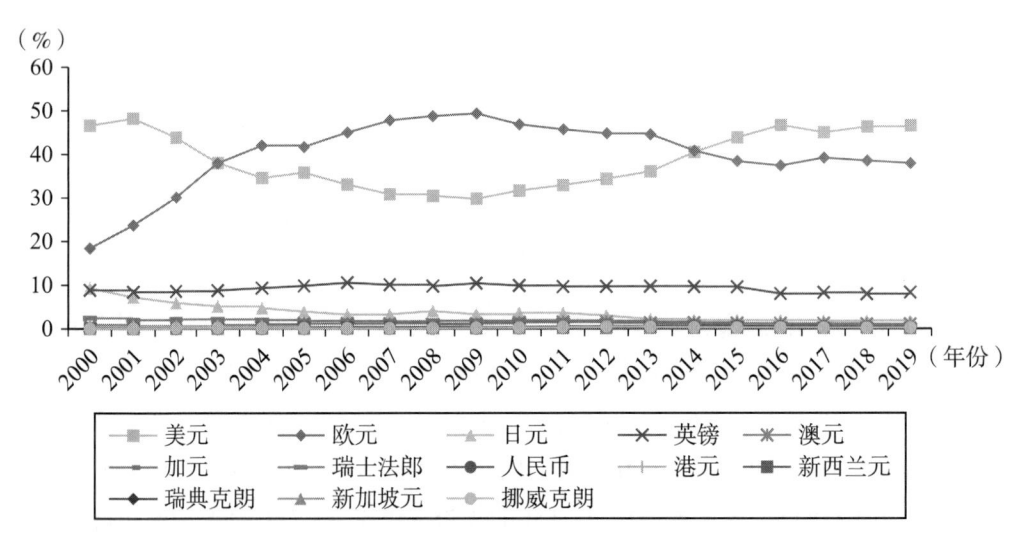

图 3 国际债券及票据占比变化趋势

资料来源：BIS 网站。

总体而言，除 2014 年之前国际债券及票据占比因欧元诞生而部分替代美元外，其他指标均变动平稳。国际储备理论认为，影响央行决定持有特定国家货币作为国际储备的几个因素如下：一是包括基础研究、科技实力在内的一国经济实力越强大，如在全世界产出和贸易中占比越高，其货币越可能被其他国家选定为锚货币；二是一国宏观管理能力越强，宏观经济、政治以及币值越稳定，其货币越适宜于充当国际价值储藏手段；三是一国拥有高度发达的金融市场，资本自由流动程度高，市场规模巨大且货币性金融资产具有高度流动性；四是一国货币使用具有网络外部性。由于充当交易媒介和计价货币是成为国际储备的基础，因此，这些因素也成为国际计价货币和交易货币的影响因素。而这些影响因素变动非常缓慢，尤其在国与国之间的相对变动缓慢，因而导致单一货币国际化程度变动缓慢。这也是美国历经布雷顿森林体系崩溃、次贷危机、本轮新冠肺炎疫情等数次巨大冲击，美国对外贸易和投资的国际占比显著下降，美元却仍然雄居金字塔顶端的根本原因之所在，即货币国际化是以上因素综合作用的结果。

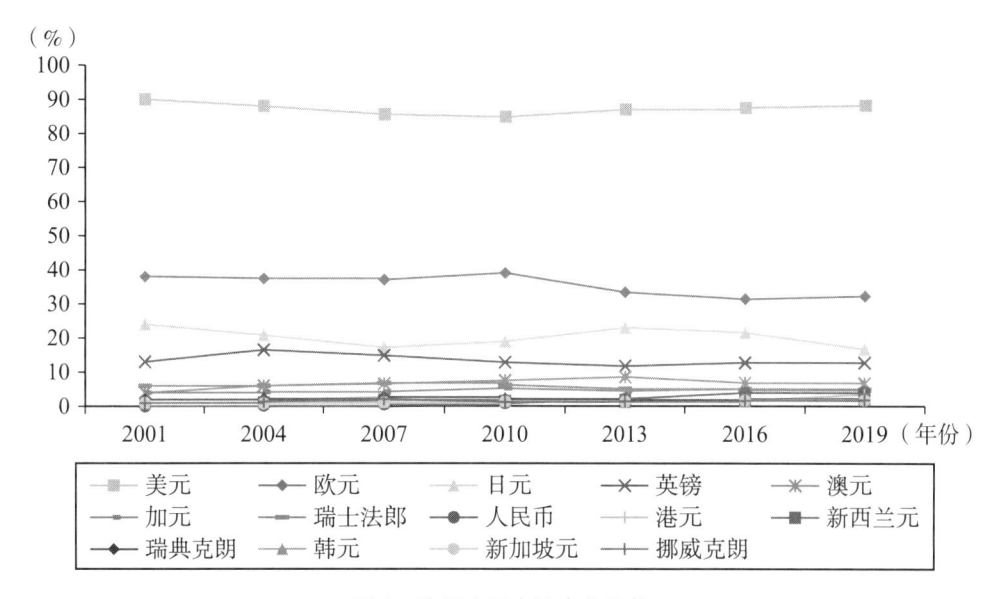

图4 外汇交易占比变化趋势

资料来源：BIS网站。

（三）整个国际货币体系内在结构稳定

蒙代尔的国际货币体系理论认为，布雷顿森林体系下中心国美国将美元与黄金挂钩，美国便成为黄金余额买卖者，由于美国不能制造黄金，因此，它的黄金储备构成美国的约束条件。外围国将其货币与美元固定，外围国家则成为美元余额买卖者，由于外围国不能创造美元，故其储备资产（美元与黄金）构成外围国约束条件。美国根据其黄金储备余额是否过度来决定货币扩张或收紧；而外围国则根据美国货币政策是否造成其通胀或通缩来决定对美国的黄金买卖，此时，外围国储备资产总量不变，但世界总储备资产的变动，将迫使美国改变货币政策。然而，由于外围国和中心国被捆绑在同一体系上，外围国控制美国国际收支构成的能力将大打折扣，同理，美国货币政策也不能过分损害外围国利益，双方须仔细协调各自货币财政政策，以维持其内外部均衡。因此，罗伯特·蒙代尔（Robert Mundell）认为布雷顿森林体系的稳定与否取决于各国央行对货币政策的小心调控和相互协调。① 特里芬进一步预言该体系必然崩溃，因为外围国必须依靠美国国际收支持续逆差来增加其国际清偿能力，这将动摇美元最主要国际储备资产的地位；若美国要维持国际收支平衡以稳定美元，则外围国会因国际清偿能力不足而影响国际贸易与经济增长，而国际清偿力的需求不可能长期依赖国际货币的逆差输出来满足。② 实际上，黄金供给一定的情况下正是美元与黄金挂钩的制度安排束缚着美元满足不断增长的世界贸易和投资的能力，引起美元在以固定比价兑换黄金与稳定世界物价水平上的两难，从而导致该体系具有内在不稳定性。

20世纪70年代布雷顿森林体系崩溃，取而代之的是沿用至今的牙买加体系，其中关键性制度变化是美国取消了美元兑换黄金的承诺。只要美国相对于其他国家具有经济实力、宏观管理能力、金融市场、网络外部性等综合性优势，它便居于金字塔顶端，该体系便得以维持运转。理论上，美联储可提供弹性美元以满足世界经济增长需要，维护世界价格水平稳定。但问题在于世界价格水平的稳定完全依赖于美国的自我约束，外围国已失去通过黄金买卖而改变美国货币政策的机制或能力。正是在这个意义上，罗伯特·蒙代尔（2003）指出这是"一个霸权体系，一个罗马帝国式的方案"。

二、非对称性分析：霸权与"原罪"

下面进一步分析各主权国货币在金字塔中的权利义务或成本收益。为简化问题，我们仅分析两端：一端是美元，二战以来，由于美国所具有的强大政治、经济、军事和科技实力，它已成为世界上最大的经济体、最主要的贸易国以及拥有流动性最强的深度金融市场，因此，美元是国际化程度最高的货币；另一端是国际化程度最低的边缘外围国（或地区）货币，随着各国逐步放开金融规制和资本账户管制，发展中国家积极参与金融全球化的进程，其货币构成国际货币金字塔的底层。其余层次货币的权利义务或成本收益介于两者之间。

---

① 罗伯特·蒙代尔：《蒙代尔经济学文集 第六卷 国际货币：过去、现在和未来》，向松祚译，中国金融出版社2003年版，第140~150页。

② 裴平：《国际金融学》，南京大学出版社2013年版，第255~256页。

（一）美元享有超级特权，居于经常账户与财政双赤字可持续的霸主地位

美元的塔顶地位或属性，使得美国政府、企业和家庭在做出消费和投资决策时无须兑换成他国货币，故其资产负债或收支不会产生货币错配，因而能够避免汇率风险的困扰。由此美国享有两大"超级特权"：

（1）美国并非依靠借债而仅凭发行美元便能支付过度进口，换取别国的实际资源或产品。问题的关键还在于，美联储理论上可以无限发行美元，这一性质使得美国经常账户赤字可持续。只要别国对美元资产有需求，同时美国对别国出口品有需求，这一赤字便可持续下去。而由于美元居于塔顶的"在位优势"，成为全球资金的"避风港"，别国对美元资产需求旺盛，这一旺盛的需求在危机时期表现得尤为显著。如此一来，只要美国对别国出口的廉价商品和资源有需求，则美国经常账户赤字便可持续化。20 世纪 60 ~ 70 年代，美国曾经采取一系列旨在降低经常账户赤字的措施，比如要求国防部"购买美国货"、将对外援助与购买美国商品进行捆绑、对国外利息收入课税、对美国公司施压以使其尽量减少海外投资等，但结果是这些措施不但无助于缓解美国经常账户赤字，反而扰乱国际市场，妨碍其他国家企图获取外汇储备的行动，最终不利于国际贸易发展和世界经济增长。

汇率理论认为，经常账户赤字往往会导致汇率贬值。但对美国而言，对美元的强大信心而产生的旺盛需求将阻止美元贬值，即便贬值也是短暂、轻微的贬值，"因为市场完全相信它"[1]，而轻微贬值对经济造成的往往是正面影响，不仅能够促进出口，还有一点经常被忽略，即能收获美国庞大对外投资的美元价值增值[2]。更进一步，尽管布雷顿森林体系时期以来美国对汇率奉行"善意忽视"原则，并不干预外汇市场，但它偶尔通过其他方式比如逼迫日元、人民币升值来影响汇率。本质上，由于利率是汇率的重要决定因素，因此，汇率由美国货币政策决定。这一特征使得美国能够避免货币危机的产生。

（2）债务利息以美元支付使得美国财政赤字可持续。现代货币理论认为，无限发行美元的能力使美国政府债务无违约之虞[3]。根据政府预算约束理论构建的理论模型或实证模型通常是将利率和经济增长率进行比较以决定政府债务是否具有可持续性

---

[1] 保罗·克鲁格曼：《萧条经济学的回归》，朱文晖、王玉清译，中国人民大学出版社 1999 年版，第 151 ~ 158 页。
[2] 如 2007 年美元在外汇市场贬值约 8%，这一贬值使得美国的对外头寸增加了近 4500 亿美元（艾肯格林，2019）。
[3] 兰德尔·雷：《现代货币理论——主权货币体系的宏观经济学》，张慧玉、王佳楠、马爽译，中信出版集团 2019 年版，第 160 ~ 168 页。

(Burger，2005；Simon，2010；Csaba，2011）。而尽管美国是全球最大债务国，但利率是一个政策变量，美联储通过货币政策工具的组合运用能使其一直朝着压低利率的方向变动，低利率能有效降低负债率，尤其是当利率低于经济增长率时，债务的不断累积反而能够逐渐削减债务负担，这一特征使得美国政府即便出现巨额财政赤字也能有效避免债务危机的发生。

（二）边缘外围国负有"原罪"，处于债务与货币危机不时爆发的脆弱地位

与美元超级特权相对应的是边缘外围国（一般也是发展中国家）肩负着"原罪"。"原罪"一词源于《圣经》，原意指从祖先那里承继下来的、无法洗脱的罪。原罪论者借用这一概念意指本国公司或政府不能以本国货币从国外借款的现象（Eichengreen et al.，2003）。从国际收支平衡角度分析，假设一个边缘外围国的外汇储备为零，当其进口大于出口时，它不得不借入外债以完成支付。一方面，由于经常账户赤字将导致汇率产生贬值趋势，而且赤字规模越大，汇率贬值势能越强。汇率超调理论和危机自我实现理论显示，汇率在投机者羊群效应下通常出现超调，危机呈现出一种自我实现的过程或性质，"市场上有一种同样起作用的双重标准……对发展中国家来说，没有小幅贬值"，因发展中国家的通胀历史、金融经济脆弱性以及危机处置工具和手段的局限性而产生的"原罪"使其汇率一旦下跌便"跌跌不休"，直至爆发货币危机，如东南亚金融危机、阿根廷金融危机、巴西金融危机等。此时心理因素重要到哪怕是投资者对发展中国家身份的偏见便可引爆危机。[1] 同时，本币贬值也将加剧外债负担。另一方面，随着边缘外围国政府（也包括银行或企业）借入外债规模增大，还本付息压力加重，市场风险增大，投资者对其偿债能力的忧虑与日俱增，而这些因素将直接促使利率上升，利率上升将进一步加重债务负担。此外，利率飙升也往往被当作捍卫汇率的主要措施之一，利率与汇率交互作用，引起债务危机和货币危机，最终与银行危机、股市危机一道构成边缘外围国金融经济危机的全景式爆发。

（三）美元与边缘外围国（或地区）货币在金字塔中的非对称性地位

如前所述，美元霸权与边缘外围国（或地区）原罪构成金字塔的非对称性两极，

---

[1] 兰德尔·雷：《现代货币理论——主权货币体系的宏观经济学》，张慧玉、王佳楠、马爽译，中信出版集团2019年版，第160~168页。

在国际收支调整中具有不平等的权利和义务。这种非对称性主要体现在以下几个方面：

（1）美国主导全球货币政策，而边缘外围国（或地区）则被动承受其外溢效应。严格意义上，全球唯有美国的货币政策尤其是宽松的货币政策能够仅根据本国通货膨胀、失业等宏观经济状况而无须考虑他国经济状况进行自主制定，美联储决定着利率水平和变动幅度进而决定国际资本流动的方向和力度，由此构成外围国的外部金融环境，使之要么如欧盟、英国、日本等选择跟从，要么如中国般保持相对独立，其中薄弱者将不时地陷入金融危机险境。布雷顿森林体系濒临崩溃时，美国单方面撕毁美元兑换黄金的义务，至此，外围国家（或地区）很难对美联储货币政策形成有效制约，只能被动地适应美国货币政策和这一非对称的国际货币体系。

（2）美国享受超级特权所产生的收益，而边缘外围国（或地区）则承担"原罪"所带来的成本。如前所述，美国通过发行美元源源不断地获取其他国家的优质资源、产品或服务以及人力资源，这种印制美元与外国人获得美元之间的成本差异即构成美国的铸币税收益。此外，与"廉价美元"相类似，美国还享有"廉价债券"。美国庞大的债券市场和充裕的流动性，满足了外国央行和投资者对美元安全金融资产的巨大需求，而外国对美国债券的巨大需求是造成格林斯潘之"谜"的主要或全部原因①，如沃诺克（Warnock，2009）的研究表明，外国人增持美国国库券的行为导致其收益率下跌90个基点。而美国国债利率的降低进一步压低抵押贷款等其他利率，使美国享受低融资成本的收益。相反，为防范因负有"原罪"、借外债而导致的金融危机，东亚新兴经济体等外围国（或地区）纷纷采取保持充足外汇储备、维持竞争性汇率水平和经常账户顺差的政策组合（Coulibaly and Millar，2008）。这一新组合在增强外围国（或地区）金融稳定性的同时，也产生两类不容忽视的成本：一是因放弃国内高收益投资转而持有国外低收益资产所产生的外汇储备成本，以两者收益差额来衡量；二是危机成本，包括危机本身造成的损失以及为预防危机和处置危机而花费的相应成本。随着金融日益国际化，国际资本流动规模远远超过国际贸易规模，这导致汇率的决定性力量从经常账户因素转向资本与金融账户因素，因此，经常账户盈余已不足以保障汇率不贬值，而由美国货币政策松紧引起的国际资本大幅涌入和流入骤停造成汇率急剧波动而导致的危机损失概率增大。即新组合仍然不能避免外围国发生危机损失，改变的仅是危机形成的原因。

（3）美国可能爆发内源性危机并有能力向外转嫁危机，而边缘外围国（或地区）

---

① 巴里·艾肯格林：《嚣张的特权——美元国际化之路及对中国的启示》，陈召强译，中信出版集团2019年版，第160页。

难以避免货币或债务危机且由于具有内在脆弱性而更易引发全面金融经济危机。如前所述,美国实行自主的货币政策,既无须考虑外围国的货币经济状况,也不为其汇率政策所绑架,对美元汇率变化选择"善意"忽视而从不直接干预外汇市场,但它能够使汇率、利率朝着有利于美国的方向变化,从而使美国经常账户赤字和财政赤字可持续增长。因此,该体系不能确保美国不会由于过度投机和宏观经济政策失误而爆发内源性危机,但是,它有能力向外转嫁危机而不同时发生货币或债务危机,原因在于它的塔顶地位和"避风港"作用及对美元充当国际货币的强大需求。相反,由于市场的双重标准,外围国(或地区)尤其是边缘外围国的汇率可能超调,这既会对经常账户赤字形成严重制约,也会对资本大量流出进而对政府财政赤字、对利率下行构成强约束,从而使其经常账户赤字、财政赤字不可持续,不时爆发货币或债务危机,而且,具有内在脆弱性外围国的外部危机会进一步引爆边缘外围国的全面经济危机。

(4)美国选择性履行国际最后贷款人功能,而边缘外围国则产生巨大的救助需求。外围国一旦出现危机,目前救助主要来源是美联储以及美国拥有一票否决权的IMF。其中,IMF资源有限、贷款条件苛刻烦琐以及行动迟缓制约着救助的有效性,也有观点认为被救助的往往是债权人而非危机国(汤凌霄,2018)。而美联储则往往救助与之金融系统联系密切而影响其金融稳定的国家(Morelli et al.,2015)。这种选择性救助是它在国家私利与救助公益之间进行平衡的结果,也是美国国家霸权的一种顺延和体现。外围国在得到中心国救助的同时,其经济发展与国家主权某种程度上必然会受到中心国的制约而成为其经济与货币附庸。

总之,金字塔中越是底层越缺乏货币政策独立性、付出成本越高、货币或债务危机发生概率越大,从而对危机救助的需求也越大;反之,从底层越往金字塔的顶端攀升,货币政策独立性增强、所获收益增大、货币或债务危机发生概率减小、向外转嫁危机能力增强从而对危机救助的需求减少而救助供给上升。

三、中国具有"超越原罪"的中间外围国货币性质

如前所述,中国介于中心国与核心外围国(或地区)、边缘外围国(或地区)之间,处于金字塔第三层次的位置。这一地位决定着中国货币具有独特的"超越原罪"的中间外围国货币性质。

第一,中国货币政策受到美国的影响,但随着货币国际化的推进将保持更大独立性并产生外溢效应。改革开放以来,我国长期实行出口导向发展战略,而有利于进出

口贸易成本及利润核算的汇率稳定就成为保障这一战略实施的重要举措,因此,此阶段尤其是东南亚金融危机期间我国货币政策实际上被汇率政策所绑架,从而被美国货币政策所左右。随着时间推移这一制度安排的副作用日益显现。如 21 世纪初,为防止国际收支双顺差对人民币造成的升值压力,我国不断干预外汇市场而快速累积外汇储备,而为抵销这对货币供给造成的扩张性影响又采取冲销措施,从而导致冲销成本不断上升最终引起通货膨胀。目前,新冠肺炎疫情冲击下美联储推出零利率无限量化宽松货币政策,而作为全球率先复苏、被 IMF 预测很可能成为 2020 年唯一一个经济正增长的 G20 国家,中国没有必要跟从美国货币政策,而是实行正常的货币政策、保留充足的利率下调空间和政策工具以应对极端不确定的经济前景。基于两国 DSGE 模型的实证结果表明,美国货币政策调整对中国经济和金融变量产生显著、强大的溢出效应,其影响程度甚至大于它对美国自身经济变量的影响,但中国已不再仅是美国货币政策外溢效应的简单接受者,它也对美国经济金融变量产生一定的溢出效应,尽管中美货币政策双向溢出效应存在明显的非对称性(杨子荣等,2018);涂永红等(2015)运用向量自回归 VAR 模型研究人民币国际化战略实施后的中国货币政策对东盟国家经济的影响,结果表明中国货币政策对东盟国家的货币数量、进出口贸易和产值增长产生了较大影响。

第二,中国在现行国际货币体系运行中付出的成本较高而收益较少。不同于中国实体经济以发展中国家身份、因后发优势和比较优势获得巨大全球化红利,也不同于国际化程度最高的美国享受"廉价美元""廉价债券"所产生的巨大铸币税和低融资成本优势,中国得自国际货币体系的收益较少,究其原因主要是人民币国际化处于起步阶段,尽管增速快但发展程度总体偏低。而国际化程度偏低可能归因于以下因素:一是单边主义、保护主义抬头,贸易摩擦加剧,全球贸易增速低于经济增长,直接投资连续多年萎缩,导致我国对外贸易和投资增速放缓;二是美国财政部宣布我国为汇率操纵国,对我国政府甚至企业频繁打压,这对人民币国际化造成较大干扰;三是美元、欧元等主要货币已具有强大的网络外部性,挤压人民币生存空间;四是跨境人民币结算等基础设施尚不完善,离岸人民币市场发展欠深入,境外人民币缺乏保值增值渠道,人民币回流渠道不够顺畅,尚缺乏与金融开放相匹配的风险评估与处置等金融监管能力等。这些国内外因素导致外国央行及国际投资者对人民币及其相关资产需求仍然较小,从而阻碍了人民币国际化进程,进而减少源自货币国际化的铸币税收益和低融资成本优势。此外,起步阶段往往需要通过让利来引导对人民币及相关资产的需求,这会进一步降低人民币国际化收益。

另外,中国自 2006 年以来连续 15 年外汇储备稳居全球第一,由此导致因放弃国内高收益投资转而持有国外低收益资产而造成的外汇储备成本最高。截至2019年末外汇储备余额为31079.24亿美元,约占全球外汇储备总量的26.2%,远超全球第二、规模为1.3万亿美元、全球占比达11%的日本。中国外汇储备2006~2015年十年平均收益率为3.55%,尽管在全球外汇储备管理机构中业绩良好(外管局,2019),但远低于同期我国国内平均投资收益率。张斌、王勋(2012)进一步区分外汇储备的真实收益率和名义收益率,指出美联储宽松货币政策会提高中国外汇储备名义收益率,但降低真实收益率。这些均表明我国长期以来付出了比其他国家高得多的外汇储备成本。

第三,中国当前已"超越原罪"、爆发债务或货币危机的概率小但尚不具备向外转嫁危机的能力。首先,分析债务危机发生概率。从外债币种结构看,截至2019年末,我国本币外债余额为7279亿美元,占外债总额20573亿美元的35%,表明某种程度上我国已摆脱发展中国家通常不能以本币借债的原罪;外币外债余额13294亿美元,占比65%,其中美元、欧元、港元债务占比分别为83%、8%、5%。从外债期限结构看,中长期外债余额为8520亿美元,占比41%;短期外债余额为12053亿美元,占比59%。从外债机构部门看,政府外债余额①为3072亿美元,占比15%;银行外债余额为9180亿美元,占比45%;其他部门②外债余额为8321亿美元,占比40%。尤为重要的是,债务风险指标——外债负债率、债务率、偿债率、短期外债与外汇储备的比例我国分别为14.3%、77.8%、6.7%、38.8%(外管局,2019),分别低于甚至远低于国际公认的安全线20%、100%、20%、100%,表明我国现阶段债务危机发生概率小。

其次,分析我国货币危机发生概率。一是我国长期拥有全球第一的外汇储备、人民币已加入SDRs而成为合法的官方储备货币,为防止对人民币的投机、保持对人民币的信心提供了坚实基础和屏障。二是从汇率实际运行角度看,国际清算银行(BIS)数据显示,2019年人民币对"一篮子"货币基本稳定,名义有效汇率累计贬值1.5%,扣除通货膨胀因素的实际有效汇率累计升值1.1%。尤其在新冠肺炎疫情冲击下,人民币波动性甚至远低于美元、欧元等主要货币。三是从汇率决定因素来看,根据购买力平价理论、资产市场和货币供求等汇率决定理论,汇率决定因素主要包括经济基本面、货币政策、国民收入等因素。我国疫情快速得到控制,居民消费与产业结构转型升级,2019年对外贸易逆势增长3.4%、GDP增长6.1%,这一良好经济基本面彰显出我国经济具有较强韧性;我国央行实行相对稳健的正常货币政策,与欧美等40多家央行实行"低利率+量化宽松"政策形成鲜明对比,这使得人民币金融资产避险性能、利差优势

---

① 其中,广义政府外债余额为2709亿美元,占比13%,央行外债余额为363亿美元,占比2%。
② 包含直接投资、公司间贷款。

明显；金融业细化领域开放提速、资本市场加速与国际接轨也打消了境外投资者对资本跨境兑换受限的忧虑；便利人民币交易的跨境基础设施也逐渐完善，等等。这些因素使得国际投资者对人民币及相关资产的需求稳定增长（尽管比对主要国际货币的需求偏低），从而导致人民币汇率波动相对平稳，这也意味着现阶段我国发生货币危机概率较低。但我们仍然要清醒地认识到，对未来汇率相对稳定的判断是建立在宏观经济稳定、经济持续增长等良好经济基本面上，对人民币及相关资产的需求建立在人民币稳定甚至小幅升值以及人民币债券资产高收益基础上。一旦发生内部危机，这些基础将不复存在，必然导致人民币的信心危机、资本外逃和汇率暴跌，将迫使央行采取大幅提高利率或大量流失外汇储备以保卫人民币的行动，可能进一步引起债务危机、银行危机和股市危机。我国尚不具备像美国那样的货币地位，即便美国是全球危机的发源地或肇事者，也仍然成为全球资金的避风港，这种货币地位保证了美国具有对外转嫁危机的能力。我国现有的货币地位决定了一旦发生内源性危机，货币或债务危机发生概率便大幅增加。

第四，中国现阶段尚未覆盖于 C6 货币互换网络而主要覆盖于自身构筑的金融安全网中。欧洲央行救助能力主要囿于该地区，而全球性救助主要源于美联储和 IMF。其中，不同于一般意义上的贷款，美联储是否救助并不取决于建立在一国未来持续经济发展前景基础上的救助资金的可偿还性，而取决于美国国家利益最大化的全面成本收益权衡。倘若中国需要美国救助，国家间的金融传染因素和霸权国风险因素可能是美国是否救助的决定性因素。尽管我国与美国存在一定的金融联系，但随着中美贸易摩擦的加剧，美国视我国为战略竞争对手，它可能宁愿承担危机传染而造成的额外损失，也不愿提供救助以损害其长远战略利益。而 IMF 资源有限性可能难以满足我国庞大经济规模对救助资金的巨额需求，IMF 贷款条件苛刻、行动迟缓以及美国的一票否决权也将影响我国 IMF 救助资金的可得性。因此，现阶段我国主要依靠自身所拥有的巨额外汇储备来维护金融开放大背景下的国家金融安全与稳定。

四、提升中国在国际货币金字塔中地位的行动策略

如前所述，我国位列不平等、非对称国际货币金字塔的第三层次，具有"超越原罪"的中间外围国货币性质。在美元等主要货币具有"在位优势"或网络效应并不断阻碍我国货币国际化进程的前提下，如何实现我国人民币国际货币地位的攀升、获得与我国经济和贸易规模或地位相匹配的货币地位呢？

（一）适应国内大循环为主体的战略转型，守住不发生系统性金融风险底线

如前所述，当前我国发生外部危机的概率小，但一旦发生内源性危机，爆发货币或债务危机的概率将大幅增加。因此，需要重点关注国内系统性风险因素：一是战略转移凸显社会经济风险。当前全球经济低迷，"逆全球化"卷土重来，面对如此"国际政治经济形势百年未有之巨变"，我国政府主动选择将出口导向战略转向"以国内大循环为主体、国内国际双循环相互促进"的内需主导与开放型贸易平衡发展战略。这一战略转型需要降低外贸依存度、提高消费率以扩大内需，将降低经济增速甚至牺牲一定的经济效率，而这又将凸显或激化产能与供给的相对过剩、上游核心技术受制于人、收入分配不公等经济社会矛盾。二是为遏制衰退采取扩展性经济政策增加金融风险。百年不遇的特大疫情使经济面临许多不确定性因素，为遏制实体经济活动急剧收缩，我国采取扩张性财政货币政策。在资金面宽松的背景下，企业、居民、政府都可能增加债务，预计部门杠杆率和总体杠杆率都将上升，信用较差的企业和居民可能借优惠政策恶意逃废债，金融机构坏账可能大幅增加，结构复杂的高风险影子银行也可能卷土重来。此外，利率下行预期强化后，可能助长杠杆交易和投机行为，从而催生金融资产泡沫；一些地方房地产价格开始反弹，也可能滋生新一轮房地产金融泡沫。三是欧美等国贸易保护主义和无限量化宽松政策对我国造成贸易萎缩、输入型通胀、汇率波动等冲击。美国对外转嫁矛盾，导致民粹主义、贸易保护主义盛行，"退群""脱钩""断链"增多，并对我国采取公开打压和遏制战略，这些做法不但使我国产业升级以及贸易和投资秩序受到很大冲击，也干扰了全球经济复苏和金融稳定。同时，美国等少数发达国家实行无限量化宽松政策，对包括我国在内的新兴经济体可能造成输入性通胀、外币资产缩水、汇率和资本市场震荡等负面影响，侵蚀着全球金融稳定的基础，使世界经济再次徘徊在危机边缘。

鉴于此，我们应该采取以下措施：一是秉承金融服务于实体经济的宗旨，着眼于疫情冲击下断裂的产业链、资金链的修复，尤其重视为中小微企业提供融资服务和风险管理服务，促进形成以国内大循环为主体、国内国际双循环相互作用的良性发展格局。二是采取更审慎的金融监管措施，一方面，针对不同类型机构风险精准施策，完善财务会计制度，增加拨备计提和资本补充，加大不良资产处置力度，建立高效问题机构风险处置机制和健全存款保险制度；另一方面，重点防范影子银行风险，持续收缩委托贷款、信托贷款和各类交叉金融投资产品等存量规模，并规范交叉金融产品，

使公募与私募产品、表内与表外业务、委托与自营业务、储蓄与投资产品的界限清晰、风险隔离，从源头上控制影子银行风险。三是采取综合性政策工具应对美联储货币政策的外溢效应，实行"资本流动的宏观审慎监管与危机时期使用资本管制＋汇率适度弹性＋货币政策相对独立性与国际协调"政策框架，使之成为缓解和吸收外部冲击的有效屏障。

（二）积极推动人民币国际化进程，实现贸易与金融双轮联合驱动战略

当前人民币国际化面临的主要问题是人民币跨境使用中经常项目使用占比较低，人民币国际支付比例较低，人民币在海外市场可获得性不高，境外机构持有人民币股票和债券比例较低。究其原因，主要是贸易结算推动力量减弱。在国际交易活动中，贸易结算规模远远低于金融交易规模，因此，增强人民币的金融交易功能，实现贸易与金融双轮联合驱动战略，对于提升人民币在金字塔中的地位具有重要战略意义。具体措施如下：一是在对外贸易和投资中倡导本币优先原则，精简经常项目和直接投资项下人民币使用管理制度，消除人民币贸易和投资使用便利化的制度性障碍，构建自贸区建设与人民币国际化相互促进机制，积极开展人民币跨境贸易融资和再融资、跨境双向人民币资金池等业务，推进人民币在"一带一路"等对外投资中的使用，为人民币国际化做好产业链铺垫。二是以发展金融市场、扩大金融开放助推人民币国际化。需要培育一批大券商、大银行、大资产管理公司等享誉全球的金融机构，增强它们全球配置人民币资产的能力；同时，由资本市场遴选出一批新兴本土金融科技公司，让它们享受更高估值溢价和便利融资手段，不断丰富人民币资产品种；加速金融业双向开放，RQFII取消额度限制，优化准入条件，重视吸引银行及包括理财公司、养老基金、期货公司在内的非银行外资金融机构，挖掘资本金融项下人民币使用潜力，带动外资积极开展人民币业务，增强人民币金融资产计价和金融资产交易功能。此外，还需大力发展离岸人民币市场，为贸易和直接投资项下流出的人民币提供投融资平台或保值增值渠道，以避免人民币被大量兑换成美元使用。三是在人民币国际化中注入数字货币元素。数字货币"去中心化""去媒介"的特点，尤其是底层区块链技术和分布式记账特征使其能够摆脱国家信用束缚而建立在技术可信基础上，从而天然具有国际化属性。因此，数字货币与主权货币的共生发展是未来国际货币体系的方向（刘珺，2020）。我国法定数字货币的发行，不仅能够重塑国际贸易清算体系、降低货币发行成本、提升货币流通和交易效率，更重要的是有利于打破美元或欧元的网络效应。但是，货币数字化和其他领域的数字化不同，稍有不慎可能引发金融经济动荡。因此，可考

虑在上海设立数字货币运营机构进行试点，识别其中风险因素，在安全、可控的前提下再在全国稳步推进，以形成对人民币国际化的强力支持。

（三）稳定中国现有外汇储备规模，提升人民币在全球外汇储备中的比重

为实现加速对外开放背景下的金融稳定，应维持我国现有外汇储备规模基本不变。理由如下：一是中国不宜像欧美国家一样持有极少的外汇储备。如前所述，取消美元兑换黄金的承诺后，美国具有转嫁危机的能力，基本不会发生外部危机；而核心外围国覆盖在 C6 货币互换构筑的金融安全网络中，即便发生外部危机，也可随时获得外汇储备从而无须持有外汇储备。而中国不同于前两个层次的国家，既未完全摆脱外部危机的困扰，也未覆盖在 C6 金融安全网下，同时考虑到我国加速对外开放条件下巨大的经济规模，因此，我国还需保有巨额外汇储备。二是崛起大国的身份使我国必将遭受长期遏制。这既增加我国金融经济的不确定性从而增加危机发生的概率，也表明不能依赖于守成国的救助。国家崛起与衰落原本是国际政治中一种常态现象，也必然是一个充满挑战与冲突的过程。国际政治学家华尔兹（Waltz）认为，大国崛起往往会打破既有国际关系中权力分配状况，必然遭到现存国际体系中主导大国及其同盟的遏制。[1] 罗伯特·吉尔平（Gilpin）进一步指出，守成大国往往有三种选择，即削弱或摧毁可能的挑战者以消除增加统治成本之因；扩大耗费较少的安全防卫圈；减少国际义务。而新兴大国也有两条路径，即要么拒绝承认现有国际体系结构的合理性而致力于推动现有体系变革；要么承认现有国际体系并在积极参与中不断提升自己的国际势能。[2] 我国选择第二条和平崛起路径，因而在此过程中不可能不遭遇遏制，也不可能不付出代价。在均衡的多极或两极体系下，新兴大国发展环境相对宽松，而在"一超多元"的单极体系下，发展压力更大。因此，未来很长一段时间，我国都将需要立足于自身外汇储备所构筑的金融安全网以实现加速开放条件下的金融稳定。

另外，我国也应积极开展央行货币互换以助推人民币外汇储备全球占比的提升。目前，人民币已成为合法的官方储备货币，它本身即具有国际清偿能力，享有相应的制度性权利，可直接用于 IMF 的份额认缴、出资和还款；也可用于向所有其他国际组织出资以及国家或地区之间的贷款和赠款；其他国家货币当局通过央行货币互换等渠道得到的人民币资产会被 IMF 确认为储备资产。但由于人民币获得储备货币地位的时

---

[1] Waltz Kenneth N., *Theory of International Politics*, Illinois: Waveland Press, 2010, pp. 102 – 129.
[2] Gilpin R. *War and Change in World Politics*, Cambridge: Cambridge University Press, 1981, pp. 211 – 231.

间很短，在全球外汇储备中所占份额不到2%。因此，应深化与其他国家金融市场合作、提高人民币对其他货币直接交易价格形成机制、促进双边本币结算、将人民币清算安排覆盖至更广泛的国家和地区，在此基础上，与境外货币当局签署双边本币互换协议，将直接提升人民币外汇储备的全球占比，从而有助于提升人民币在国际货币金字塔中的地位。

参 考 文 献

［1］巴里·艾肯格林. 嚣张的特权：美元国际化之路及对中国的启示［M］. 陈召强，译. 北京：中信出版集团，2019.

［2］保罗·克鲁格曼. 萧条经济学的回归［M］. 朱文晖，王玉清，译. 北京：中国人民大学出版社，1999.

［3］兰德尔·雷. 现代货币理论：主权货币体系的宏观经济学［M］. 张慧玉，王佳楠，马爽，译. 北京：中信出版集团，2019.

［4］刘珺. 未来国际货币体系是数字货币与主权货币共生的格局［EB/OL］. http://finance.sina.com.cn/money/bank/bank_hydt/2020 - 07 - 25/doc - iivhuipn5032342.shtml，2020.

［5］罗伯特·蒙代尔. 蒙代尔经济学文集：第六卷：国际货币：过去、现在和未来［M］. 向松祚，译. 北京：中国金融出版社，2003.

［6］裴平. 国际金融学［M］. 南京：南京大学出版社，2013.

［7］汤凌霄. 国际最后贷款人研究进展［J］. 经济学动态，2018（11）：120 - 133.

［8］涂永红，荣晨，吴雨微. 人民币国际化战略下中国货币政策溢出效应分析：对东盟宏观经济的影响［J］. 国际货币评论，2015（9）：13 - 27.

［9］杨子荣，徐奇渊，王书朦. 中美大国货币政策双向溢出效应比较研究：基于两国DSGE模型［J］. 国际金融研究，2018，379（11）：14 - 24.

［10］张斌，王勋. 中国外汇储备名义收益率与真实收益率变动的影响因素分析［J］. 中国社会科学，2012（1）：62 - 75.

［11］中国外汇管理局. 2019年中国国际收支报告［R］. 中国外汇管理局，2019.

［12］Burger P. Fiscal Sustainability：The Origin, Development and Nature of an Ongoing 200-Year Old Debate［R］. Working Paper，2005：17.

［13］Coulibaly B, Millar J. The Asian Financial Crisis, Uphill Flow of Capital, and Global Imbalances：Evidence from a Micro Study, Board of Governors of the Federal Reserve System［R］. International Finance Discussion Papers, No. 942, 2008：1 - 39.

［14］Csaba L. The Challenge of Growth［J］. Hungarian Review, 2011, 2（3）：32 - 44.

［15］Eichengreen B, Ricardo H, Ugo P. Currency Mismatches, Debt Intolerance and Original Sin: Why They are not the Same and Why it Matters［R］. NBER Working Paper, No. 10036, 2003: 1 - 62.

［16］Gilpin R. War and Change in World Politics［M］. Cambridge: Cambridge University Press, 1981.

［17］Morelli P, Pittaluga G B, Seghezza E. The Role of the Federal Reserve as an International Lender of Last Resort During the 2007 - 2008 Financial Crisis［J］. International Economics and Economic Policy, 2015, 12（1）: 1 - 14.

［18］Waltz K N. Theory of International Politics［M］. Illinois: Waveland Press, 2010.

［19］Warnock F E, Warnock V C. International Capital Flows and US Interest Rates［J］. Journal of International Money and Finance, 2009, 28（6）: 903 - 919.

［20］Wren-Lewis S. Macroeconomic Policy in Light of the Credit Crunch: The Return of Counter-cyclical Fiscal Policy?［J］. Oxford Review of Economic Policy, 2010, 26（1）: 71 - 86.

"一带一路"倡议提升了中国先进制造业的创新能力吗?

曹虹剑** 赵 雨 李 姣

摘 要 本文将2015年"一带一路"倡议正式实施视为一项准自然实验,实证检验参与这一倡议对中国先进制造业创新能力的影响。基于2011~2017年A股先进制造业上市公司数据的实证研究发现,参与"一带一路"倡议可以显著提升中国先进制造业的创新能力,这一结论通过工具变量法等一系列检验后依然稳健。中介效应检验表明,参与"一带一路"倡议通过两个渠道提升了中国先进制造业创新能力,一是政府补贴,二是对外直接投资;在现阶段,参与"一带一路"倡议的企业主要通过政府补贴来提升创新能力。异质性检验显示,参与"一带一路"倡议能显著提升国有企业和非国有企业的创新能力;对计算机通信和其他电子设备制造业、专用设备制造业、仪器仪表制造业的创新激励效应很显著。

关键词 "一带一路"倡议 先进制造业 创新能力 准自然实验 政府补贴

一、引言

中共十九大报告强调,要"加快建设制造强国,加快发展先进制造业","促进中国产业迈向全球价值链中高端"。中国虽然是少数拥有完整现代工业体系的制造大国,但是制造业"大而不强"的问题依然严峻。从国内视角来看,面对"人口红利"消失(蔡昉,2013)、结构性产能过剩(谢富胜等,2019;王欣等,2020),以及要素市场化改革相对滞后(徐朝阳等,2020)等制约因素,中国制造业必须提升创新能力,加快创新驱动步伐。从全球视角来看,不仅高端制造业逐步向发达国家回流,而且全球价

---

* 本文原载于《世界经济研究》2021年第4期。
** 作者简介:曹虹剑,湖南师范大学商学院副院长、教授、博士生导师。

值链中低端环节也逐步向更低成本国家和地区分流。同时,一些发达国家对中国高技术产品进出口和先进制造业海外投资设置了诸多障碍。因此,着力提升先进制造业创新能力,使制造业企业向全球价值链中高端升级,是推动我国经济高质量发展的必经之路。

2013 年,习近平总书记在出访中亚和东南亚国家时提出了"一带一路"倡议的构想。2015 年,国家发展改革委等部门联合颁布了《推动共建丝绸之路经济带和 21 世纪海上丝绸之路的愿景与行动》(以下简称《愿景与行动》),"一带一路"倡议由设想变成行动。倡议的实施不仅有利于中国先进制造业向"一带一路"国家或地区转移低端产能,为产业发展提供广阔空间和充足资金支持,而且有利于发挥中国在"一带一路"国家和地区的技术优势,将全球价值链体系进行优化和重构(Haggai,2016;戴翔、宋婕,2019),将"一带一路"国家和地区纳入包容性区域价值链体系(毛海欧、刘海云,2019),成为价值链上的先进制造创新中心及标准制定者。

技术研发外向型对外直接投资常常是基于研发资源寻求和生产率提升动因,因此,中国制造企业对发达国家的该类型投资规模长期大于其他国家(蒋冠宏等,2013)。但是近几年逆全球化思潮开始涌动(刘清杰等,2019),致使中国制造业在世界产业格局中的发展空间锐减,与此同时,部分发达国家以及发展中大国以"保护国家安全"为由提高先进制造领域的投资准入门槛,中国制造业针对发达国家的技术引进变得愈发困难,传统的"东向发展模式"显然已经不合时宜(刘志彪、吴福象,2018)。在这种形势下,中国制造业需要整合"一带一路"倡议给自身带来的资源优势,积极开展与"一带一路"国家和地区在经济、科技等领域的经贸投资合作,着力提升自主创新能力,进而打造中国制造业的海外竞争新支点。

少量文献研讨了"一带一路"倡议影响企业创新的机理机制。一方面,"一带一路"倡议的实施以微观企业活动为基础,因此,从企业行为视角解读倡议的创新促进效应更有针对性,如王桂军和卢潇潇(2019a)利用双重差分模型,实证发现"一带一路"倡议依托企业开展对外直接投资活动可以提升中国科技创新实力。另一方面,"一带一路"倡议的提出是基于政府层面,政府在倡议实施中始终占据资源分配的主体地位,因此,有必要将政府因素纳入"一带一路"倡议影响机制,如阎波等(2019)通过案例研究发现,在"一带一路"建设中地方政府的政策回应有利于推动科技创新合作。

总的来看,有关"一带一路"倡议的研究主要集中在经贸合作(王雄元、卜落凡,2019)、对外直接投资(陈胜蓝、刘晓玲,2018)、产业升级(王桂军、卢潇潇,2019b;张述存、顾春太,2018)以及对沿线国家经济(Kong and Dong,2015)的影响等,研讨的产业类型也以传统产业和一般制造业(刘志彪、吴福象,2018;王桂军、卢潇潇，2019a）为主，只有少量文献探讨了"一带一路"倡议对沿线国家技术升级的影响（Haggai，2016），针对中国先进制造业及其创新能力的研究则十分少见。那么，"一带一路"倡议能否提升中国制造业的创新能力呢？如果可以，是经过哪些机制得以实现的？这种促进作用会因为产权性质和行业等不同而产生差异吗？以上问题的回答对于中国制造业响应"一带一路"倡议，进而实现创新能力提升与高质量发展，具有一定的理论启示和政策价值。

本文从先进制造业创新能力视角研究"一带一路"倡议的经济影响，为探讨"一带一路"倡议的经济影响开辟了一个新视角。在影响机制研究中，选取对外直接投资和政府补贴分别代表"一带一路"倡议中的企业行为和政府行为，经过中介效应模型实证检验了对外直接投资和政府补贴对中国先进制造业创新能力的影响，丰富了关于"一带一路"倡议的影响机制研究。此外，本文将中国先进制造业上市公司注册地所在省级行政区划与古代丝绸之路途经省份进行对照，构造工具变量处理潜在内生性，提升了基准检验结果的可靠性。

二、机制分析与研究假设

"一带一路"倡议中很多项目既需要企业主体参与，又依赖政府的支持（宋彪等，2018）。一方面，已有研究显示，中国制造企业一般通过开展对外直接投资活动参与"一带一路"建设（Zhang and Xu，2017；王桂军、卢潇潇，2019a）。在沪深 A 股制造业上市公司中，目前约有 300 家企业对"一带一路"国家或地区开展投资活动①，表 1 为制造业各行业企业数量的所占比重。从表 1 可见，在制造业中共有 28 个行业对"一带一路"国家或地区开展投资活动，其中先进制造行业数量约占全部行业的 25%，企业数量约占全部企业的 57.002%，表明先进制造业在对"一带一路"国家和地区开展投资活动的制造业中占据重要地位②。与此同时，对外直接投资能显著提升中国企业创新能力（赵宸宇、李雪松，2017），如张先锋等（2017）利用中国上市公司面板数据实证发现，对外直接投资有利于帮助技术密集型企业解决过剩产能问题，从而推动企业

---

① 中国商务部网站和同花顺 iFinD 数据库。
② 中国工程院确定了 10 大领域 23 个方向作为未来十年的发展重点，基于技术优势特征，按照《国民经济行业分类（GB/T 4754—2011）》标准，本文将上述 10 个重点发展领域划分为 7 个行业大类，分别是医药制造业、专用设备制造业、仪器仪表制造业、汽车制造业、通用设备制造业、电气机械和器材制造业、计算机通信和其他设备制造业。

技术革新。因此,本文选择对外直接投资代表"一带一路"倡议中的企业行为。另一方面,政府补贴是在"一带一路"建设中政府鼓励企业创新的重要政策工具。创新活动本身具有成本与风险并重的特征(黎文靖、郑曼妮,2016),这都增加了先进制造企业的创新难度。政府补贴不仅可以通过"信号传递效应"帮助企业更容易获得银行贷款,缓解由于高成本和高风险所带来的融资困境(Narayanan et al.,2000),而且可以有效弥补创新正外部性给企业造成的损失(黎文靖、郑曼妮,2016),进而激发企业的创新热情。因此,本文选择政府补贴代表"一带一路"倡议中的政府行为。

表1 制造业对"一带一路"国家或地区对外直接投资占比

行业	占比(%)
医药制造业	4.667
通用设备制造业	10.000
专用设备制造业	9.000
汽车制造业	9.334
电气机械和器材制造业	7.667
计算机、通信和其他电子设备制造业	14.334
仪器仪表制造业	2.000
纺织服装、服饰业	1.667
纺织业	2.667
非金属矿物制品业	5.334
黑色金属冶炼和压延加工业	2.334
化学纤维制造业	1.000
化学原料和化学制品制造业	5.667
家具制造业	2.334
金属制造业	3.334
酒、饮料和精制茶制造业	1.000
木材加工和木、竹、藤、棕、草制品业	0.667
农副食品加工业	3.334
皮革、毛皮、羽毛及其制品和制鞋业	0.334
其他制造业	0.334
石油、煤炭及其他燃料加工业	0.334
食品制造业	1.334
铁路、船舶、航空航天和其他运输设备制造业	2.000

续表

行业	占比（%）
文教、工美、体育和娱乐用品制造业	0.667
橡胶和塑料制品业	4.000
印刷和记录媒介复制业	0.334
有色金属冶炼和压延加工业	2.667
造纸和纸制品业	2.000

资料来源：中国商务部网站和 Wind 数据库并经笔者整理。

"一带一路"倡议可能通过对外直接投资提升中国先进制造业创新能力。首先，在"一带一路"倡议中，通过对外直接投资"虹吸"全球先进技术，中国先进制造业可以获得先进技术和优质生产要素，支持国内先进制造企业深入创新（佟家栋等，2017）。其次，随着"一带一路"建设工作的深入开展，中国制造业的产品和技术与"一带一路"国家和地区结合得也愈发紧密（王博等，2019）。中国先进制造企业可以利用"一带一路"国家和地区潜力巨大的市场空间来获得可观的交换价值，进而有效缓解企业的高昂研发成本压力（王桂军、卢潇潇，2019a）。最后，部分发达国家以保护"国家安全"和"知识产权"为借口限制中国先进制造业在欧美市场扩张（胡振虎等，2017）。面对上述局面，中国先进制造业将对外直接投资目标向"一带一路"国家和地区转移，不仅有助于通过国家和地区之间的互利共赢打造中国制造业的海外竞争新支点，而且有助于搭建以中国为核心的研发网络系统，进而促使中国先进制造业占据海外竞争优势地位。综上所述，对外直接投资是"一带一路"倡议促进中国先进制造业创新能力提升的关键路径之一。

"一带一路"倡议可能通过政府补贴提升中国先进制造业创新能力。一方面，创新活动本质所具有的信息不对称、回报周期长的特点使得创新回报率难以估量（黎文靖、郑曼妮，2016），且许多"一带一路"国家和地区客观上存在一定的信息不完全和环境不确定性（王桂军、卢潇潇，2019a），这种情况类似于柠檬市场效应，此时投资者可能会索取额外风险补偿，这容易令创新企业陷入外部融资困境（孙焱林、覃飞，2018）。政府补贴不仅为先进制造企业直接提供了外部资金流，而且通过"信号传递效应"（Lerner，2000）带动更多的社会资源向相关项目倾斜，进而有效缓解企业的创新融资压力。另一方面，"一带一路"国家和地区的知识产权保护制度不尽相同（Dai and Chen，2019），这可能会加剧知识溢出效应，抑制企业创新效率提升（游达明、朱桂菊，2014）。此时，政府给予先进制造企业补贴资源，不仅可以弥补企业技术外溢损失,而且有助于充分激励企业个人部门增加创新投资(卢洪友等,2019),推进中国先进制造企业创新能力不断升级。综上所述,政府补贴是"一带一路"倡议促进中国先进制造业创新的重要渠道之一。

基于以上的机制分析,本文提出以下3个待检验假设:

H_1:"一带一路"倡议有利于提升中国先进制造业创新能力。

H_2:"一带一路"倡议通过企业对外直接投资提升中国先进制造业创新能力。

H_3:"一带一路"倡议通过政府补贴提升中国先进制造业创新能力。

三、模型设定、变量与数据说明

(一)模型设定

本文应用双向固定效应模型来检验"一带一路"倡议是否能提升中国先进制造业创新能力。构建基准回归模型如下:

$$inpatent_{it} = \beta_0 + \beta_1 treat_{it} \times policy_{it} + \beta_2 X_{it} + \mu_i + \lambda_t + \varepsilon_{it} \quad (1)$$

其中,i 表示企业;t 表示年份;$inpatent$ 为衡量企业创新能力的代理变量;$treat$ 为企业分组虚拟变量,若企业参与"一带一路"倡议则为1,代表实验组,否则为0,代表对照组;$policy$ 为"一带一路"倡议实施的虚拟变量,实施的年份取值为1,否则取值为0;X_{it} 为控制变量组;μ_i 为企业固定效应;λ_t 为时间固定效应;ε_{it} 为一般扰动项。本文重点关注 $treat_{it} \times policy_{it}$ 系数 β_1,该系数测量的是在排除其他干扰的情况下"一带一路"倡议对中国先进制造业创新能力的影响。

(二)变量设定

1. 因变量

企业创新能力 $inpatent_{it}$。因为发明专利更加符合创新的特征且要求更高,更能体现先进制造企业的创新能力(黎文靖和郑曼妮,2016)。因此,本文选择通过中国先进制造企业的发明专利申请数量测度其创新能力。

2. 自变量

$policy$ 表示"一带一路"倡议的正式实施。本文所进行的研究本质上属于政策效果评估,弗兰克·费希尔(2003)在《公共政策评估》中提到,"政策是对一项行动在政治上的决议，目的在于解决和缓解那些政治上的问题"，由此可见，一项政策的实施，需要有关部门提出相应的决议作为具体行动的参考依据。2013 年，习近平主席在 9 月和 10 月出访期间分别提出了"新丝绸之路经济带"和"21 世纪海上丝绸之路"的"一带一路"构想，该构想在 2014 年首次出现在两会的政府工作报告上，但是报告并没有形成一套系统的指导性文件。直到 2015 年 3 月 28 日，国家发展改革委等部门联合发布了《愿景与行动》，才给"一带一路"倡议的具体实施做了详细规划。《愿景与行动》首次系统公布了"一带一路"倡议的基本地理路线、共建原则、框架思路等（张原，2018），并在共建原则中明确提出要"推动新型产业合作，按照优势互补、互利共赢的原则，促进沿线国家加强在新一代信息技术、生物、新能源、新材料等新兴产业领域的深度合作"。本文所研究的先进制造业，正属于上述原则所涵盖的范畴，这是政府层面首次以文件形式将包含新一代信息技术等先进制造业在内的科技创新合作明确纳入"一带一路"倡议的重点实施范畴（阎波等，2019），因此本文认为，研究"一带一路"倡议对先进制造业创新能力的影响时，将《愿景与行动》颁布的 2015 年作为时间节点是比较合适的（陈胜蓝、刘晓玲，2018；王桂军、卢潇潇，2019a；唐晓彬、崔茂生，2020；李延喜等，2020）。

基于上述事实，本文将 2015~2017 年定义为企业受到"一带一路"倡议影响的年份，2011~2014 年定义为没有受到"一带一路"倡议影响的年份，即 2015~2017 年 $policy$ 为 1，2011~2014 年则为 0。

$treat$ 是对样本企业的分组。本文参照中国先进制造领域各个上市公司网站、中国"一带一路"网以及新华丝路网的同时，借助百度、谷歌（Google）等搜索引擎，将中国先进制造领域中投资"一带一路"国家项目、与"一带一路"国家和地区签订协议或合约、在"一带一路"国家和地区设立子公司或分支机构的企业考虑在内来判断先进制造企业是否参与"一带一路"倡议。企业参与了"一带一路"倡议则 $treat$ 取值为 1，否则取值为 0。

3. 中介变量

上市公司对外直接投资以 fdi_{it} 表示。基于中国商务部网站，本文手工整理了《境外投资企业名录》（截至 2017 年，以下简称《名录》）。截至 2019 年 11 月底，中国已经和 137 个国家签订了"一带一路"合作文件[①]，本文将《名录》中企业的目标投资国家与 137 个"一带一路"倡议签署国进行匹配，最终得到上市公司是否对"一带一路"

---

① 据中国"一带一路"网的数据，截至 2019 年底，中国已经和 137 个国家签订"一带一路"合作文件，涵盖了韩国、新加坡、南非、俄罗斯、泰国、缅甸等主要贸易国家。

国家进行对外直接投资的虚拟变量 fdi_{it}，若企业 i 在第 t 年有对"一带一路"国家和地区进行对外直接投资取值为 1，否则取值为 0。

政府补贴以 sub_{it} 表示。本文通过 Wind 数据库搜集到企业 2011~2017 年所获得的政府补贴资金。sub_{it} 代表企业 i 在第 t 年取得的政府补贴数额。

4. 控制变量

参考以往文献（王桂军、卢潇潇，2019a；王雄元、卜落凡，2019；黎文靖、郑曼妮，2016），本文选择企业规模（$size$）、资本结构（lev）、流动比率（$liqu$）、科技人员数量（$techstaff$）、盈利能力（ROA）、研发强度（$R\&D$）、股权集中度（$top10$）作为控制变量。

变量定义参见表 2，其中 M 代表中介变量，X 代表控制变量。

表 2 主要变量定义

变量名称	类别	变量符号	变量说明
创新能力	因变量	$inpatent$	年度发明专利申请数量加 1 取自然对数
实验组	自变量	$treat$	参与"一带一路"倡议的企业取值为 1，否则取值为 0
"一带一路"倡议	自变量	$policy$	2015~2017 年取值为 1，2011~2014 年取值为 0
对外直接投资	M	fdi	企业参与对外直接投资取值为 1，否则取值为 0
政府补贴	M	sub	公司获得的政府补贴加 1 取自然对数
企业规模	X	$size$	企业期末资产总额加 1 取自然对数
资本结构	X	lev	总资产/总负债
流动比率	X	$liqu$	流动资产/流动负债
盈利能力	X	ROA	息税前利润/平均资产总额
科技人员数量	X	$techstaff$	公司科技人员数量
研发强度	X	$R\&D$	研发支出/营业收入
股权集中度	X	$top10$	前十大股东持股比例

（三）数据说明

本文选取 2011~2017 年沪深 A 股先进制造业上市公司作为初始研究样本，并参考以往的相关研究，将以下数据进行删减：ST 类、金融类企业；数据缺失无法补齐的样本；截至 2017 年底上市不满一年的企业；退市的企业（黎文靖、郑曼妮，2016；王桂军、卢潇潇，2019a；王桂军、卢潇潇，2019b）。中国工程院确定了 10 大领域 23 个方向作为未来十年的发展重点，基于技术优势特征，按照《国民经济行业分类（GB/T 4754 – 2011）》标准，本文将上述 10 大重点发展领域划分为 7 个行业大类，分别是医药制造业、专用设备制造业、仪器仪表制造业、汽车制造业、通用设备制造业、电气机械和器材制造业、计算机通信和其他设备制造业。经统计，最终获得 522 个企业共 3277 条观测值，其中，实验组企业 192 家，共 1227 条观测值，对照组企业 330 家，共 2050 条观测值。公司财务数据来自 Wind 和国泰安数据库；上市公司注册地数据来自国泰安数据库；企业对外直接投资数据来自中国商务部网站；企业发明专利数据源于国泰安数据库；企业是否参与"一带一路"建设主要来自上市公司官网、中国"一带一路"网、新华丝路网等官方数据，辅之百度、谷歌等搜索引擎。此外，为避免异常值影响回归结果，本文对连续变量进行了 1% 的缩尾（Winsorize）处理。

本文将满足以下三种情形中的一种的先进制造企业归为参与"一带一路"倡议企业：第一，在"一带一路"倡议参与国家和地区有投资项目的先进制造业企业；第二，与"一带一路"倡议参与国家和地区政府或企业签订协议或合同的先进制造企业；第三，在"一带一路"倡议参与国家和地区设立子公司或分支机构的先进制造企业。经手工统计发现，在样本企业中共有 192 个企业参与了"一带一路"倡议。本文按照以上 3 种衡量路径，将参与倡议的企业进行归类整理，统计结果如表 3 所示。由表 3 可知，先进制造企业最热衷于在"一带一路"国家和地区设立子公司或分支机构，其次是投资"一带一路"国家项目，以及与"一带一路"国家或地区签订协议或合约。

表 3　　　　　　"一带一路"倡议中先进制造企业的 3 种途径归类

参与途径	先进制造业企业数量（个）
在"一带一路"倡议参与国家和地区有投资项目	93
和"一带一路"倡议参与国和地区政府或企业签订协议或合约	91
在"一带一路"倡议参与国家和地区设立子公司或分支机构	103

注：由于实验组企业会以至少一种途径参与"一带一路"倡议，因此 3 条路径中的企业个数加总数量大于参与倡议的企业总量。

表 4 为主要变量的描述性统计结果，其中，创新能力（inpatent）的均值为 2.591，

标准差为 1.555，表明在样本期间，企业之间的发明专利申请数量悬殊，企业创新能力良莠不齐。实验组变量（treat）的均值为 0.374，表明样本中约有 37.4% 的企业参与"一带一路"倡议；标准差为 0.484，说明在企业数量上实验组和对照组差距较小；中介变量 sub 的均值为 16.402，标准差为 1.463，说明在所获得的政府补贴上中国先进制造企业之间差距较大；fdi 的均值为 0.488，标准差为 0.500，说明样本中约有 50% 的企业开展对外直接投资业务。

表 4　　主要变量描述性统计

变量	样本量	均值	标准差	最小值	最大值
inpatent	3277.000	2.591	1.555	0.000	6.843
treat	3277.000	0.374	0.484	0.000	1.000
policy	3277.000	0.466	0.499	0.000	1.000
sub	3263.000	16.402	1.463	12.437	20.333
fdi	3277.000	0.488	0.500	0.000	1.000
size	3277.000	5.001	1.444	3.741	9.958
lev	3276.000	40.690	19.483	5.512	90.442
liqu	3277.000	2.613	2.436	0.595	16.105
techstaff	3208.000	1048.748	2333.658	8.000	31703.000
ROA	3270.000	6.259	5.928	−11.331	26.117
R&D	2513.000	0.048	0.034	0.001	0.205
top10	3275.000	57.578	15.431	20.680	91.040

注：为了更细致地描绘样本数据特征，本文分别进行区分实验组和对照组、产权性质的分组描述性统计，其中均值和标准差均采用 T 检验。

首先，表 5 为实验组和对照组的分组描述性统计，由表可知，实验组（参与"一带一路"的先进制造企业）的创新能力显著高于对照组（未参与"一带一路"的先进制造企业），且实验组的政府补贴、对外直接投资、企业规模、资本结构、科研人员数量以及股权集中度也显著高于对照组。对照组的流动比率更高，研发强度更大，而在盈利能力上两组企业没有显著差别。

表5　　　　　　　　　　　实验组和对照组描述性统计

变量	整体		实验组		对照组	
	均值	标准差	均值	标准差	均值	标准差
inpatent	2.591	1.555	3.212 ***	1.661	2.219	1.358
sub	16.402	1.463	16.909 ***	1.476	16.099	1.369
fdi	0.488	0.500	0.634 ***	0.482	0.400	0.490
size	5.001	1.444	5.160 ***	1.330	4.906	1.500
lev	40.690	19.483	46.246 ***	18.759	37.368	19.152
liqu	2.613	2.436	2.170	1.750	2.878 ***	2.733
techstaff	1048.748	2333.658	1821.242 ***	3528.046	582.163	801.843
ROA	6.259	5.928	6.367	5.532	6.195	6.155
R&D	0.048	0.034	0.047	0.031	0.050 **	0.037
top10	57.578	15.431	58.453 ***	15.630	57.054	15.290

注：***、**、* 分别表示1%、5%和10%的统计水平上显著。

其次，本文根据产权性质差异，对中国先进制造业进行区分产权性质的描述性统计，表6为描述性统计结果。由表6可知，国有企业的创新能力显著高于非国有企业，国有企业的政府补贴显著高于非国有企业，而非国有企业的对外直接投资显著高于国有企业。控制变量方面，国有企业在企业规模、资本结构、科技人员数量上显著高于非国有企业，非国有企业在流动比率、盈利能力、研发强度和股权集中度上显著高于国有企业。

表6　　　　　　　　　　　产权性质分组描述性统计

变量	整体		国有企业		非国有企业	
	均值	标准差	均值	标准差	均值	标准差
inpatent	2.591	1.555	2.882 ***	1.667	2.399	1.445
sub	16.402	1.463	16.692 ***	1.581	16.209	1.345
fdi	0.488	0.500	0.441	0.497	0.519 ***	0.500
size	5.001	1.444	5.124 ***	1.413	4.919	1.459
lev	40.690	19.483	45.425 ***	20.092	37.568	18.421
liqu	2.613	2.436	2.210	1.807	2.879 ***	2.742
techstaff	1048.748	2333.658	1341.545 ***	2075.017	854.613	2471.851

续表

变量	整体		国有企业		非国有企业	
	均值	标准差	均值	标准差	均值	标准差
ROA	6.259	5.928	5.514	5.969	6.753***	5.851
R&D	0.048	0.034	0.0463	0.035	0.050***	0.034
top10	57.578	15.431	55.014	15.200	59.272***	15.352

注：***、**、* 分别表示1％、5％和10％的统计水平上显著。

四、实证分析

（一）基准检验及平行趋势检验

首先，本文对模型（1）进行了基准检验，回归结果见表7，其中，第（1）列仅为核心解释变量 $treat \times policy$ 的回归结果，第（2）列在第（1）列的基础上控制了年份固定效应和行业固定效应，第（3）列在第（1）列的基础上加入了控制变量，第（4）列不仅加入控制变量，而且同时控制了年份固定效应和行业固定效应。从第（1）～（4）列可以发现，$treat \times policy$ 系数的符号和显著性水平无实质性差别。第（4）列显示，在控制了其他因素之后，交互项 $treat \times policy$ 的系数为0.534，并且达到了1％的显著性水平，"一带一路"倡议显著提升了中国先进制造业的创新能力，提升程度大约为53.4％，假设 H_1 成立。

表7　　　　　　　　　　基准检验结果

项目	（1）inpatent	（2）inpatent	（3）inpatent	（4）inpatent
$treat \times policy$	1.005*** (0.073)	1.044*** (0.079)	0.430*** (0.062)	0.534*** (0.069)
常数项	2.417*** (0.029)	1.765*** (0.085)	1.580*** (0.176)	1.177*** (0.232)
控制变量	No	No	Yes	Yes
年份	No	Yes	No	Yes

续表

项目	(1) $inpatent$	(2) $inpatent$	(3) $inpatent$	(4) $inpatent$
行业	No	Yes	No	Yes
样本量	3277	3277	2494	2494
R-squared	0.060	0.103	0.328	0.355

注：① （ ） 内的为稳健标准差，***、**、* 分别表示 1%、5% 和 10% 的统计水平上显著。②也有学者将 "一带一路" 倡议的实施年份界定为 2013 年或 2014 年，本文实证检验了将 2013 年或 2014 年作为实施年份的创新效应，发现影响并不显著，这可能说明 "一带一路" 倡议提出带来的创新效应具有一定的滞后效应，直到 2015 年 3 月多个国家部委联合发布的《愿景与行动》给 "一带一路" 倡议的实施做了详细规划之后，倡议才给先进制造业带来了创新效应。

其次，本文进行平行趋势检验。双向固定效应模型是广义上的 DID 模型，倘若在估计之前有未被识别的与先进制造业创新能力相关的因素影响到企业参与 "一带一路" 倡议，那么未参与 "一带一路" 倡议的先进制造企业就不能作为本文的对照组，因为在这种情况下，实验组企业和对照组企业的创新能力变化趋势可能本身就不同。因此本文借鉴黄溶冰等（2019）、莫塞尔和费纳（Moser and Voena，2012）的做法，利用 "事件研究法"（event study）构建模型（2）进行平行趋势检验：

$$inpatent_{it} = \alpha_0 + \alpha_1 year_t \times treat_{it} + \alpha_2 X_{it} + \mu_i + \lambda_t + \varepsilon_{it} \tag{2}$$

其中，$year_t$ 代表 2015 年之前的年份虚拟变量，被解释变量 $inpatent$ 代表中国先进制造企业的创新能力，关键解释变量 $year \times treat$ 代表 522 个先进制造企业在 "一带一路" 倡议正式实施之前 4 年的窗口期变量，其他各项定义与模型（1）相同。本文重点关注 $year \times treat$ 系数 α_1，如果系数显著不为 0，那么在政策冲击发生之前，DID 估计中的实验组与对照组不具有可比性，则本文回归结果不成立。表 8 报告了模型（2）的回归结果，本文发现，在控制其他因素之后，关键解释变量 $year \times treat$ 的系数 α_1 都不显著，表明实验组企业和对照组企业创新能力的变化趋势是相同的，本文的 DID 估计满足平行趋势假定。

表 8　　　　　　　　　　　　　平行趋势检验

项目	$inpatent$
$year_{2011} \times treat$	0.049 (0.291)

续表

项目	inpatent
$year_{2012} \times treat$	-0.071 (0.235)
$year_{2013} \times treat$	-0.015 (0.184)
$year_{2014} \times treat$	-0.037 (0.181)
常数项	1.571*** (0.249)
控制变量	Yes
年份	Yes
行业	Yes
样本量	2494
R-squared	0.346

注：（ ）内为稳健标准差，***、**、*分别表示1%、5%和10%的统计水平上显著。

（二）稳健性检验

1. 稳健性检验一：工具变量法

使用 DID 模型估计政策效应的一个重要前提是政策的实施必须是外生的，也就是这项政策对实验组样本的选择要满足随机性要求。某些企业参与"一带一路"倡议可能是因为政府对其存在某些特殊优待，或者由于"一带一路"倡议缺乏政策先验性，有关部门可能会选择某些企业发挥典型示范带头作用，这就导致实验组样本企业的选择可能会受到政策内生性的干扰，回归结果的准确性可能会受到影响。因此，本文选择工具变量法（IV）解决内生性问题。本文根据上市公司注册地所在省级行政区划是否与古代丝绸之路途经省份相吻合，构建先进制造企业是否参与"一带一路"倡议的工具变量。有效工具变量需要满足两个条件：相关性和外生性。首先，"一带一路"倡议的实施是对古代丝绸之路的继承和突破，上市公司的注册地是否在古代丝绸之路途经省份，与先进制造企业是否参与"一带一路"倡议是相关的，即与 treat 相关，相关性成立；其次，古代丝绸之路并不会对中国先进制造业创新能力产生直接影响，外生性成立。

通过将古代路上丝绸之路和海上丝绸之路途径地，与中国省级行政区划分对比发现，甘肃、青海、宁夏等9个省份位于古代丝绸之路沿线。本文设置工具变量 ancient，如果上市公司注册地所处省级行政区划属于上述9个省份，ancient 取值为1，否则就取值为0。两阶段最小二乘（2SLS）模型如下所示：

$$treat_{it} \times policy_{it} = \beta_0 + \beta_1 ancient_{it} \times policy_{it} + \beta_2 X_{it} + \mu_i + \lambda_t + \varepsilon_{it} \tag{3}$$

$$inpatent_{it} = \beta_0 + \beta_1 treat_{it} \times policy_{it} + \beta_2 X_{it} + \mu_i + \lambda_t + \varepsilon_{it} \tag{4}$$

表9汇报了工具变量法的回归结果。第（1）列中，ancient × policy 交互项系数为0.340，并且在1%的水平上显著，同时，Kleibergen-Paap rk LM 统计量为86.010，达到了1%的显著性水平，Kleibergen-Paap rk Wald F 统计量为128.770，大于 Stock-Yogo weak ID test 在10%水平上16.380的临界值，两个统计量分别拒绝了识别不足和弱工具变量的原假设，Anderson-Rubin Wald 统计量对应的 p 值远小于1%，拒绝"内生回归系数之和等于零"原假设，以上检验统计量证实了本文工具变量的正确性。第（2）列汇报了两阶段最小二乘模型第二阶段的回归结果，treat × policy 的系数值为1.008，且在1%的水平上显著。以上结果表明，在缓解了政策可能存在的内生性后，本文验证结论保持不变。

表9　　　　　　　　　　　　　　工具变量法

项目	（1） treat × policy	（2） inpatent
ancient × policy	0.340 *** (0.030)	
treat × policy		1.008 *** (0.229)
控制变量	Yes	Yes
样本量	1373	1373
Kleibergen-Paap rk LM 统计量	86.010	[0.000]
Kleibergen-Paap rk Wald F 统计量	128.770	{16.380}
Anderson-Rubin Wald 统计量	23.220	[0.000]

注：①（ ）内为回归系数的稳健标准差，[ ] 内为统计量的 p 值，{ } 内为 Stock-Yogo weak ID test 在10%水平上的临界值。② ***、**、* 分别表示1%、5%和10%的统计水平上显著。

2. 稳健性检验二：倾向评分匹配检验

为了进一步避免样本选择偏误影响检验结果的可靠性，本文利用倾向评分匹配进行稳健性检验。在进行倾向评分匹配之前，需要判定实验组和对照组样本是否满足共同支撑假设和平行假设。图1为无放回的1∶1核匹配前后的核密度分布图，从图中发现匹配之后两组样本的分布形态基本吻合,表明样本通过共同支撑检验。由表 10 可知,匹配之后的标准化偏差绝对值基本小于 6%,其中最大值为 15.7%,小于 20%,说明实验组和对照组在匹配之后没有明显差异,样本通过平行假定检验。

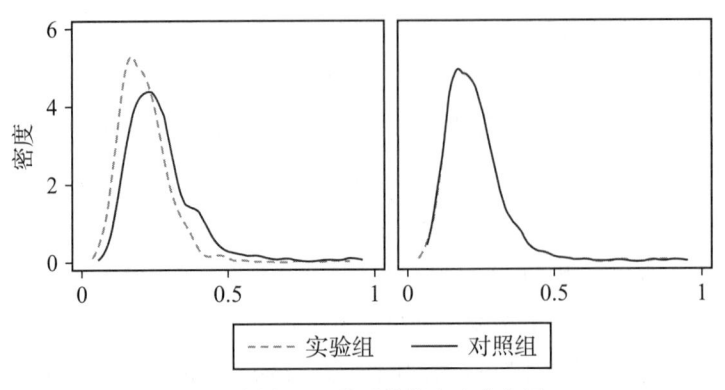

图 1　样本匹配前后的核密度分布图

表 10　倾向评分匹配平衡性检验结果

变量	匹配类型	平均值				T 检验	
		处理组	控制组	偏误比率（%）	偏误绝对值降低比率（%）	T 值	p 值
$size$	匹配前	5.135	4.909	16.800		4.030	0.000
	匹配后	5.114	5.051	4.700	72.100	1.060	0.289
lev	匹配前	46.189	36.968	49.900		12.170	0.000
	匹配后	45.813	44.792	5.500	88.900	1.190	0.232
$liqu$	匹配前	2.121	2.822	-32.000		-7.450	0.000
	匹配后	2.140	2.159	-0.800	97.400	-0.230	0.817
$techstaff$	匹配前	2004.700	641.830	49.200		13.380	0.000
	匹配后	1531.600	1528.000	0.100	99.700	0.040	0.972
ROA	匹配前	6.211	5.991	3.900		0.930	0.352
	匹配后	6.224	7.123	-15.700	-308.800	-3.200	0.001
$R\&D$	匹配前	0.047	0.050	-9.000		-2.160	0.031
	匹配后	0.046	0.048	-6.100	33.000	-1.380	0.167
$top10$	匹配前	58.338	56.713	10.600		2.590	0.010
	匹配后	58.121	58.921	-5.200	50.800	-1.160	0.247

接下来，本文进行倾向评分匹配检验。检验结果如表 11 所示，inpatent 的 ATT 平均处理效应为 0.479，且达到了 1% 的显著性水平，估计系数和显著性水平与基准回归结果没有明显差异，这说明在控制了其他因素之后，"一带一路"倡议对中国先进制造业创新能力的促进作用达到 47.9%，这与本文的基准回归结果相似，进一步证明了本文结论的正确性。

表 11　匹配前后的政策效应

匹配变量	样本	处理组	对照组	差值	标准误	T 值
inpatent	匹配前	3.382	2.376	1.006	0.060	16.70***
	ATT	3.314	2.835	0.479	0.076	6.26***

注：***、**、*分别表示 1%、5% 和 10% 的统计水平上显著。

3. 稳健性检验三：负二项回归

本文用来衡量企业创新能力的发明专利申请数量属于离散计数变量，部分学者认为此类数据更加适合 Poisson 分布（Cameron and Trivedi，2005）。Poisson 回归的局限是 Poisson 分布的期望和方差一定相等，而本文因变量 inpatent 的方差和均值不相等，因此本文通过负二项回归进行稳健性检验来验证基准结果的正确性。

负二项回归结果如表 12 所示，且表 12 中第（1）~（4）列的结构安排与表 7 相同，此处不再赘述。从第（1）~（4）列可知，$treat \times policy$ 系数都在 1% 的水平上显著为正，符号和显著性水平均与基准回归结果相似。第（4）列显示，在控制了其他因素之后，$treat \times policy$ 的系数为 0.203，且通过了 1% 的显著性检验，说明"一带一路"倡议显著提升了中国先进制造业创新能力约 20 个百分点，证明了本文结论的稳健性。

表 12　负二项回归结果

项目	（1）inpatent	（2）inpatent	（3）inpatent	（4）inpatent
$treat \times policy$	0.348*** (0.023)	0.363*** (0.026)	0.153*** (0.021)	0.203*** (0.024)
常数项	0.883*** (0.012)	0.597*** (0.040)	0.562*** (0.069)	0.393*** (0.090)
控制变量	No	No	Yes	Yes
年份	No	Yes	No	Yes

续表

项目	(1) inpatent	(2) inpatent	(3) inpatent	(4) inpatent
行业	No	Yes	No	Yes
样本量	3277	3277	2494	2494
Pseudo R^2	0.014	0.025	0.063	0.070

注：（ ）内为稳健标准差，***、**、*分别表示1%、5%和10%的统计水平上显著。

4. 稳健性检验四：考虑省份特征影响

考虑到先进制造企业的创新能力可能受到所在省份因素的影响，本文在该部分引入省份特征进行稳健性检验，检验结果如表13所示。表中第（1）列和第（2）列加入省份特征影响之后，无论是否引入控制变量，$treat \times policy$ 的系数都在1%的水平上显著为正，第（3）列和第（4）列进一步引入年份与省份的交互固定效应来控制随时间变化的省份特征，检验结果显示，$treat \times policy$ 的估计系数依然显著，证明了省份特征因素不会影响"一带一路"倡议对中国先进制造业创新能力的影响。

表13　　　　　　　　　考虑省份特征的DID结果

项目	(1) inpatent	(2) inpatent	(3) inpatent	(4) inpatent
$treat \times policy$	0.977*** (0.077)	0.500*** (0.067)	1.015*** (0.079)	0.524*** (0.070)
常数项	2.093*** (0.113)	1.506*** (0.238)	1.893*** (0.206)	1.432*** (0.337)
控制变量	No	Yes	No	Yes
年份	Yes	Yes	Yes	Yes
行业	Yes	Yes	Yes	Yes
省份	Yes	Yes	Yes	Yes
年份×省份	No	No	Yes	Yes
样本量	3277	2494	3277	2494
R-squared	0.159	0.399	0.176	0.423

注：（ ）内为稳健标准差，***、**、*分别表示1%、5%和10%的统计水平上显著。

（三）中介效应模型

"一带一路"倡议对中国先进制造业存在创新促进效应，这种促进效应是否会通过对外直接投资和政府补贴两条路径实现呢？本文在该部分将针对这一问题进行中介效应检验。

就对外直接投资（fdi）而言，本文基于中国商务部网站整理了《名录》，将公司投资的东道国和地区与137个"一带一路"倡议签署国和地区进行匹配，得到样本企业是否对"一带一路"国家和地区开展对外直接投资的二元离散变量fdi_{it}，如果第i个样本公司在第t年有对"一带一路"国家和地区开展对外直接投资业务，则将fdi_{it}赋值为1，反之，则赋值为0。就政府补贴（sub）而言，本文将从Wind数据库搜集到的样本企业于2011~2017年每年所获得的政府补贴金额作为中介变量进行中介效应检验，sub_{it}表示第i个企业在第t年所获得的政府补贴。

在模型设计上，本文参考李宏兵等（2019）以及王桂军和卢潇潇（2019a）的做法，利用中介变量构造中介效应程序（温忠麟、叶宝娟，2014）识别"一带一路"倡议对中国先进制造业创新能力的影响机制，并利用Sobel法进行进一步的验证。中介效应模型设定如下：

$$inpatent_{it} = \beta_0 + \beta_1 treat_{it} \times policy_{it} + \beta_2 X_{it} + \mu_i + \lambda_t + \varepsilon_{it} \quad (5)$$

$$fdi_{it}(sub_{it}) = \sigma_0 + \sigma_1 treat_{it} \times policy_{it} + \sigma_2 X_{it} + \mu_i + \lambda_t + \varepsilon_{it} \quad (6)$$

$$inpatent_{it} = \gamma_0 + \gamma_1 treat_{it} \times policy_{it} + \gamma_2 fdi_{it}(sub_{it}) + \gamma_3 X_{it} + \mu_i + \lambda_t + \varepsilon_{it} \quad (7)$$

其中，fdi和sub分别代表对外直接投资和政府补贴，两项分别为中介变量，其他各项的定义与模型（1）相同。

中介效应检验结果如表14所示。第（1）~（3）列是中介变量为fdi的检验结果，第（4）~（6）列是中介变量为sub的检验结果。由表14可知，对外直接投资和政府补贴都在"一带一路"倡议和中国先进制造业创新能力之间发挥正向中介效应，具体表现为部分中介效应，假设H_2、H_3成立。

表14　　　　　　　　　　　中介效应检验

项目	（1）$inpatent$	（2）fdi	（3）$inpatent$	（4）$inpatent$	（5）sub	（6）$inpatent$
$treat \times policy$	0.534*** (0.069)	0.140*** (0.027)	0.514*** (0.070)	0.534*** (0.069)	0.254*** (0.061)	0.375*** (0.063)
fdi			0.141*** (0.052)			
sub						0.439*** (0.022)

续表

项目	(1) inpatent	(2) fdi	(3) inpatent	(4) inpatent	(5) sub	(6) inpatent
常数项	1.177*** (0.232)	0.536*** (0.088)	1.102*** (0.233)	1.177*** (0.232)	15.138*** (0.213)	−5.350*** (0.399)
控制变量	Yes	Yes	Yes	Yes	Yes	Yes
年份	Yes	Yes	Yes	Yes	Yes	Yes
行业	Yes	Yes	Yes	Yes	Yes	Yes
样本量	2494	2494	2494	2494	2487	2487
R-squared	0.355	0.111	0.365	0.355	0.373	0.467
Sobel 检验	δ_1、γ_2 显著，无需 Sobel 检验			δ_1、γ_2 显著，无需 Sobel 检验		
中介效应	显著			显著		
部分中介效应占比	4.105%			26.006%		

注：( ) 内为稳健标准差，***、**、* 分别表示1%、5%和10%的统计水平上显著。

进一步，本文采用 Bootstrap 法检验中介变量 fdi 和 sub 在 "一带一路" 倡议与先进制造业创新之间的中介效应，来增强中介效应结果的说服力（温忠麟、叶宝娟，2014）。Bootstrap 检验结果如表15所示，表中 fdi 和 sub 的间接效应和直接效应的偏差校正百分位法（bias-corrected percentile method）和百分位法（percentile method）都在95%的置信区间上不包括0，这进一步证明 fdi 和 sub 表现为部分中介效应，与上文估计结果一致。

表 15　　　　　　　　　　Bootstrap 检验

中介变量	检验内容	偏差校正95%置信区间		百分位95%置信区间	
		下限	上限	下限	上限
fdi	间接效应	0.004	0.036	0.003	0.035
	直接效应	0.284	0.536	0.285	0.539
sub	间接效应	0.059	0.148	0.059	0.148
	直接效应	0.179	0.396	0.181	0.397

此外，由表14可得，政府补贴的部分中介效应占比为26.006%，大于对外直接投资4.105%的比重，这表明与对外直接投资相比，现阶段参与"一带一路"倡议的中国先进制造企业更多通过政府补贴来促进创新能力提升。其可能的原因有：一方面，国

有企业比非国有企业天然具备更多的先发优势,在"一带一路"倡议中能够率先实现产业转移,为自身科技创新提供充裕资金和空间支持(王桂军、卢潇潇,2019b);而非国有企业面临比国有企业更为严峻的融资约束问题(王雄元、卜落凡,2019),且抵御风险能力较弱(衣长军等,2019),使其在"一带一路"倡议中开展创新活动的难度较高。因此,在"一带一路"倡议中,国有企业处于创新优势地位。与此同时,国有企业获得的政府补贴相对较多(见表6),所以"一带一路"倡议更多通过政府补贴发挥创新促进效应。另一方面,"一带一路"倡议中的许多国家和地区的市场机制不成熟,潜在风险较多,企业为规避风险可能会选择制度环境较完善的国家进行投资(郭烨、许陈生,2016),因此对"一带一路"国家和地区外直接投资对创新促进作用较弱。

(四) 异质性检验

1. 产权性质异质性检验

产权性质异质性检验结果如表16所示。表16中的两列分别为国有企业和非国有企业,可以看到,控制行业和年份后,第(1)列中 $treat \times policy$ 的系数为0.671,第(2)列中 $treat \times policy$ 的系数则减少为0.381,且二者都达到了1%的显著性水平。产权性质异质性结果表明,"一带一路"倡议对先进制造业中的国有企业和非国有企业都发挥出显著的创新促进作用,分别达到了67.1%和38.1%。由此可见,先进制造领域的国有企业和非国有企业在"一带一路"倡议中不是"非你即我"的对立关系(王桂军、卢潇潇,2019b),"一带一路"倡议对中国先进制造业的创新促进作用不存在所有制歧视问题。

表16 产权性质异质性分析

项目	(1) inpatent	(2) inpatent
$treat \times policy$	0.671*** (0.119)	0.381*** (0.084)
常数项	1.367*** (0.345)	1.567*** (0.318)
控制变量	Yes	Yes
年份	Yes	Yes

续表

项目	（1）inpatent	（2）inpatent
行业	Yes	Yes
样本量	1006	1488
R-squared	0.446	0.319

注：括号内为稳健标准差，***、**、*分别表示1%、5%和10%的统计水平上显著。

2. 行业异质性检验

表17汇报了先进制造业中7个行业的回归结果，其中，第（1）~（7）列分别为医药制造业、通用设备制造业、专用设备制造业、汽车制造业、电气机械和器材制造业、计算机通信和其他设备制造业、仪器仪表制造业。从第（4）列结果来看，"一带一路"倡议对于汽车制造业的创新促进效果并不明显。从第（5）列结果来看，倡议对电气机械和器材制造业的创新促进效果也不明显。从第（1）列和第（2）列来看，倡议能显著提升医药制造业和通用设备制造业的创新能力。这可能由于"一带一路"国家和地区的医药制造业和通用设备制造业的专利申请结构与中国较为相似，且中国通用设备制造业的专利布局较为完善（蔡中华等，2016）。从第（3）列、第（6）列和第（7）列来看，倡议对于专用设备制造业、计算机通信和其他电子设备制造业、仪器仪表制造业的创新能力提升效果非常显著，提升幅度很大。中国与"一带一路"国家和地区加快了新型基础设施的互联互通，帮助"一带一路"国家和地区产业升级，为专用设备制造业、计算机通信和其他电子设备制造业、仪器仪表制造业创新能力提升提供了必要条件。

表17　　　　　　　　　　行业异质性检验

项目	（1）inpatent	（2）inpatent	（3）inpatent	（4）inpatent	（5）inpatent	（6）inpatent	（7）inpatent
treat×policy	0.321* (0.182)	0.325* (0.174)	0.711*** (0.136)	0.110 (0.204)	0.046 (0.148)	0.685** (0.141)	1.891** (0.526)
常数项	2.358** (0.385)	1.383* (0.745)	1.568** (0.582)	0.711 (0.884)	0.673 (0.485)	2.098** (0.441)	0.737 (1.996)
控制变量	Yes	Yes	Yes	Yes	Yes	Yes	Yes
年份	Yes	Yes	Yes	Yes	Yes	Yes	Yes

续表

项目	(1) inpatent	(2) inpatent	(3) inpatent	(4) inpatent	(5) inpatent	(6) inpatent	(7) inpatent
行业	Yes	Yes	Yes	Yes	Yes	Yes	Yes
样本量	428	297	357	409	294	677	32
R-squared	0.285	0.382	0.449	0.460	0.462	0.366	0.883

注：（ ）内为稳健标准差，***、**、* 分别表示1％、5％和10％的统计水平上显著。

五、结论与政策启示

"一带一路"倡议为中国先进制造业"走出去"创造了历史性机遇。研究"一带一路"倡议对于中国先进制造业创新能力的影响，具有重要的政策价值和现实意义。本文利用2011～2017年522家沪深A股先进制造业上市公司数据，并以是否参与"一带一路"倡议为标准，将上市公司划分为实验组和对照组，以发展改革委等部门联合颁布《愿景与行动》的2015年为时间分界，通过双向固定效应模型检验了"一带一路"倡议对于中国先进制造业创新能力的影响。基准回归结果表明，"一带一路"倡议显著提升了中国先进制造业的创新能力。上述结论经过工具变量法、倾向评分匹配、负二项回归等一系列检验之后依然显著。中介效应检验显示，政府补贴和对外直接投资产生部分中介作用，现阶段中国先进制造业主要依靠政府补贴提升创新能力。异质性检验结果显示，"一带一路"倡议对国有企业和非国有企业都产生显著的创新促进作用；倡议对专用设备制造业、计算机通信和其他电子设备制造业、仪器仪表制造业的创新激励作用很强，但没有显著提升汽车制造业、电气机械和器材制造业的创新能力。根据以上结论可以得到以下几点政策启示：

第一，积极响应"一带一路"倡议，以此提升中国先进制造业创新能力。在部分发达国家逆全球化思潮抬头，对中国先进制造业发展设置诸多限制的局面下，中国先进制造业要依靠"一带一路"国家和地区的市场和资源，重构全球价值链和区域价值链，有规模经济和品牌优势的大企业要成为"一带一路"区域和全球价值链的整合者，技术领先的企业要成为区域和全球价值链核心技术标准的制定者，中小企业要向区域和全球价值链更高环节或模块升级。

第二，减少先进制造业对政府补贴的依赖，提升对"一带一路"国家和地区投资的质量。从目前的情况来看，参与"一带一路"倡议的先进制造业创新能力提升主要依靠政府补贴,这种创新能力驱动方式是不可持续的。要切实巩固企业在"一带一路"建设中的主体地位,逐步减少企业对政府补贴的依赖,充分发挥对外直接投资在"一带一路"建设中的创新促进作用。在扩大对"一带一路"国家和地区投资规模的基础上,提升先进制造企业的对外投资质量。

第三,提升政府治理能力,为中国先进制造业高质量"走出去"保驾护航。近年来一些国家对中国先进制造业海外投资的安全审查不断收紧,中国先进制造业海外投资面临很多困难。政府要进一步提升国际经济与政治治理能力,积极与"一带一路"国家和地区开展战略对接,降低贸易壁垒,提升贸易便利化程度,减少企业对外投资障碍。同时,制定和完善支持中国企业参与"一带一路"倡议的投资保护条例,帮助先进制造企业熟悉和适应东道国的制度背景和投资环境,提升对外直接投资对中国先进制造业创新的促进作用。

第四,优化竞争环境,为中国先进制造企业参与"一带一路"建设提供竞争中性的市场环境。中国企业高质量"走出去"需要高质量的竞争环境与市场环境,在发挥国有先进制造企业参与"一带一路"建设领头羊地位的基础上,提升非国有先进制造企业参与"一带一路"建设的广度与深度。在各种不同所有制企业参与"一带一路"建设时,要保证市场在资源配置,尤其是研发资源、金融资源配置中的决定性地位。

第五,考虑行业异质性,提升不同行业参与"一带一路"建设的协同效果。继续保持"一带一路"倡议对专用设备制造业、计算机通信和其他电子设备制造业、仪器仪表制造业等行业创新能力的促进作用,进一步提升"一带一路"倡议对医药制造业和通用设备制造业创新能力的促进作用,重点提升"一带一路"倡议对汽车制造业和电气机械和器材制造业创新能力的促进作用,在"一带一路"建设中实现中国先进制造全行业创新驱动发展。

参 考 文 献

[1] 蔡昉. 中国经济增长如何转向全要素生产率驱动型 [J]. 中国社会科学, 2013 (1): 56 - 71, 206.

[2] 蔡中华, 王一帆, 董广巍. 中国在"一带一路"国家专利与出口结构关系的研究: 基于行业层面相似度指数的分析 [J]. 国际贸易问题, 2016 (7): 61 - 71.

[3] 陈胜蓝, 刘晓玲. 公司投资如何响应"一带一路"倡议?: 基于准自然实验的经验研究 [J]. 财经研究, 2018, 44 (4): 20 - 33.

[4] 戴翔,宋婕."一带一路"有助于中国重构全球价值链吗?[J].世界经济研究,2019(11):108-121,136.

[5] 弗兰克·费希尔.公共政策评估[M].吴爱明,译.北京:中国人民大学出版社,2003.

[6] 郭烨,许陈生.双边高层会晤与中国在"一带一路"沿线国家的直接投资[J].国际贸易问题,2016(2):26-36.

[7] 胡振虎,贾英姿,于晓.美国外资国家安全审查机制对中国影响及应对策略分析[J].财政研究,2017(5):89-99.

[8] 黄溶冰,赵谦,王丽艳.自然资源资产离任审计与空气污染防治:"和谐锦标赛"还是"环保资格赛"[J].中国工业经济,2019(10):23-41.

[9] 蒋冠宏,蒋殿春,蒋昕桐.我国技术研发型外向FDI的"生产率效应":来自工业企业的证据[J].管理世界,2013(9):44-54.

[10] 黎文靖,郑曼妮.实质性创新还是策略性创新?:宏观产业政策对微观企业创新的影响[J].经济研究,2016,51(4):60-73.

[11] 李宏兵,文磊,林薛栋.中国对外贸易的"优进优出"战略:基于产品质量与增加值率视角的研究[J].国际贸易问题,2019(7):33-46.

[12] 李延喜,何超,刘彦文,孔令文.对"一带一路"国家直接投资能否促进中国企业创新?[J].科学学研究,2020,38(8):1509-1525.

[13] 刘清杰,刘倩,任德孝.中国对"一带一路"沿线国家投资倾向于出口平台型吗[J].财贸经济,2019,40(6):101-116.

[14] 刘志彪,吴福象."一带一路"倡议下全球价值链的双重嵌入[J].中国社会科学,2018(8):17-32.

[15] 卢洪友,邓谭琴,余锦亮.财政补贴能促进企业的"绿化"吗?:基于中国重污染上市公司的研究[J].经济管理,2019,41(4):5-22.

[16] 毛海欧,刘海云.中国对外直接投资对贸易互补关系的影响:"一带一路"倡议扮演了什么角色[J].财贸经济,2019,40(10):81-94.

[17] 宋彪,徐沙沙,丁庆洋."一带一路"战略下企业合作及政府监管的机会主义行为演化博弈分析[J].管理评论,2018,30(1):118-126.

[18] 孙焱林,覃飞."一带一路"倡议降低了企业对外直接投资风险吗[J].国际贸易问题,2018(8):66-79.

[19] 唐晓彬,崔茂生."一带一路"货物贸易网络结构动态变化及其影响机制[J].财经研究,2020,46(7):138-153.

[20] 佟家栋,谢丹阳,包群,黄群慧,李向阳,刘志彪,金碚,余森杰,王孝松."逆全球化"与实体经济转型升级笔谈[J].中国工业经济,2017(6):5-59.

[21] 王博,陈诺,林桂军."一带一路"沿线国家制造业增加值贸易网络及其影响因素[J].

国际贸易问题, 2019 (3): 85 - 100.

[22] 王桂军, 卢潇潇. "一带一路" 倡议可以促进中国企业创新吗? [J]. 财经研究, 2019, 45 (1): 19 - 34.

[23] 王桂军, 卢潇潇. "一带一路" 倡议与中国企业升级 [J]. 中国工业经济, 2019 (3): 43 - 61.

[24] 王欣, 余吉祥, 陈劼绮. "一带一路" 倡议与中国企业产能利用率 [J]. 世界经济研究, 2020 (6): 121 - 134, 137.

[25] 王雄元, 卜落凡. 国际出口贸易与企业创新: 基于 "中欧班列" 开通的准自然实验研究 [J]. 中国工业经济, 2019 (10): 80 - 98.

[26] 温忠麟, 叶宝娟. 中介效应分析: 方法和模型发展 [J]. 心理科学进展, 2014, 22 (5): 731 - 745.

[27] 谢富胜, 高岭, 谢佩瑜. 全球生产网络视角的供给侧结构性改革: 基于政治经济学的理论逻辑和经验证据 [J]. 管理世界, 2019, 35 (11): 89 - 101, 118.

[28] 徐朝阳, 白艳, 王鞾. 要素市场化改革与供需结构错配 [J]. 经济研究, 2020 (2): 20 - 35.

[29] 阎波, 程齐佳徵, 杨泽森, 武龙. 地方政府如何回应 "推进 '一带一路' 建设科技创新合作"?: 一项比较案例研究 [J]. 管理评论, 2019, 31 (2): 278 - 290.

[30] 衣长军, 刘晓丹, 王玉敏, 黄健. 制度距离与中国企业海外子公司生存: 所有制与国际化经验的调节视角 [J]. 国际贸易问题, 2019 (9): 115 - 132.

[31] 游达明, 朱桂菊. 不同竞合模式下企业生态技术创新最优研发与补贴 [J]. 中国工业经济, 2014 (8): 122 - 134.

[32] 张述存, 顾春太. "一带一路" 倡议背景下中德产业合作: 以山东省为分析重点 [J]. 中国社会科学, 2018 (8): 44 - 57.

[33] 张先锋, 蒋慕超, 刘有璐, 吴飞飞. 化解过剩产能的路径: 出口抑或对外直接投资 [J]. 财贸经济, 2017, 38 (9): 63 - 78.

[34] 张原. 中国对 "一带一路" 援助及投资的减贫效应: "授人以鱼" 还是 "授人以渔" [J]. 财贸经济, 2018, 39 (12): 111 - 125.

[35] 赵宸宇, 李雪松. 对外直接投资与企业技术创新: 基于中国上市公司微观数据的实证研究 [J]. 国际贸易问题, 2017 (6): 105 - 117.

[36] Cameron A C, Trivedi P K. Micro-Econometrics: Methods and Applications [M]. Cambridge University Press, 2005.

[37] Dai S W, Chen L W. Research on International Cooperation among Countries along the Belt and Road in the New Era Background [C]. DEStech Transactions on Economics, Business and Management, 2019.

[38] Haggai K. One Belt One Road Strategy in China and Economic Development in the Concerning

Countries [J]. World Journal of Social Sciences and Humanities, 2016, 2 (1): 10 – 14.

[39] Kong Q, Dong H. Trade Facilitation and Trade Potential of Countries along "One Belt One Road" Route [J]. Journal of International Trade, 2015 (12): 158 – 168.

[40] Lerner J. The Government as Venture Capitalist: the Long-Run Impact of the SBIR Program [J]. The Journal of Private Equity, 2000, 3 (2): 55 – 78.

[41] Moser P, Voena A. Compulsory Licensing: Evidence from the Trading with the Enemy Act [J]. American Economic Review, 2012, 102 (1): 396 – 427.

[42] Narayanan V K, Pinches G E, Kelm K M, Lander D M. The Influence of Voluntarily Disclosed Qualitative Information [J]. Strategic Management Journal, 2000, 21 (7): 707 – 722.

[43] Zhang L, Xu Z. How do Cultural and Institutional Distance Affect China's OFDI towards the OBOR Countries? [J]. Baltic Journal of European Studies, 2017, 7 (1): 24 – 42.

中国经济研究

数字经济、普惠金融与包容性增长*

张 勋** 万广华 张佳佳 何宗樾

摘 要 人类正在经历的以互联网为基础的第三次技术革命,对效率和公平的影响巨大且深远。中国尤其得益于互联网革命,使得中国实现了数字经济和数字金融的快速发展。本文将中国数字普惠金融指数和中国家庭追踪调查(CFPS)数据相结合,评估互联网革命所推动的数字金融的发展对包容性增长的影响。首先,基于分样本实证分析,发现中国的数字金融不但在落后地区的发展速度更快,而且显著提升了家庭收入,尤其是对农村低收入群体而言。可见,数字金融促进了中国的包容性增长。其次,对于数字金融至包容性增长的传导机制,本文发现,数字金融的发展帮助改善了农村居民的创业行为,并带来了创业机会的均等化。最后,通过对物质资本、人力资本及社会资本的异质性分析,发现数字金融特别有助于促进低物质资本或低社会资本家庭的创业行为,从而促进了中国的包容性增长。

关键词 数字经济 数字金融 普惠金融 包容性增长 创业

一、引言

互联网革命以电子计算机的发明和应用为主要标志,涉及信息、新能源、新材料、生物、空间和海洋等技术,是人类文明史上继蒸汽机的发明和电力的使用之后的又一次重大革命,给全球经济和人们的生活带来了全方位的冲击(江小涓,2018)。从经济学的角度看,这个冲击的影响可以归结到效率或增长和公平或收入分配两方面。现有文献关注了互联网对效率的影响,但对贫富差距的影响的研究则有所不足,尽管后者已经成为各国政府、国际社会和组织以及学术界最为重视的问题之一。

---

* 本文原载于《经济研究》2019年第8期。
** 作者简介:张勋,北京师范大学统计学院教授、博导,湖南师范大学大国经济研究中心特邀研究员。

中国尤其得益于互联网革命。在过去的5～10年里，依托于信息、大数据和云计算等创新技术，中国的数字经济（尤其是数字金融）经历了快速发展，如支付宝、微信支付等。这大幅改善了金融服务的可得性和便利性，特别是对于原先无法接触到金融市场的群体而言，从而推动了中国的普惠金融（financial inclusion）发展。举例来说，信用卡的使用是通过完善个人征信从而便利借贷的重要手段，但根据中国银行业统计协会统计（2016）的数据，截至2015年，中国的信用卡发行量为5.3亿张。即便按照人均1张来计算，也还有一大半的人口没有信用卡，从而无法通过信用卡消费获得征信记录，也就无法从传统金融市场上获得资金，使得传统金融失去了完全意义上的普惠性。① 可喜的是，近年来数字金融的发展改变了这一格局：尽管大部分居民没有征信记录，但人们日常使用微信、支付宝在缴纳水、电、燃气等生活费用，或进行购物用餐等支付功能时，均可以累积信用，提供征信记录。这些记录在数字金融平台（如蚂蚁借呗、微粒贷）上已被用于进行借贷审核。因此，互联网革命所带来的数字经济和数字金融，可以惠及那些原来被传统金融、传统征信排除在外的群体，有助于缓解他们的借贷约束，并促进他们的投资和经营活动。而这些缺乏信用记录和抵押的群体，收入往往偏低。可以预期，由互联网革命所带来的信息或数据的创造和共享，有助于推动数字金融②产业的兴起，改善金融的可得性和普惠性，进而促进包容性增长。

包容性增长是2016年G20杭州峰会的"4I"主题之一，将在一定程度上影响全球经济发展走向。从根本上说，包容性增长既关注效率，也关注公平，二者都是发展经济学的核心内容。简单地说，如果某种因素对收入的增长影响为正，同时相对贫穷的人从该因素获益更多，那么该因素就带来了包容性增长。反之亦然。现有文献皆缺乏关于包容性增长的实证研究（张勋、万广华，2016），以往的研究大多是描述性的，主要聚焦包容性增长的理念、实施包容性增长的必要性以及实现包容性增长的政策建议，实证分析比较少见，更不要说论证互联网革命所推动的数字经济和数字金融对包容性增长的影响了。考虑到中国当前经济下行的压力，收入不均等状况也并不乐观，系统、客观地探讨数字金融对包容性增长的影响尤为重要。

---

① 另外的证据是，截至2019年4月24日，中国人民银行征信系统已采集了9.9亿人的信息，但仍有4.6亿自然人没有信贷记录，http://finance.sina.com.cn/roll/2019-04-24/doc-ihvhiqax4733019.shtml。

② 在本文中，我们将不区分地使用数字经济和数字金融作为同义词。

基于以上背景，本文首次将中国数字普惠金融指数和中国家庭追踪调查（CFPS）数据相结合，评估以互联网革命所推动的数字金融发展对包容性增长的影响。首先，基于分样本的实证分析发现，中国的数字金融不但在落后地区的发展速度更快，而且显著地提升了家庭收入，尤其是对农村低收入群体而言。数字金融的发展有利于缩小区域和城乡差别，促进中国的包容性增长。其次，就传导机制而言，本文发现数字金融的发展帮助改善了农村居民的创业行为，并带来了创业机会的均等化。最后，通过对物质资本、人力资本和社会资本的异质性分析，发现数字金融的发展特别有助于促进低物质资本或低社会资本的家庭的创业行为，从而促进了中国的包容性增长。

本文余下的内容安排如下：第二部分对相关文献进行综述；第三部分介绍互联网背景下，数字经济和数字金融在中国的发展；第四部分讨论实证策略及数据；第五部分报告基准模型估算结果；第六部分探讨数字金融促进包容性增长的机制；第七部分为总结。

二、文献综述和论文创新

本文致力于研究数字金融发展能否促进中国的包容性增长，并从家庭创业的角度探讨其内在机制，相关文献可以从以下几方面进行综述。

首先是金融发展的经济效应的文献。一个基本共识是，金融发展有助于经济增长（King and Levine, 1993；Rajan and Zingales, 1998）。金融最核心的功能在于实现资源的优化配置，同时尽可能地降低风险。相关的实证发现也表明，金融发展有助于平滑消费、管理风险、降低居民约束以及便利化交易（Goldsmith, 1969；McKinnon, 1973；Levine, 2005）。特别地，在莱文（Levine, 2005）的经典论文中，作者从理论和实证两个方面证实了更加发达的金融系统能够缓解企业的外部融资约束，而根据伯南克等（Bernanke et al., 1999）的金融加速器原理，融资约束是经济加速增长或下滑的决定机制。

作为互联网与金融的结合体，数字经济尤其是数字金融，自然也具有了金融特性。不仅如此，以往研究还表明数字经济有助于实现普惠金融[①]，从而推动经济增长，特别是在中国。李继尊（2015）认为，近年来由电子商务和通信技术的快速发展所推动的中国互联网金融，可以降低传统金融对物理网点的依赖，具有更强的地理穿透性和低

---

① 在本文中，包容性金融、金融的包容性、金融普惠和普惠金融等作为同义词使用。

成本优势，可以推动普惠金融。焦瑾璞（2014）指出，移动互联网的普及为广大欠发达地区提供金融服务创造了条件，尤其是数字货币在增加金融服务覆盖面、降低服务成本等方面发挥了重要作用（焦瑾璞等，2015），从而有助于优化金融资产配置，改善中小企业的融资状况，在促进金融稳定的同时实现整体盈利水平的提高（王颖、陆磊，2012）。在数据方面，北京大学数字金融研究中心和蚂蚁金服集团利用蚂蚁金服的交易账户数据，编制了2011～2018年多个行政层次的中国数字普惠金融指数，结果显示数字金融是实现低成本、广覆盖和可持续的包容性金融的重要模式，为经济落后地区实现经济赶超提供了可能（郭峰等，2019）。

一系列文献评估了数字金融发展的经济效应。卡普尔（Kapoor，2013）发现数字金融可以促进经济增长，而宋晓玲（2017）利用中国数字普惠金融指数，发现数字金融的发展有助于缩小城乡收入差距。谢绚丽等（2018）同样利用该指数，结合区域层面的企业创新数据，证实了数字金融的发展促进了企业创新。黄益平和黄卓（2018）系统地回顾了中国数字金融的发展历程，并对数字金融的未来进行了展望。但是，这些研究大多使用宏观数据，只是从宏观层面讨论数字金融与经济发展、区域不平等和企业创新创业的关系，难以识别数字金融的经济效应的微观机制。唯一的例外是易行健和周丽（2018），他们发现数字金融的发展通过提升支付便利性和缓解流动性约束等两个方面促进了居民消费。显然，关于数字金融的经济效应的微观机制研究还有待加强。

其次是有关包容性增长的文献。如前文所言，包容性增长既关注效率，也关注公平。遗憾的是，除了张勋和万广华（2016）研究了中国农村基础设施的包容性增长效应之外，关于包容性增长的研究几乎是缺失的，尽管不少文献关注包容性增长的效率或分配维度。但如果结合前面提到的卡普尔（Kapoor，2013）和宋晓玲（2017）的研究，似乎可以得出数字金融发展具有包容性增长效应的结论，但他们的研究一方面依赖于宏观数据，无法识别微观机制；另一方面，城乡收入差距仅仅是收入分配的一部分，而中国的城乡内部差距可能更大（Wan，2008a，2008b）。这自然呼唤在互联网革命背景下对数字金融与包容性增长关系进行更系统严格的分析。

最后是与家庭创业相关的文献。综合来看，影响创业的微观因素包括创业者的性别（Rosenthal and Strange，2012）、年龄（Rees and Shah，1986）、人力资本水平（Lazear，2005）、社会资本水平（胡金焱、张博，2014；周广肃等，2015）、工作经历（Evan and Leighton，1989；王戴黎，2014；周广肃等，2017）、风险偏好程度（Parker，1996）等。影响创业的宏观因素则是创业者所处的政治经济文化以及社会环境（Djankov，2002；Glaeser and Kerr，2009；Ghani et al.，2014；吴晓瑜等，2014；周广肃等，

2015)。国外文献也表明，创业不但可以促进创新和长期经济增长（Baumol，1968；King and Levine，1993；Samila and Sorenson，2011），还可以解决就业问题（De Mel et al.，2008）。

尽管以往研究没有涉及数字金融与创业的关系，但关于金融发展与创业的关系的研究可以为本文提供借鉴。经典文献认为，信贷约束会对创业产生负向影响（Evans and Jovanovic，1989；Nykvist，2008；Karaivanov，2012）。金融发展可以通过合理有效地分配资源、缓解潜在创业者的流动性约束来促进创业活动（Bianchi，2010）。可以预期，依赖于信息、大数据和云计算等创新技术，数字经济和数字金融可以进一步拓展金融的服务范围和触达能力，降低金融的约束力，有益于家庭创业，从而帮助实现创业机会的均等化和包容性增长。

本文力图在以下几个方面有所创新：第一，在互联网革命和数字经济发展的背景下，首次利用由北京大学数字金融研究中心和蚂蚁金服集团共同编制的中国数字普惠金融指数，研究数字经济和数字金融发展与包容性增长的关系。第二，将中国数字普惠金融指数与中国家庭追踪调查数据（CFPS）相结合，从微观层面考察数字金融对居民收入和居民创业的影响，扩展数字金融经济效应的微观机制探讨。第三，进一步地，挖掘数字金融是如何通过物质资本、人力资本和社会资本的异质性影响居民的创业行为，从而丰富关于创业决定因素的文献。

三、数字金融在中国的发展

中国数字金融起步于公益性小额信贷，后来扩展为支付、信贷等多业务的综合金融服务，并由于网络和移动通信等的广泛应用而得到长足发展。中国数字金融的发展极大地提高了金融服务的可得性和便利性，特别是对于原先无法接触到金融的群体来说。尽管中国的传统金融也发展迅速，但由于数字金融的触达性更广，使得大部分拥有手机或接触互联网的居民都可以享受数字金融带来的便利，推动了中国普惠金融的发展。

本文使用中国数字普惠金融指数来描述中国数字金融的发展概况。该指数由北京大学数字金融研究中心和蚂蚁金服集团共同编制，具体编制过程见郭峰等（2019）的研究。它始于2011年，至今延续了8年，已经被用于分析中国数字金融的发展状况及其经济效应，见谢绚丽等（2018）以及易行健和周丽（2018）的研究。

该指数采用了蚂蚁金服的交易账户大数据，具有相当的代表性和可靠性。从表1

可以看出，该指数包括了覆盖广度、使用深度和数字支持服务程度三个方面。覆盖广度主要通过电子账户数（如互联网支付账号及其绑定的银行账户数）等来体现；使用深度依据实际使用互联网金融服务的情况来衡量，包括支付业务、信贷业务、保险业务、投资业务和征信业务等，既用实际使用人数，也用人均交易笔数和人均交易金额来衡量；在数字服务支持方面，便利性和成本是影响用户使用金融服务的主要因素。

表1　　　　　　　　　　　数字普惠金融指标体系

一级维度	二级维度		具体指标
覆盖广度	账户覆盖率		每万人拥有支付宝账号数量
			支付宝绑卡用户比例
			平均每个支付宝账号绑定银行卡数
使用深度	支付业务		人均支付笔数
			人均支付金额
			高频度（年活跃50次及以上）活跃用户数占年活跃1次及以上比
	货币基金业务		人均购买余额宝笔数
			人均购买余额宝金额
			每万人支付宝用户购买余额宝的人数
	信贷业务	个人消费贷	每万支付宝成年用户中有互联网消费贷的用户数
			人均贷款笔数
			人均贷款金额
		小微经营者	每万支付宝成年用户中有互联网小微经营贷的用户数
			小微经营者户均贷款笔数
			小微经营者平均贷款金额
	保险业务		每万人支付宝用户中被保险用户数
			人均保险笔数
			人均保险金额
	投资业务		每万人支付宝用户中参与互联网投资理财人数
			人均投资笔数
			人均投资金额
	信用业务		自然人征信人均调用次数
			每万支付宝用户中使用基于信用的服务用户数（包括金融、住宿、出行、社交等）

续表

一级维度	二级维度	具体指标
数字支持服务程度	移动化	移动支付笔数占比
		移动支付金额占比
	实惠化	小微经营者平均贷款利率
		个人平均贷款利率
	信用化	花呗支付笔数占比
		花呗支付金额占比
		芝麻信用免押笔数占比（较全部需要押金情形）
		芝麻信用免押金额占比（较全部需要押金情形）
	便利化	用户二维码支付的笔数占比
		用户二维码支付的金额占比

资料来源：郭峰等（2019）。

在构建数字普惠金融指数时，首先，将二级维度之下的各项具体指标进行标准化处理，形成可比的指标；接着，利用层次分析法（analytic hierarchy process，AHP），确定中间各层级相对其上一层级的权重大小，再利用变异系数法求最下层（即各具体指标）对其上一层的权重大小；最后，利用这些权重进行指数合成，形成覆盖广度、使用深度和数字支持服务程度的发展指数。再通过指标无量纲化方法，获得最后的中国数字普惠金融指数。

表2报告了2011年和2018年各省份的数字普惠金融指数。就均值而言，全国数字普惠金融指数从2011年的40.00上升到2018年的300.21，各省份的指数也均有较大幅度的增长，表明中国的数字金融经历了快速发展。但是，地区和省际差异比较明显，东部发展程度最高，中部次之，西部最低。不过，从近几年的增长速度来看，西部和中部地区的发展明显加快，这表明我国的数字金融发展具有普惠性。

表2　　　　　　　　　　中国数字金融的发展

省份	数字普惠金融指数		省份	数字普惠金融指数	
	2011年	2018年		2011年	2018年
全国（平均）	40.00	300.21	河南	28.4	295.76
北京	79.41	368.54	湖北	39.82	319.48
天津	60.58	316.88	湖南	32.68	286.81

续表

省份	数字普惠金融指数		省份	数字普惠金融指数	
	2011 年	2018 年		2011 年	2018 年
河北	32.42	282.77	广东	69.48	331.92
山西	33.41	283.65	广西	33.89	289.25
内蒙古	28.89	271.57	海南	45.56	309.72
辽宁	43.29	290.95	重庆	41.89	301.53
吉林	24.51	276.08	四川	40.16	294.30
黑龙江	33.58	274.73	贵州	18.47	276.91
上海	80.19	377.73	云南	24.91	285.79
江苏	62.08	334.02	西藏	16.22	274.33
浙江	77.39	357.45	陕西	40.96	295.95
安徽	33.07	303.83	甘肃	18.84	266.82
福建	61.76	334.44	青海	18.33	263.12
江西	29.74	296.23	宁夏	31.31	272.92
山东	38.55	301.13	新疆	20.34	271.84

四、实证策略和数据

(一) 模型设定：数字金融与包容性增长

首先建立数字金融与居民收入之间的模型。Inc_{ijt} 表示第 t 地区 j 市 i 家庭的收入，家庭所在地的数字金融发展用 $IF_{j,t-1}$ 表示。居民个体收入取对数纠偏，实证模型设定如下：

$$\ln(Inc_{ijt}) = \gamma_0 + \gamma_1 IF_{j,t-1} + \gamma_2' X_{ijt} + \phi_i + \varphi_t + u_{ijt} \tag{1}$$

在模型 (1) 中，X_{ijt} 表示户主个人、家庭以及家庭所在地区的控制变量；ϕ_i 表示家庭固定效应；φ_t 表示年份固定效应；u_{ijt} 为随机扰动项。为了减弱反向因果的可能性，将数字金融发展指数滞后一期。此外，由于本文分析的是地区层面的数字金融发展与家庭收入的关系，为了避免地区内部家庭之间的相关性对估计结果的影响，将标准误聚类 (cluster) 到地区层面。根据模型 (1)，γ_1 用于衡量数字金融的发展对家庭收入的总体影响。

接下来探讨模型的控制变量。户主层面的变量包括户主的性别、年龄、教育年限、政治面貌、婚姻状况和健康水平。由于控制了家庭层面的固定效应，加上户主的性别、教育年限和政治面貌等变量的观察值随时间几乎不变，所以这些变量的系数难以估计。此外，由于户主的年龄可以表示为家庭固定效应和时间固定效应的线性组合，其系数也无法估计。为了缓解遗漏变量偏误，参考张欣等（Zhang et al., 2017）的研究，本文控制了年龄的平方项。在家庭整体层面，我们控制了家庭规模、家庭中的少儿（16岁以下）人数比例和老年（60岁以上）人数比例。模型还加入了所在的村、镇或居委会的总人口和经济状况。

互联网和数字经济的发展对家庭收入的影响不一定仅仅来自于数字金融这个渠道。因此，本文在家庭户主层面上控制了是否使用互联网和手机的虚拟变量，以避免遗漏变量偏误。进一步地，为了区分数字金融和传统金融对家庭收入的不同影响，我们还引入了家庭层面的银行贷款规模作为传统金融发展程度的代理变量。本文依次加入家庭户主层面、家庭整体层面和地区层面的影响因素，以验证关键解释变量（数字金融的发展）估计值的稳健性。

模型（1）用于估计数字金融的发展对家庭收入的总体影响。为了进一步分析数字金融的发展是否促进了包容性增长，我们需要在模型（1）的框架下进一步讨论数字金融的收入分配效应。参考张川川（2015）的做法，本文采取了分样本和分位数[①]回归的方法来探讨数字金融发展在城乡之间、区域之间、城市之间和城乡内部的收入分配效应，以便解析数字金融与包容性增长的关系。

（二）传导机制：数字金融与家庭创业

数字金融的普惠性使更多的人可以获得信贷支持，缓解信贷约束，有助于中小微企业的创立（Evans and Jovanovic, 1989; Nykvist, 2008; Bianchi, 2010; Karaivanov, 2012），并可以带来就业，促进包容性增长。为证实这个传导机制，我们建立一个二元选择模型，其中家庭创业为被解释变量。通常，家庭创业为虚拟变量，因此背后存在一个连续的潜在变量，这个潜在变量可以理解为创业带来的净福利或者效用，当潜在变量大于0，即创业的净福利或效用为正时，家庭选择创业；否则，家庭选择不创业。是否创业构成了这个潜在变量的可观测值。在本文中，潜在变量和二元选择模型的表达式分别为：

---

① 限于篇幅，分位数回归的结果未报告。

$$Entrepre^*_{ijt} = \beta_0 + \beta_1 IF_{j,t-1} + \beta_2 X_{ijt} + \theta_j + \delta_t + \mu_{ijt}$$

$$Prob(Entrepre_{ijt} = 1) = Prob(Entrepre^*_{ijt} > 0) = \Phi(\beta_0 + \beta_1 IF_{j,t-1} + \beta_2 X_{ijt} + \theta_j + \delta_t) \quad (2)$$

其中，X_{ijt} 为控制变量；θ_j 表示家庭所在地区的虚拟变量；δ_t 表示年份虚拟变量。系数 β_1 衡量数字金融发展对家庭创业的总体影响。

模型（2）中的控制变量与模型（1）基本一致，只是添加了家庭纯收入。此外，如果把模型（2）当作 Probit 模型来估计，由于只控制了地区层面的虚拟变量，有可能遭遇遗漏变量和内生性问题。反向因果也有可能存在，因为居民创业行为的增加，或许会使互联网朝着更便利与低成本的方向进步，进而促进数字金融的发展。因此，在稳健性分析中，我们一方面利用数据的家庭面板特征，构建线性概率模型和条件 Logit 模型，控制那些不随时间变化的家庭层面的遗漏变量，减少对估计结果造成的影响；另一方面，采用工具变量估计方法，选取家庭所在地区与杭州的球面距离以及家庭所在地区与省会的球面距离两类工具变量，得到更可靠的结论。

（三）数据

为了估计模型（1）和模型（2），我们使用两方面的数据。第一部分数据来自中国数字普惠金融指数，样本区间为 2011～2018 年。第二部分数据来自北京大学中国社会科学调查中心的中国家庭追踪调查（China family panel studies，CFPS）。具有全国代表性的 CFPS 始于 2010 年，之后每两年进行一次，通过跟踪收集个体、家庭、社区三个层次的数据，反映中国社会经济和人口教育的变迁。CFPS 覆盖 25 个省区市的 162 个县，目标样本规模为 16000 户，调查的对象包含了样本家庭中的全部成员。

本文使用三个层面的数据：（1）基于成人问卷的个人信息，包括个人的性别、年龄、民族、婚姻状况、受教育年限、互联网和手机的使用等；（2）基于家庭问卷和家庭关系问卷的家庭信息，包括家庭规模、抚养比、家庭纯收入等；（3）基于社区问卷的村/居（委会）信息，包括村/居总人口、村/居经济状况[1]等。将上述两部分数据依据城市进行合并，最终获得的样本为 2012 年、2014 年和 2016 年的家庭数据，以及 2011 年、2013 年和 2015 年的数字普惠金融发展指数。表 3 是相关变量的统计描述。

---

[1] 定义为访员所观察到的村/居经济状况，取值为 1～7，1 为很穷，7 为很富。

表3　　变量统计描述

变量	2012年			2016年		
	样本	均值	标准差	样本	均值	标准差
家庭纯收入（对数）	8280	10.018	10.018	6848	10.214	1.354
家庭创业状态（创业=1）	8280	0.0959	0.294	6848	0.0911	0.288
家庭是否创业（从不创业到创业=1）	8280	0.0551	0.228	6848	0.0388	0.193
数字金融发展指数	8280	53.248	17.013	6848	173.607	21.942
户主性别（男性=1）	8280	0.734	0.442	6848	0.745	0.436
户主年龄	8280	52.660	12.388	6848	56.028	12.354
户主教育年限	8280	6.650	4.761	6848	6.522	4.698
政治面貌（党员=1）	8280	0.129	0.335	6848	0.133	0.340
婚姻状况（有配偶=1）	8280	0.876	0.329	6848	0.873	0.333
健康水平（健康=1）	8280	0.582	0.493	6848	0.597	0.490
互联网使用	8280	0.106	0.308	6848	0.249	0.432
手机使用	8280	0.746	0.435	6848	0.887	0.317
家庭规模	8280	3.753	1.765	6848	3.801	1.873
少儿比例	8280	0.158	0.198	6848	0.154	0.195
老年人比例	8280	0.239	0.346	6848	0.299	0.370
银行贷款规模	8280	0.844	2.893	6848	1.366	3.680
村/居总人口（对数）	8280	7.919	0.938	6848	7.876	0.922
村/居经济状况	8280	4.378	1.143	6848	4.427	1.105

1. 家庭纯收入

家庭纯收入变量直接来自CFPS数据库中的家庭问卷，包括工资性收入、经营性收入、财产性收入、转移支付收入和其他收入。我们对家庭纯收入取对数纠偏。表3显示，2012~2016年间，家庭收入有一定提升。

2. 创业

考虑到创业是家庭成员的联合决策，而且家庭的财务数据很难被细分到家庭的每一位成员，因此本文选择在家庭层面定义创业变量。家庭问卷中有关于"是否有家庭成员从事个体经营或开办私营企业"的变量。文献常见的方法是将其定义为虚拟变量，作为家庭创业的指标（周广肃等，2015；周广肃、李力行，2016；周广肃等，2017）。不过，该变量只能衡量家庭目前的创业状况，并不能衡量家庭的创业决策与数字金融发展之间的关系。为了真正研究中国数字金融的发展能否促进家庭创业行为，我们重新构造了家庭层面是否创业的变量。如果家庭成员在上一调查年份未从事，但本调查年份开办了个体或私营企业，对该创业变量赋值为 1，若家庭在两个年度之间的创业状态未改变，则将该变量赋值为 0。对于退出创业的家庭，这一部分样本很少（仅占 1%），暂不进行分析，将其从相关观察值中剔除。可以看出，在构造 2012 年的家庭层面的创业变量时，我们实际上也利用了 2010 年的家庭创业状态的数据。表 3 显示，样本中处于创业状态家庭的比例有所上升，尽管新创业家庭的比例有所下降。我们关心的是中国数字金融的发展是否对创业行为有显著影响。

3. 数字金融

数字金融的发展直接采用城市层面的中国数字普惠金融指数进行衡量。表 3 显示，数字普惠金融发展指数均值从 2011 年的 53.248 增加到 2015 年的 173.607，发展速度很快。

4. 其他变量

本文使用的其他影响居民收入和创业的变量可在以下三类问卷中获得。其中户主性别、年龄、受教育年限、政治面貌、婚姻状况、健康状况和是否使用互联网和手机的变量可在成人问卷中获得；家庭规模、少儿比例、老年人比例和银行贷款规模变量可在家庭问卷和家庭关系问卷中获得；村/居总人口和村/居经济状况可在社区问卷中获得。

五、数字金融与包容性增长

在本节中，我们将分析数字金融的发展与包容性增长的关系。在估算数字金融与家庭收入的基准模型后，我们将通过分析数字金融影响家庭收入的异质性来判断其对包容性增长的影响。

（一）数字金融与家庭收入

我们根据式（1）进行线性最小二乘法（OLS）回归，并加入时间和家庭双重固定效应。同时，考虑到同一城市内家庭之间有相关性，将模型的标准误聚类（cluster）到市一级。表 4 报告了回归结果。

表 4 第（1）栏只考虑了数字金融发展（滞后一期）与家庭收入的单变量关系，在

第（2）~（4）列，我们逐步控制了家庭户主特征、家庭整体特征和所在地区的经济特征。我们发现，所有回归中，数字金融发展的系数估算值均为正且在统计上显著，表明从整体而言，数字金融的发展有助于提升家庭收入。从显著性看，数字金融发展指数每提升一个标准差，家庭收入将提升 11.9~15.4 个百分点，提升幅度较稳定。

考察其他控制变量，我们发现家庭户主特征的变量系数基本不显著，可能的原因是这些变量对于大部分家庭来说在短期内不随时间变化或者变化很小，因此他们的效应基本上被家庭固定效应吸收了。家庭整体特征的变量有助于解释家庭收入，其中，家庭规模与家庭收入呈正相关，但少儿抚养比和老年抚养比的提升倾向于降低家庭收入。值得注意的是，户主是否使用互联网和手机这两个变量均不显著，表明数字金融是互联网和数字经济发展作用于家庭收入的主要载体。此外，作为传统金融的代理变量，家庭的银行贷款规模的系数不显著，表明数字金融的重要性不能被传统金融完全替代。这些结果均与预期相符。最后，所在的村、镇或居委会的总人口和经济状况这两个代表地区经济发展程度的变量也不显著，可能的原因是相对比家庭收入而言，这两个变量是慢变量，短时间难以被识别。

表 4　　　　　　　　数字金融发展与家庭收入：基准模型

因变量：家庭纯收入	（1）	（2）	（3）	（4）
数字金融发展	0.0073** (0.0028)	0.0070** (0.0028)	0.0069** (0.0027)	0.0070*** (0.0026)
控制户主特征	否	是	是	是
控制家庭特征	否	否	是	是
控制社区特征	否	否	否	是
家庭固定效应	是	是	是	是
年份固定效应	是	是	是	是
观测值	22019	22019	22019	22019
R^2	0.7067	0.7072	0.7209	0.7209

注：括号内是稳健聚类（cluster）标准误，***、**和*分别表示在1%、5%和10%的水平显著。下同。

（二）数字金融发展与包容性增长（或收入不均等）

以上所发现的收入增长效应并不意味着收入分配的改善，我们仍然需要评估数字金融的发展是否能够带来包容性增长，即在增加收入的同时改善收入分配，比如减少区域和城乡收入差距。本文以数字金融发展与城乡差距的关系作为代表,来考察数字金融发展与包容性增长(或收入不均等)的关系。由前文可以推断,中国目前的征信空白群体主要来自农村,大部分相对富裕的城镇居民已享有金融和信息服务。如果能够证实农村居民从数字金融发展之中获益更多,即能说明其对收入增长的包容性影响。

表5报告了分别使用城镇和农村样本估算模型(1)的结果。表5的第(1)~(2)列是基于农村居民的结果,第(3)~(4)列是基于城镇居民的结果。与预期相一致,数字金融的发展仅对农村居民的家庭收入有显著的正向影响,对城镇居民的影响并不显著。从显著性上看,根据第(2)列的回归结果,当数字金融发展指数提升一个标准差时,农村家庭收入将提升17.0~21.9个百分点,提升幅度非常可观。①

表5　　　　　　　　数字金融发展对城乡家庭收入的影响

因变量:家庭纯收入	(1)	(2)	(3)	(4)
	农村样本		城镇样本	
数字金融发展	0.0093* (0.0053)	0.0100** (0.0050)	0.0041 (0.0038)	0.0036 (0.0035)
控制户主特征	是	是	是	是
控制家庭特征	否	是	否	是
控制社区特征	否	是	否	是
家庭固定效应	是	是	是	是
年份固定效应	是	是	是	是
观测值	11832	11832	10187	10187
R^2	0.6766	0.6921	0.7438	0.7547

中国的城乡收入差距构成了中国收入不均等的绝大比例(Wan,2007),而农村人均纯收入仅为城镇人均可支配收入的1/3左右,因此,数字金融对农村居民收入的提高有利于改善中国整体的收入分配状况。换句话说,若没有数字金融的发展,中国的城乡差距或收入分配状况可能更差。此外,在未报告的回归结果中,我们发现数字金融发展缩小了中部和东部之间的收入差距,以及农村内部的不均等,从而促进了中国的包容性增长。

---

① 采用城乡交互项方式考察数字金融与包容性增长的关系的发现是类似的,限于篇幅,此处没有报告。

六、传导机制：数字金融的发展与家庭创业

在中国经济体体量上升、增速下滑的背景下，要实现可持续发展，创业和创新至关重要，而金融资本是创业和创新最为重要的前提条件。另外，以互联网经济带动的数字金融使得借贷更加便利，大大降低了创新创业者的借贷约束，特别是对那些原来被传统金融排除在外的群体而言。据此可以假设数字金融通过影响创业这个中间环节影响收入增长。进一步地，数字金融可能带来创业机会的均等化，有助于收入均等化，从而促进包容性增长，即服从数字金融→普惠金融→家庭创业机会的均等化→包容性增长的传导机制。

（一）数字金融发展与家庭创业的基准分析

首先，我们将模型（2）作为 Probit 模型进行估算，以考察数字金融发展与家庭创业的关系，结果见表6。由于 Probit 模型在固定了家庭效应时往往有偏（Hsiao，2003），因此在所有的回归中，我们仅控制了地区和年份固定效应。不过，我们纳入了随时间基本不变的变量，包括户主的性别、年龄（一次项）、教育年限和政治面貌等，以部分地控制家庭固定效应。

表6　　数字金融发展与家庭创业：基准分析

因变量：家庭是否创业	（1）	（2）	（3）	（4）
数字金融发展	0.0016 (0.0012)	0.0004 (0.0012)	0.0022* (0.0012)	0.0005 (0.0013)
控制户主特征	否	是	是	是
控制家庭特征	否	否	是	是
控制社区特征	否	否	否	是
区域固定效应	是	是	是	是
年份固定效应	是	是	是	是
观测值	22019	22019	22019	22019
（拟）R^2	0.0243	0.0409	0.0721	0.0765

表6的第(1)列只考虑了数字金融发展程度指标;第(2)~(4)列逐步控制了家庭户主特征、家庭整体特征和所在地区的特征。我们发现,在所有的回归中,数字金融发展的系数基本不显著,表明从整体而言,中国的数字金融发展对居民创业行为的影响有限。不过,这并不一定表明数字金融的发展对所有居民的影响都不显著。一种可能是数字金融主要帮助创业家庭突破创业的资金门槛,而对于大部分城镇居民来说,他们享有广泛的金融服务和信息,已经能够获取资金进行创业,所以数字金融的影响并不显著。农村居民则更可能从数字金融发展中获益。这种异质性使得表6的回归结果不显著。下一部分我们考察中国的数字金融发展是否对城乡居民的创业行为产生了不同的影响。

(二) 数字金融发展影响家庭创业的城乡差异

表7报告了数字金融发展对居民创业行为影响的城乡异质性。表7的第(1)~(2)列是基于农村样本的结果,第(3)~(4)列是基于城镇样本的结果。与预期一致,数字金融发展仅对农村居民的创业行为有显著的正向影响,对城镇居民的影响为负,但不显著。这也与前面数字金融发展提升了农村居民家庭收入,从而有助于实现包容性增长的发现相呼应。从经济显著性上看,根据第(2)列的结果,数字金融发展对农村居民创业的边际效应为0.00288。这意味着数字普惠金融发展指数每增加一个标准差,农村家庭创业的概率将会提高4.9~6.3个百分点,影响相当可观。

表7 数字金融发展影响家庭创业的城乡差异

因变量:家庭是否创业	(1)	(2)	(3)	(4)
	农村样本		城镇样本	
数字金融发展	0.0041** (0.0021)	0.0037* (0.0022)	-0.0026 (0.0017)	-0.0017 (0.0018)
控制户主特征	否	是	是	是
控制家庭特征	否	否	是	是
控制社区特征	否	否	否	是
区域固定效应	是	是	是	是
年份固定效应	是	是	是	是
观测值	11832	11832	10187	10187
(拟) R^2	0.0406	0.0737	0.0549	0.0952

从控制变量来看，家庭户主特征、家庭整体特征以及地区经济特征对创业行为都有显著的影响。首先，户主受教育年限以及互联网的使用对创业行为有显著影响。使用互联网有助于提升创业的概率，可能的原因是除了数字金融的融资作用，互联网还能提供与创业相关的信息。其次，从家庭层面来看，家庭规模对创业有显著的正向影响，但老年人比例对创业有显著的负向影响，这与家庭的经济负担及适龄劳动力人数较低有关。家庭纯收入会降低创业的概率，可能是因为家庭纯收入较高的家庭，选择有风险的创业的可能性较低。最后，地区的总人口和经济水平也会对创业行为有显著正向影响，这可能跟市场规模有关：市场规模越大，创业潜在收益越大，创业的机会也越多。

为了保证基准分析的可信性，也为了验证数字金融与家庭创业之间的因果联系，在未报告的回归中，我们还进行了一系列稳健性检验。其中，为了应对模型设定偏误，我们选用了 Logit 模型、线性概率模型和条件 Logit 模型的方法；为了应对测量误差偏误，我们采用了腾讯集团所构建的中国"互联网+"数字经济指数；为了克服内生性偏误，我们选取了家庭所在地区与杭州的球面距离以及家庭所在地区与省会的球面距离两类工具变量。所有的结果（可以向第一作者索取）均表明，数字金融发展显著地促进了农村家庭创业，表明本文的分析结果是稳健的。

（三）谁从数字金融发展中获益更多？

前面的分析表明，数字金融提升了家庭收入，农村居民在数字金融的发展中获益更多，从而带来了包容性增长。具体的机制上，我们发现数字金融的发展更多地促进了农村居民的创业行为，从而为农村居民的增收创造了条件。事实上，包容性增长的内涵就是让所有人公平合理地分享经济增长的果实，从这个角度来看，数字金融的发展通过带来农村居民创业概率的提升，促进了经济增长的机会分享，有助于实现包容性增长。为了加深对数字金融与创业之间的关系的认识，本文进一步考察哪类群体从数字金融的发展中获益更多（即创业概率更高），以详细解析数字金融发展的分配效应和更深入地理解数字金融发展如何实现包容性增长。

已有文献表明，物质资本、人力资本和社会资本均对创业均有显著影响（Hurst and Lusardi，2004；Lazear，2005；胡金焱、张博，2014）。尽管数字金融的发展使农村居民的创业概率显著提高，但如果它更多地帮助了在"三大资本"上有优势的群体，则会加剧农村内部的收入差距，其整体包容性就要大打折扣，反之则增强了其包容性。我们将农村家庭按照物质资本、人力资本和社会资本进行分组，分别考察数字金融发展对不同资本拥有者的影响。

1. 物质资本的异质性

本文采用两种方式来刻画物质资本。第一种方式参考了周广肃和李力行（2016）的做法，使用家庭纯收入作为物质资本的代理变量，将农村家庭分为低收入组（中位数以下）和高收入组（中位数以上），分别用二组样本估计 Probit 模型，回归结果如表8所示。我们发现，数字金融的发展仅帮助提升低收入组家庭的创业概率，对高收入组家庭的影响不显著，可能是因为后者已经能够获取资金进行创业，对数字金融的发展不甚敏感。这与前面的发现是一致的。反过来说，数字金融的发展特别有益于物质资本匮乏的农村家庭，充分体现了其包容性。

表8　　　数字金融发展与农村家庭创业：物质资本（家庭收入）的异质性

因变量：家庭是否创业	（1）	（2）	（3）	（4）
	低收入组		高收入组	
数字金融发展	0.0050* (0.0029)	0.0051* (0.0030)	0.0035 (0.0030)	0.0016 (0.0033)
控制户主特征	否	是	是	是
控制家庭特征	否	否	是	是
控制社区特征	否	否	否	是
区域固定效应	是	是	是	是
年份固定效应	是	是	是	是
观测值	5825	5825	5919	5919
（拟）R^2	0.0557	0.1040	0.0441	0.0740

一种担忧是家庭收入也可以反映人力资本的差异，部分研究甚至使用家庭收入来衡量人力资本。因此，我们还采用家庭拥有的土地资产价值来衡量物质资本。尽管中国土地并非私有，但土地代表了农村家庭的禀赋。在未报告的回归中，我们发现结论依旧稳健：数字金融的发展仅有助于提升低禀赋家庭的创业概率，而对高资产价值组家庭没有影响，进一步体现了包容性。

2. 人力资本的异质性

基于户主的受教育年限，我们将数据分为低教育组（小学及以下）和高教育组

(初中及以上），分别估计创业模型。① 表9显示，数字金融的发展对农村居民创业的促进作用主要体现在高教育组群上，没有体现出包容性。但这与预期相符合，毕竟数字金融以互联网技术为支撑，需要居民有一定的文化水平和自学能力。另外，创业本身需要一定的知识储备，较低教育水平的家庭在这方面相对欠缺。有必要指出，本部分的结果凸显了人力资本在"大众创业"时代的重要性。

表9　　　　　　　数字金融的发展与农村家庭创业：人力资本的异质性

因变量：家庭是否创业	(1)	(2)	(3)	(4)
	低人力资本		高人力资本	
数字金融发展	0.0019 (0.0028)	0.0017 (0.0030)	0.0063** (0.0030)	0.0056* (0.0033)
控制户主特征	否	是	是	是
控制家庭特征	否	否	是	是
控制社区特征	否	否	否	是
区域固定效应	是	是	是	是
年份固定效应	是	是	是	是
观测值	7446	7446	4338	4338
（拟）R^2	0.0361	0.0693	0.0518	0.0893

3. 社会资本的异质性

发展中国家的居民往往通过社会网络进行借贷，传统理论一般都认可社会资本在居民创业决策中的重要作用，特别是对农村居民而言。那么，数字金融的发展能否缓解社会资本的作用，使得没有社会网络的群体也能参与到创业活动中呢？本文的答案是肯定的。依据周广肃等（2015）以及周广肃和李力行（2016）的方法，我们采用家庭是否具有私人转移支付收入作为衡量社会资本的代理指标，并据此将数据分为两组。具有私人转移支付收入，说明家庭与外部来往密切，社会资本更高。表10表明，数字金融的发展显著地提升了低社会资本组的创业概率，但对高社会资本组的提升作用不显著。所以说，数字金融的发展能够降低农村居民对社会网络的依赖性。

---

① 使用初中作为分界点的原因在于农村地区户主的教育水平并不高，小学及以下的样本占了全样本的2/3。若使用更高教育水平作为分界点，高教育水平的组别的样本量将偏低。

表 10　　　　　数字金融的发展与农村家庭创业：社会资本的异质性

因变量：家庭是否创业	(1)	(2)	(3)	(4)
	低社会资本		高社会资本	
数字金融发展	0.0058** (0.0023)	0.0061** (0.0024)	-0.0025 (0.0046)	-0.0071 (0.0050)
控制户主特征	否	是	是	是
控制家庭特征	否	否	是	是
控制社区特征	否	否	否	是
区域固定效应	是	是	是	是
年份固定效应	是	是	是	是
观测值	9225	9225	2461	2461
（拟）R^2	0.0407	0.0781	0.0813	0.1120

七、总结

第三次技术革命是人类文明史上继蒸汽机的发明和电力的使用之后的又一次重大革命，带来了更大程度的资源共享，其对收入分配的影响逐渐凸显。其中，基于互联网的数字经济和数字金融，使金融服务的可得性和便利性大幅度改善，特别是对于原先被传统金融排除在外的群体，这显然为改善机会不平等提供了条件。

本文的主要贡献是构建了实证框架，评估互联网革命和数字经济所推动的中国数字金融对包容性增长的影响，填补了数字经济和数字金融对收入分配影响研究方面的空白。本文将中国数字普惠金融指数和中国家庭追踪调查数据进行合并后，估算了数字金融的发展对包容性增长的影响。研究发现，数字金融的发展提升了家庭收入，并且农村低收入群体得益更为显著。因此，数字金融的发展有利于中国实现包容性增长。进一步地，本文挖掘了从数字金融至包容性增长的传导机制，发现数字金融的发展更加有助于农村居民而不是城镇居民创业。最后，我们还针对农村家庭的物质资本、人力资本和社会资本展开异质性分析，发现数字金融有助于提升农村低收入家庭和低社会资本家庭的创业概率，进而帮助改善农村内部的收入分配状况。所有这些都证实了互联网革命下数字金融的包容效应。

本文的政策含义是非常明显的。首先，数字金融服务对亟须提高收入的农村居民具有重要作用，因此需要继续推进数字金融的发展，强化其在创业、增收和改善收入分配上的作用。其次,在推进数字金融发展的同时,要注重农村居民人力资本水平的提升,使得农村居民更好地享有数字金融所带来的普惠性。当然,在具体推进数字金融发展,尤其是为创业家庭提供借贷服务时,也需要强化甄别机制,确保有限信贷资源的优化配置。

本文可从不同方面加以扩展和挖掘,比如,可以构建理论模型刻画互联网革命所带来的数字金融发展在居民增收和缩小贫富差距上的作用。此外,本文从城乡差距、城乡内部差距和不同群体的异质性的角度探讨数字金融与包容性增长的关系,后续研究可以从整体收入分配甚至财富分配的角度展开。最后,后续研究还可以进一步分析互联网革命所带来的数字金融发展如何影响家庭经济行为,如消费储蓄决策、就业选择和家庭分工等。

参 考 文 献

[1] 郭峰,王靖一,王芳,孔涛,张勋,程志云. 测度中国数字普惠金融发展:指数编制与空间特征 [J]. 经济学(季刊),2020,19(4):1401–1418.

[2] 胡金焱,张博. 社会网络、民间融资与家庭创业:基于中国城乡差异的实证分析 [J]. 金融研究,2014(10):148–163.

[3] 黄益平,黄卓. 中国的数字金融发展:现在与未来 [J]. 经济学(季刊),2018,17(4):1489–1502.

[4] 江小涓. 网络空间服务业:效率、约束及发展前景:以体育和文化产业为例 [J]. 经济研究,2018,53(4):4–17.

[5] 焦瑾璞,黄亭亭,汪天都,张韶华,王瑱. 中国普惠金融发展进程及实证研究 [J]. 上海金融,2015(4):12–22.

[6] 焦瑾璞. 移动支付推动普惠金融发展的应用分析与政策建议 [J]. 中国流通经济,2014,28(7):7–10.

[7] 李继尊. 关于互联网金融的思考 [J]. 管理世界,2015(7):1–7,16.

[8] 宋晓玲. 数字普惠金融缩小城乡收入差距的实证检验 [J]. 财经科学,2017(6):14–25.

[9] 王戴黎. 外资企业工作经验与企业家创业活动:中国家户调查证据 [J]. 管理世界,2014(10):136–148.

[10] 王颖,陆磊. 普惠制金融体系与金融稳定 [J]. 金融发展研究,2012(1):4–10.

[11] 吴晓瑜,王敏,李力行. 中国的高房价是否阻碍了创业?[J]. 经济研究,2014,49(9):121–134.

［12］谢绚丽，沈艳，张皓星，郭峰. 数字金融能促进创业吗?：来自中国的证据［J］. 经济学（季刊），2018，17（4）：1557－1580.

［13］易行健，周利. 数字普惠金融发展是否显著影响了居民消费：来自中国家庭的微观证据［J］. 金融研究，2018（11）：47－67.

［14］张川川. 出口对就业、工资和收入不平等的影响：基于微观数据的证据［J］. 经济学（季刊），2015，14（4）：1611－1630.

［15］张勋，万广华. 中国的农村基础设施促进了包容性增长吗?［J］. 经济研究，2016，51（10）：82－96.

［16］中国银行业统计协会. 中国银行卡产业发展蓝皮书（2016）［M］. 北京：中国金融出版社，2016.

［17］周广肃，李力行. 养老保险是否促进了农村创业［J］. 世界经济，2016，39（11）：172－192.

［18］周广肃，谭华清，李力行. 外出务工经历有益于返乡农民工创业吗?［J］. 经济学（季刊），2017，16（2）：793－814.

［19］周广肃，谢绚丽，李力行. 信任对家庭创业决策的影响及机制探讨［J］. 管理世界，2015（12）：121－129，171.

［20］Baumol W J. Entrepreneurship in Economic Theory［J］. American Economic Review，1968：64－71.

［21］Bernanke B S, Gertler M, Gilchrist S. The Financial Accelerator in a Quantitative Business Cycle Framework［J］. Handbook of Macroeconomics，1999，1：1341－1393.

［22］Bianchi M. Credit Constraints, Entrepreneurial Talent, and Economic Development［J］. Small Business Economics，2010，34（1）：93－104.

［23］De Mel S, Mckenzie D, Woodruff C. Returns to Capital in Microenterprises：Evidence from a Field Experiment［J］. Quarterly Journal of Economics，2008，123（4）：1329－1372.

［24］Djankov S, La Porta R, Lopez-de-Silanes F, Shleifer A. The Regulation of Entry［J］. Quarterly Journal of Economics，2002：1－37.

［25］Evans S D, Jovanovic B. An Estimated Model of Entrepreneurial Choice under Liquidity Constraints［J］. Journal of Political Economy，1989，97：808－827.

［26］Ghani E, Kerr W, O'Connell S. Spatial Determinants of Entrepreneurship in India［J］. Regional Studies，2014，48（6）：1071－1089.

［27］Glaeser E, Kerr W. Local Industrial Conditions and Entrepreneurship：How Much of the Spatial Distribution Can We Explain?［J］. Journal of Economics and Management Strategy，2009，18（3）：623－663.

［28］Goldsmith R W. Financial Structure and Development［M］. New Haven, CN：Yale University Press，1969.

[29] Hsiao C. Analysis of Panel Data [M]. Cambridge University Press, 2003.

[30] Hurst E, Lusardi A. Liquidity Constraints, Household Wealth, and Entrepreneurship [J]. Journal of Political Economy, 2004, 112: 319 – 347.

[31] Kapoor A. Financial Inclusion and the Future of the Indian Economy [J]. Futures, 2013, 10: 35 – 42.

[32] Karaivanov A. Financial Constraints and Occupational Choice in Thai Villages [J]. Journal of Development Economics, 2012, 97 (2): 201 – 220.

[33] King R G, Levine R. Finance, Entrepreneurship and Growth [J]. Journal of Monetary Economics, 1993, 32 (3): 513 – 542.

[34] Lazear E. Entrepreneurship [J]. Journal of Labor Economics, 2005, 23 (4): 649 – 680.

[35] Levine R E. Finance and Growth: Theory and Evidence [J]. Handbook of Economic Growth, 2005 (1): 865 – 934.

[36] McKinnon R I. Money and Capital in Economic Development [M]. Washington, DC: Brookings Institution, 1973.

[37] Nykvist J. Entrepreneurship and Liquidity Constraints: Evidence from Sweden [J]. Scandinavian Journal of Economics, 2008, 110 (1): 23 – 43.

[38] Parker S. A Time Series Model of Self-Employment under Uncertainty [J]. Economica, 1996: 459 – 475.

[39] Rajan R G, Zingales L. Financial Dependence and Growth [J]. American Economic Review, 1998, 88 (3): 559 – 586.

[40] Rees H, Shah A. An Empirical Analysis of Self-employment in the UK [J]. Journal of Applied Econometrics, 1986, 1 (1): 95 – 108.

[41] Rosenthal S, Strange W. Female Entrepreneurship, Agglomeration, and a New Spatial Mismatch [J]. Review of Economics and Statistics, 2012, 94 (3): 764 – 788.

[42] Samila S, Sorenson O. Venture Capital, Entrepreneurship, and Economic Growth [J]. Review of Economics and Statistics, 2011, 93: 338 – 349.

[43] Wan G. Inequality and Growth in Modern China [M]. Oxford University Press, 2008a.

[44] Wan G. Understanding Inequality and Poverty in China: Methods and Applications [M]. Palgrave Macmillan, 2008b.

[45] Wan G. Understanding Regional Poverty and Inequality Trends in China: Methodological Issues and Empirical Findings [J]. Review of Income and Wealth, 2007, 53 (1): 25 – 34.

[46] Zhang X, Zhang X, Chen X. Happiness in the Air: How Does a Dirty Sky Affect Mental Health and Subjective Well-being? [J]. Journal of Environmental Economics and Management, 2017, 85: 81 – 94.

生产性服务业集聚提高了中国城市经济效率吗？
——基于产业层次和城市规模差异视角的检验*

袁冬梅** 李恒辉

摘 要 加快发展生产性服务业是促进中国产业转型升级，进而提高城市经济效率和实现高质量增长的重要途径。利用 2004~2018 年城市面板数据对生产性服务业集聚与中国城市经济效率之间的关系进行检验。实证发现：(1) 生产性服务业集聚对城市经济效率的影响整体呈倒 U 型，目前正处于促进城市经济效率的上升阶段；(2) 分产业层次看，对城市经济效率的倒 U 型影响主要来源于高端生产性服务业集聚，低端生产性服务业集聚与城市经济效率呈线性关系；(3) 分城市规模看，不同规模城市生产性服务业集聚均促进了城市经济效率提升，其中 Ⅰ 型和 Ⅱ 型大城市的促进作用最大，中等城市作用最小。

关键词 生产性服务业集聚 城市经济效率 产业层次差异 城市规模差异

一、引言

中共十九大报告明确提出"支持传统产业优化升级，加快发展现代服务业"[①]，生产性服务业作为现代服务业的重要组成部分，正逐渐成为促进中国产业由生产制造型向生产服务型转变、进而提高整体经济效率和实现高质量增长的主力。作为生产的中间投入要素，生产性服务业不仅能发挥对关联产业的外部性，而且有利于培育

---

* 本文原载于《厦门大学学报（哲学社会科学版）》2021 年第 2 期。
** 作者简介：袁冬梅，经济学博士，湖南师范大学商学院教授、博导，湖南师范大学大国经济研究中心研究员。
① 习近平：《决胜全面建成小康社会 夺取新时代中国特色社会主义伟大胜利——在中国共产党第十九次全国代表大会上的报告》，人民出版社 2017 年版，第 30 页。

新的经济增长点,生产性服务业在城市的适宜性集聚是城市经济效率提升的重要支撑。但在我国不少城市,产业结构趋同及生产性中间投入与需求错配弱化了生产性服务业的功能,导致资源配置的扭曲,不利于城市经济效率的提升。当前较多学者探讨了生产性服务业集聚与城市经济效率的关系,但主要是从集聚本身促进经济效率的机理角度研究二者的关系,未基于城市规模和生产性服务业集聚产业层次的匹配与协调性研究生产性服务业集聚对经济效率的系统性影响。因此,生产性服务业集聚是否有效促进了城市经济效率提升?不同产业层次生产性服务业集聚对城市经济效率的影响是否存在异质性?如何根据城市规模更好地布局生产性服务业,解决城市内部生产性中间投入与需求错配问题?深化上述问题研究具有重要的理论和现实意义。

与现有文献相比,本文的贡献在于:第一,以城市为空间单位,探讨了城市资源条件约束下,生产性服务业集聚对城市经济效率的非线性影响作用;第二,基于生产性服务业产业层次差异,探讨了不同产业层次生产性服务业集聚对城市经济效率提升的异质性作用;第三,基于城市规模和生产性服务业集聚产业层次的差异,探讨了二者的适宜性匹配对城市经济效率提升的影响。

二、文献综述

随着社会分工不断深化,制造业中生产性服务部分逐渐剥离出来,并且随着我国经济和产业结构的不断转型,生产性服务业的功能由最初经济系统润滑剂逐渐演变为目前提升经济效率的引擎(段文斌、刘大勇、皮亚彬,2016)。相关研究也逐渐从简单对集聚现象的描述不断深入到分析生产性服务业集聚对地区经济效率的影响上。马歇尔(Marshall,1920)最早提出产业在地理上集聚得益于外部性的观点,指出在同一地区同一产业企业的集聚所形成的专业化能够引致劳动力和中间投入品的规模效应,促进信息交换和技术扩散。后来阿罗(Arrow,1962)将马歇尔外部性思想进一步模型化,用以解释知识溢出效应对生产效率的作用。在产业集聚外部性效应理论框架下,城市经济学领域众多学者对生产性服务业与城市经济效率的关系进行了深入探讨,但尚存在着争论。第一,部分学者认为生产性服务业集聚能有效促进经济效率提升。黄繁华、郭卫军(2020)研究指出生产性服务业集聚通过促进劳动生产率、资本生产率以及全要素生产率的提升从而促进了城市经济效率提升。首先,生产性服务业作为生产活动中间投入要素,与最终产品制造业需求相平衡的生产性服务业发展水平有利于促进二者协调互动,最大化城市生产率(金晓雨,2015)。其次,生产性服务业集聚可以通过专业化分工和学习效应两个途径直接提升企业的生产率,增强了经济适应外部环境变化的能力,对城市技术效率和资本效率增长具有正向溢出效应(Wood,2006;梁军、从振楠,2018)。另外,生产性服务业集聚有利于地区投资经营环境的改善,增强本地区生产要素的集聚能力,从而提升宏观经济总体全要素生产率(李平、付一夫、张艳芳,2017)。第二,另外一些学者则认为生产性服务业集聚与城市生产率存在着非线性关系。黄永春(2013)等研究指出,与本地需求结构相匹配的生产性服务业发展才能发挥集聚规模效应,否则会因要素和需求的低效配置降低城市生产效率。韩峰(2014)等研究认为随着经济水平的不断提高,生产性服务业集聚对经济增长的边际贡献呈先增后减的倒U型趋势。李晓萍等(2015)的研究验证了此类非线性关系的存在,实证发现中国2003年之后经济集聚带来的更多是拥挤效应。第三,还有部分学者关注了城市规模对生产性服务业集聚与经济效率关系的调节作用。柯善咨、赵曜(2014)和张浩然(2015)实证检验显示生产性服务业集聚与城市生产率的关系随着城市规模的扩张呈现先增长后下降的倒U型。曾艺等(2019)同样关注了城市规模的调节作用,但实证结果显示生产性服务业集聚对经济增长质量促进作用随着城市等级规模的不断增大而不断增强。第四,少数学者从产业层次差异视角探讨了生产性服务业集聚对城市经济效率的影响。席强敏等(2015)发现在不同类型生产部门中,对于不同产业层次生产性服务业需求存在较大差异。黄斯婕、张萃(2016)则进一步指出生产性服务业行业的异质性决定了每个行业的集聚对城市生产率促进作用大小存在不同。

尽管生产性服务业集聚与城市经济效率关系的研究已积累较多文献,但现有研究还存在一些不足。生产性服务业在发展过程中其技术性质并非一成不变,随着现代科技的进步和生产性服务业的发展,其性质和构成更加复杂多元(王恕立、滕泽伟、刘军,2015)。同时,不同规模城市经济结构和市场需求等条件决定了适宜发展的生产性服务业层次必然有所差异。因此,本文以城市为空间单位,从生产性服务业产业层次和城市规模差异视角出发,系统探讨生产性服务业集聚与城市经济效率之间的关系,以期为各级政府制定合理的产业发展政策,优化产业结构、转换经济增长动力和提升经济效率提供参考性建议。

三、机理分析和假设

（一）生产性服务业集聚与城市经济效率

集聚经济的规模报酬递增是城市经济效率提升的重要推动力（袁冬梅、信超辉、袁琊，2019），与制造业集聚仅带来自身产业生产效率提升不同，城市中生产性服务业集聚不仅带来了自身产业的规模报酬递增，其作为必要的中间投入要素对关联产业同样具有外部性。具体来说：首先，生产性服务业在城市的集聚具有规模效应，可以通过产业内与产业间的分工协作，促进产业整体的生产效率提升；其次，生产性服务业提供的专业化生产服务降低了关联产业生产和交易成本，推动了关联产业的生产效率提升；最后，集聚带来的知识和技术外溢会带动城市各企业争相模仿和创新，产业内外的良性竞争效应利于城市创新水平和全要素生产率提升。

但是，囿于集聚成本存在，集聚的规模效应不会一直持续（陈国亮、陈建军，2012）。在生产性服务业集聚规模效应增强的阶段，由于资本逐利性，隐含了过度集聚危机。当一个地区存在过度集聚时，地租、交通、时间等拥挤成本效应就会逐渐显现，同时叠加要素供给的相对过剩也会使得规模报酬递减，从而不利于提升地区经济效率（王垚、年猛、王春华，2017）；另外，不同规模城市产业体系完善水平决定了对不同产业层次生产性服务业中间投入的需求差异，如果存在需求和投入不匹配，也会不利于本地经济发展效率。由此，提出本文的假设1：

假设1：生产性服务业集聚与城市经济效率之间存在着非线性关系。

（二）城市规模差异下，不同产业层次生产性服务业集聚与城市经济效率

经济系统中要素需求和投入数量比例配置决定着生产活动产出效率（邓仲良、张可云，2020）。具体到生产性服务业，即使生产性服务投入并未造成生产要素拥挤，也会因供给超过了发展需求而造成资源配置效率损失。受资源禀赋、产业政策和区位条件等多重因素影响，城市作为产业集聚的载体，随着价值链分工不断深化，不同规模城市在区域分工协作中承担着差异性的角色。同时，虽然生产性服务业整体上呈现资

本和知识技术密集型特点，但细分产业层次，生产性服务业也呈现出多样性和差异性特征（王恕立、胡宗彪，2012）。

对于较小规模城市，工业化水平和结构更多表现出初级和简单特征，对生产性服务中间投入需求也较为简单，虽然不排除部分中小城市凭借较好的要素禀赋条件实现了较高工业化水平，但受到工业规模和最终需求等因素限制，对技术和知识密集型生产性服务业需求规模也相对较小。所以，规模较小城市因其以低端产业布局为主，劳动密集型的低端生产性服务业更符合本地资源配置；而对于综合性的较大规模城市，拥有着较大的产业规模和较为完善的产业链，立足于价值链高端环节，此时资本、技术密集型生产性服务业集聚更符合城市发展需求；同时，较大规模城市存在着完整产业链，对低端生产性服务业需求也较大。生产性服务业集聚作用于城市经济效率的机理可总结如图1所示。综上所述，对于特定规模城市，布局能更好满足本地实际需求和发展潜力的生产性服务业，才能更好发挥生产性服务业集聚的规模效应。反之，若生产性服务业供给超出本地发展的实际需求，集聚的拥挤效应会逐渐超过规模效应，不利于经济效率提升。因此，提出本文的假设2：

假设2：当城市规模较小时，低端生产性服务业集聚更有利于经济效率的提升。随着城市规模的扩大，高端生产性服务业集聚更有利于经济效率的提升。

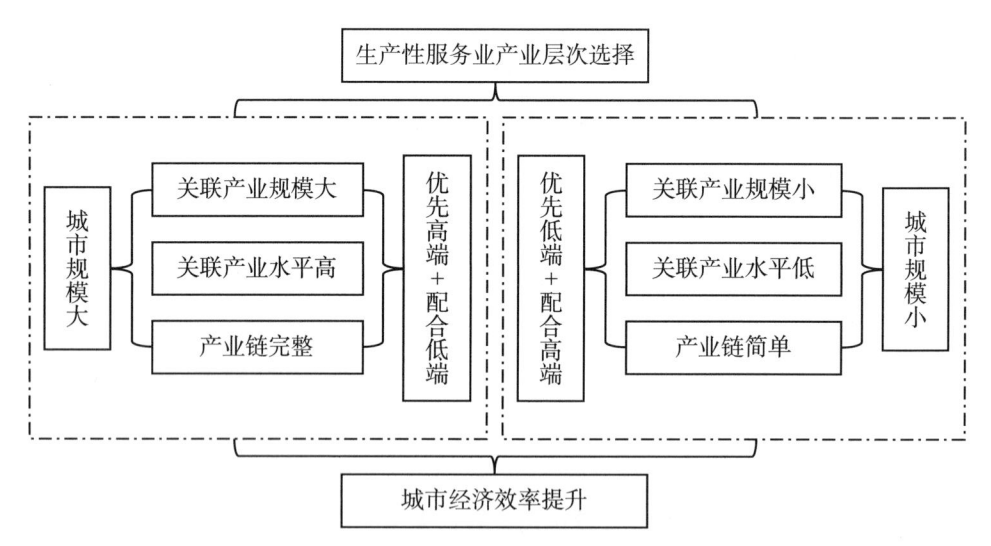

图1　生产性服务业产业层次的选择及对城市经济效率提升的作用机理

四、模型构建和变量设定

(一) 模型构建

基于前面的理论分析与研究假设,构建模型如下:

$$\ln ATFP_{it} = \beta_0 + \beta_1 \ln QP_{it} + \beta_2 \ln QP_{it}^2 + \theta X_{it} + \mu_{it} \tag{1}$$

其中,$ATFP$ 为城市全要素生产率;QP_{it} 表示 i 城市 t 时期生产性服务业集聚程度,引入生产性服务业集聚程度的二次项来识别其非线性影响作用;X 为控制变量,包括经济发展水平、人力资本水平、金融发展水平、利用外资水平、工资水平以及政府干预程度;i 代表城市,t 代表时期;μ 是随机扰动项。

(二) 变量设定

1. 被解释变量

经济效率($ATFP$):全要素生产率指标可以综合反映一段时间内投入转化为产出的总体效率(Syverson,2011),能较好衡量城市经济效率。借鉴格瑞里茨和迈雷斯(Griliches and Mairesse,1990)提出的近似全要素生产率($ATFP$)的方法测算城市经济效率,公式为:

$$ATFP_t = \ln \frac{Y}{L} - s \times \ln \frac{K}{L} \tag{2}$$

其中,Y 为产出,用国内生产总值表示;L 为劳动要素投入;K 为资本要素投入;s 为资本的产出弹性,若 $s=0$,则生产率为劳动生产率;若 $s=1$,则生产率为资本生产率;借鉴张军等(2004)的研究,在计算城市经济效率时取 $s=\frac{1}{3}$。对于劳动要素投入,用城市全部就业人数表示;对于资本要素投入,用国内资本存量 K 表示,采用永续盘存法对资本存量进行计算,测算采用相对效率几何递减模型,公式为:

$$K_t = I_t + (1-\delta) \times K_{t-1} \tag{3}$$

其中,K_t 和 K_{t-1} 分别为 t 期和 $t-1$ 期的资本存量,I_t 为 t 期的资本投入额;本文选择 2004 年为基期进行资本存量测算,参考孙晓华(2013)的研究,将各地级市 2004 年的固定资产投入额除以 10% 作为该地级市初始资本存量,并把城市固定资产经济折

旧率 δ 设为 9.6%。

2. 解释变量

生产性服务业集聚（QP）：本文采用区位熵指数来测度生产性服务业集聚，公式为：

$$QP_{ij}(t) = \frac{q_{ij}(t) \Big/ \sum_{j} q_{ij}(t)}{\sum_{i} q_{ij}(t) \Big/ \sum_{i} \sum_{j} q_{ij}(t)} \tag{4}$$

其中，$QP_{ij}(t)$ 指 t 时期 i 城市 j 产业的区位熵指数，$q_{ij}(t)$ 为 t 时期 i 城市 j 产业就业人数，$\sum_{j} q_{ij}(t)$ 为 t 时期 i 城市所有产业的就业人数，$\sum_{i} q_{ij}(t)$ 为 t 时期全部城市 j 产业的就业人数，$\sum_{i} \sum_{j} q_{ij}(t)$ 为 t 时期全部城市所有产业的就业人数；生产性服务业的区位熵指数越大，说明该城市生产性服务业的集聚程度越高，反之越低。表 1 列出了根据 2014 年颁布的城市规模分类标准，对中国 285 个地级及以上城市 2004 年、2010 年和 2018 年不同规模城市、不同产业层次生产性服务业集聚水平测算结果。结果显示在不同类型的城市中，随着城市规模的扩大，生产性服务业整体集聚水平和低端生产性服务业集聚水平均大致呈现上升趋势，高端生产性服务业集聚水平大致呈现先减小后增大的趋势；随着时间推移，不同类型城市生产性服务业整体集聚水平和高端生产性服务业集聚水平均大致呈上升趋势（Ⅱ型大城市除外），Ⅰ型和Ⅱ型大城市低端生产性服务业集聚水平呈现先上升后下降趋势，中小城市低端生产性服务业集聚水平大致呈现上升趋势。总体来看，2004 年以来中国不同类型城市生产性服务业集聚水平均有所提升，符合中国提倡的发展现代服务业的要求。但分产业层次看，中小城市高端生产性服务业集聚呈现较高水平，而Ⅱ型大城市高端生产性服务业集聚呈现较低水平，这一结果与预期不同，这可能同近年来不同类型城市产业发展和户籍政策有关。随着国家对产业发展的协调性越来越重视，不同规模城市的生产性服务业产业层次集聚选择上将会更加科学合理。

表 1　中国不同规模城市、不同产业层次生产性服务业集聚水平

产业集聚类型	城市类型	2004 年	2010 年	2018 年
生产性服务业集聚	Ⅰ型大城市（人口 300 万以上）	1.2638	1.2892	1.3070
	Ⅱ型大城市（人口 100 万~300 万）	1.0009	1.0971	0.9416
	中等城市（人口 50 万~100 万）	1.0368	1.0393	1.1456
	小城市（人口 50 万以下）	0.9759	1.0775	1.1308

续表

产业集聚类型	城市类型	2004 年	2010 年	2018 年
高端生产性服务业集聚	Ⅰ型大城市（人口 300 万以上）	1.2927	1.2921	1.3517
	Ⅱ型大城市（人口 100 万~300 万）	1.1055	1.2051	1.0461
	中等城市（人口 50 万~100 万）	1.1943	1.3159	1.3527
	小城市（人口 50 万以下）	1.2274	1.3258	1.3405
低端生产性服务业集聚	Ⅰ型大城市（人口 300 万以上）	1.2393	1.2863	1.2562
	Ⅱ型大城市（人口 100 万~300 万）	0.9120	0.9883	0.8226
	中等城市（人口 50 万~100 万）	0.9031	0.7607	0.9098
	小城市（人口 50 万以下）	0.7622	0.8274	0.8921

3. 控制变量

本文还借鉴以往研究控制了其他解释变量，包括经济发展水平（PGDP），一般认为随着城市经济发展水平的提高，城市经济发展效率也会更高，采用市辖区人均 GDP 表示；人力资本水平（HUMAN），兼具知识和技能要素的人力资本显然能够提高城市的经济效率，采用市辖区每万人在校大学生数作为代理变量；金融发展水平（FD），良好的金融系统能够将资金从低效率部门向高效率部门转移，从而增强整体经济系统效率，采用市辖区金融机构年末存贷款余额占 GDP 比重表示；利用外资水平（FDI），FDI 不仅可以增加城市的资本存量，还可以通过产业关联和技术外溢影响城市的经济效率，采用市辖区实际利用外资占 GDP 比重表示；城市工资水平（WAGE），一方面工资水平上升可能造成企业成本的上升，不利于企业生产；另一方面工资的上涨也可能"倒逼"企业主动调整产业结构，提升企业的生产效率，采用市辖区职工平均工资作为代理变量；政府干预程度（GOV），政府对经济活动的合理干预会提升经济系统资源的配置效率，而过度干预可能会导致资源扭曲而不利于经济效率提升，以市辖区财政支出占 GDP 比重表示。

本文数据主要来源于 2005~2019 年《中国城市统计年鉴》和各城市统计公报。为保持数据的统一，剔除数据缺失严重的拉萨市、毕节市、铜仁市和三沙市，最终选取 2004~2018 年 285 个地级市面板数据作为估计样本，对个别城市所缺失的数据采用插值法进行补充。各变量统计性描述见表 2。

表 2　各变量的描述性统计（$N=3705$）

变量	变量说明	均值	中位数	标准差	最小值	最大值
ATFP	经济效率	12.84	0.57	12.86	10.30	15.85
QP	生产性服务业集聚	1.10	1.64	1.01	0.22	67.95
QHP	高端生产性服务业集聚	1.27	2.96	1.14	0.11	139.81
QLP	低端生产性服务业集聚	0.93	1.60	0.78	0.12	90.76
PGDP	经济发展水平/万元	5.03	10.41	3.95	0.18	46.77
HUMAN	人力资本水平	0.07	0.03	0.07	0.01	0.39
FD	金融发展水平	2.88	1.35	2.55	0.21	12.51
FDI	利用外资水平	0.05	0.06	0.03	0.00	0.67
WAGE	工资水平/万元	4.03	2.05	3.79	0.20	14.98
GOV	政府干预程度	0.16	0.10	0.13	0.01	2.70

五、实证结果及分析

（一）基准回归分析

本文使用 OLS 方法对方程（1）进行基准回归，对所有变量进行了对数化处理，同时控制了城市和时间固定效应，以最大限度地降低异方差影响，回归结果见表 3。

表 3　基准回归：全国总样本 OLS 估计结果

项目	(1)	(2)	(3)	(4)	(5)
$\ln QP$	0.0227 *** (19.51)	0.0231 *** (21.03)	0.0253 *** (23.57)	0.0244 *** (23.07)	0.0279 *** (24.68)
$\ln QP2$					−0.0043 *** (−8.29)
$\ln PGDP$		0.0242 *** (21.95)	0.0195 *** (17.61)	0.0161 *** (14.46)	0.0164 *** (14.79)
$\ln HUMAN$		−0.0060 *** (−3.50)	−0.0065 *** (−3.90)	−0.0054 *** (−3.32)	−0.0055 *** (−3.43)

项目	(1)	(2)	(3)	(4)	(5)
lnFD			-0.0215*** (-15.53)	-0.0207*** (-14.81)	-0.0211*** (-15.22)
lnFDI			0.0011*** (4.70)	0.0009*** (3.99)	0.0009*** (3.92)
ln$WAGE$				0.0266*** (12.55)	0.0253*** (12.03)
lnGOV				-0.0025*** (-2.67)	-0.0027*** (-2.89)
样本数	4275	4275	4271	4271	4271
R^2	0.8707	0.8853	0.8931	0.8972	0.8989

注：估计系数后括号中数字为 t 统计量，*、**、*** 分别表示在 10%、5%、1% 的水平上显著。

表 3 列（1）~（4）逐步回归结果显示生产性服务业集聚系数始终在 1% 的水平上保持显著，且控制变量的增加并不影响核心变量的显著性，说明从全国整体来看，现阶段我国生产性服务业集聚能够显著促进城市经济效率提升。进一步观察列（5）回归结果，生产性服务业的集聚一次项系数显著为正，二次项系数显著为负，说明生产性服务业集聚与城市经济效率之间表现出非线性关系，就全国层面而言，生产性服务业集聚与经济效率之间存在着倒 U 型关系，拐点值为 3.24[①]，证明了假设 1。回归结果表明在生产性服务业集聚初期，其集聚程度的提高有助于促进经济效率的提高，而当其集聚程度达到 3.24 临界点时，就会抑制城市经济效率的提高，现阶段中国生产性服务业集聚对城市经济效率的作用仍处于倒 U 型的上升阶段，应着力继续推动城市生产性服务业集聚，促进城市经济效率提升。

（二）基于产业层次差异的检验

借鉴于斌斌（2017）的研究，基于知识和技术的密集度将生产性服务业细分为高端生产性服务业和低端生产性服务业两大类。其中，高端生产性服务业包含"金融业""信息传输、计算机服务业和软件业""科学研究、技术服务业和地质勘查业" 3 个行

---

① 在模型 $\ln ATFP_{it} = \beta_0 + \beta_1 \ln QP_{it} + \beta_2 \ln QP_{it}^2 + \theta X_{it} + \mu_{it}$ 中，$\partial \ln TFP / \partial \ln QP = \beta_1 + 2\beta_2 \ln QP$ 的拐点公式，令其为 0 则可计算出生产性服务业集聚的拐点值。

业,低端生产性服务业包含"租赁和商业服务业""交通运输、仓储和邮政业"2个行业。同样,用 OLS 模型实证检验不同产业层次生产性服务业集聚对城市经济效率的影响,回归结果如表 4 所示。

表 4　　　　　　　产业层次差异讨论:全国总样本 OLS 估计结果

项目	(1)	(2)	(3)	(4)
lnQHP	0.0269*** (29.60)	0.0307*** (32.33)		
ln$QHP2$		−0.0051*** (−11.81)		
lnQLP			0.0082*** (9.62)	0.0085*** (9.87)
ln$QLP2$				0.0013** (2.57)
ln$PGDP$	0.0169*** (15.66)	0.0170*** (16.10)	0.0162*** (13.77)	0.0161*** (13.71)
ln$HUMAN$	−0.0051*** (−3.24)	−0.0049*** (−3.19)	−0.0044** (−2.56)	−0.0043** (−2.53)
lnFD	−0.0211*** (−15.68)	−0.0214*** (−16.18)	−0.0180*** (−12.29)	−0.0180*** (−12.26)
lnFDI	0.0008*** (3.75)	0.0008*** (3.73)	0.0010*** (4.05)	0.0010*** (4.08)
ln$WAGE$	0.0240*** (11.70)	0.0223*** (11.03)	0.0299*** (13.42)	0.0298*** (13.43)
lnGOV	−0.0030*** (−3.25)	−0.0031*** (−3.46)	−0.0020** (−2.01)	−0.0020** (−1.96)
样本数	4271	4271	4271	4271
R^2	0.9045	0.9077	0.8860	0.8862

注:估计系数后括号中数字为 t 统计量,*、**、*** 分别表示在 10%、5%、1% 的水平上显著。

表 4 列(1)回归结果表明,高端生产性服务业集聚系数在 1% 的水平上显著为正,说明目前高端生产性服务业集聚对城市经济效率发挥着显著的促进作用。列(2)回归结果进一步揭示了高端生产性服务业集聚与城市经济效率之间存在着的倒 U 型关系,

拐点值为 6.02。当前中国高端生产性服务业集聚表现出一定的拥挤效应，但是整体上高端生产性服务业集聚的规模效应要大于拥挤效应，高端生产性服务业集聚对城市经济效率的作用正处于倒 U 型的上升阶段，因此，应着力继续推动高端生产性服务业发展，充分发挥集聚对经济效率的促进作用。列（3）和列（4）回归结果则显示低端生产性服务业集聚与城市经济效率之间呈线性关系，低端生产性服务业集聚始终表现出对城市经济效率的促进作用。

（三）基于城市规模与产业层次匹配性的检验

考虑到城市规模非均衡现实，先检验不同规模城市中生产性服务业集聚对经济效率的作用差异，结果见表 5；然后基于城市规模与产业层次的匹配性进行检验，结果见表 6。

表 5　　　　城市规模差异讨论：分城市规模样本 OLS 估计结果

项目	(1)	(2)	(3)	(4)
$\ln QP$	0.0348*** (9.17)	0.0383*** (24.54)	0.0082*** (5.07)	0.0303*** (8.51)
$\ln PGDP$	0.0104** (2.42)	0.0088*** (6.01)	0.0173*** (8.46)	0.0303*** (7.57)
$\ln HUMAN$	−0.0035 (−0.63)	−0.0120*** (−4.62)	0.0061** (2.06)	−0.0081** (−2.38)
$\ln FD$	−0.0021 (−0.60)	−0.0274*** (−12.58)	−0.0201*** (−8.12)	−0.0184*** (−4.66)
$\ln FDI$	0.0070*** (5.00)	0.0023*** (5.36)	0.0011** (2.40)	0.0002 (0.06)
$\ln WAGE$	0.0458*** (5.83)	0.0287*** (9.71)	0.0220*** (5.30)	0.0065 (1.36)
$\ln GOV$	−0.0039 (−1.14)	−0.0019 (−1.26)	−0.0031* (−1.91)	−0.0024 (−1.10)
样本数	480	1905	1305	585
R^2	0.894	0.9021	0.907	0.9097

注：估计系数后括号中数字为 t 统计量，*、**、*** 分别表示在 10%、5%、1% 的水平上显著。

表 5 列（1）~列（4）分别显示了Ⅰ型大城市、Ⅱ型大城市、中等城市和小城市的回归结果，结果显示不同规模城市生产性服务业集聚系数均为正，且均在 1% 的水平上显著，表明在当前阶段生产性服务表现出较强的规模效应，不同规模城市均能从生产性服务业集聚过程中受益。具体来看，Ⅰ型和Ⅱ型大城市生产性服务业集聚系数相对中小城市和小城市较大，其中Ⅱ型大城市最能受益于生产性服务业的集聚，中小城市则受益程度最小。

表 6 分城市规模和产业层次的 OLS 估计结果

项目	(1)	(2)	(3)	(4)	(5)	(6)	(7)	(8)
$\ln QHP$	0.0334*** (10.79)	0.0374*** (28.66)	0.0112*** (7.30)	0.0005 (0.21)				
$\ln QLP$					0.0131*** (4.04)	0.0139*** (10.77)	0.0024* (1.80)	0.0332*** (13.58)
$\ln PGDP$	0.0126*** (3.01)	0.0104*** (7.45)	0.0176*** (8.72)	0.0270*** (6.32)	0.0065 (1.41)	0.0091*** (5.54)	0.0173*** (8.39)	0.0298*** (8.15)
$\ln HUMAN$	−0.0043 (−0.82)	−0.0073*** (−2.94)	0.0054* (1.85)	−0.0044 (−1.21)	0.0016 (0.28)	−0.0115*** (−3.95)	0.0064** (2.14)	−0.0071** (−2.31)
$\ln FD$	−0.0045 (−1.29)	−0.0286*** (−13.74)	−0.0201*** (−8.22)	−0.0189*** (−4.47)	0.0006 (0.15)	−0.0217*** (−8.95)	−0.0193*** (−7.72)	−0.0186*** (−5.13)
$\ln FDI$	0.0067*** (4.94)	0.0021*** (5.10)	0.0012** (2.48)	0.0002 (−0.07)	0.0074*** (4.92)	0.0024*** (4.87)	0.0012** (2.52)	−0.0002 (−0.61)
$\ln WAGE$	0.0421*** (5.50)	0.0265*** (9.33)	0.0203*** (4.94)	0.0106** (2.09)	0.0543*** (6.50)	0.0359*** (10.88)	0.0224*** (5.33)	0.0042 (0.96)
$\ln GOV$	−0.0049 (−1.48)	−0.0021 (−1.46)	−0.0032** (−1.99)	0.0012 (0.52)	−0.0027 (−0.72)	−0.0024 (−1.43)	−0.0030* (−1.84)	−0.0048** (−2.40)
样本数	480	1905	1305	566	480	1905	1305	566
R^2	0.9003	0.9104	0.909	0.9243	0.8778	0.8767	0.9052	0.8968

注：估计系数后括号中数字为 t 统计量，*、**、*** 分别表示在 10%、5%、1% 的水平上显著。

表 6 列（1）~列（4）分别显示了Ⅰ型大城市、Ⅱ型大城市、中等城市和小城市高端生产性服务业集聚回归结果，可以看到中等及以上规模城市高端生产性服务业集聚均能显著促进城市经济效率的提升，且Ⅱ型以及上大城市更受益于高端生产性服务业集聚；但是，小规模城市样本的回归结果显示，高端生产性服务业集聚系数虽然为正，

但是并不显著，高端生产性服务业集聚并未有效促进小城市经济效率的提升。

表6列（5）~列（8）分别显示了Ⅰ型大城市、Ⅱ型大城市、中等城市和小城市低端生产性服务业集聚回归结果，结果表明不同规模城市低端生产性服务业集聚均能显著促进城市经济效率的提升，其中，小城市生产性服务业集聚系数最大，Ⅱ型大城市次之，中等城市最小。当前，我国小规模城市产业还是以低端制造业为主，劳动密集型的低端生产性服务业更利于地区资源配置，而对于规模较大的城市，工业规模大，产业链较为完善，对于劳动密集型的低端生产性服务业的中间需求也较大，因此，低端生产性服务业的集聚也有利于较大规模城市经济效率提升。同时，对比不同规模城市回归结果中集聚系数大小，Ⅰ型和Ⅱ型大城市高端生产性服务业集聚系数均大于低端生产性服务业集聚系数，说明规模更大的城市中，高端生产性服务业集聚能更好地发挥提升经济效率的作用。

（四）稳健性检验

1. 城市经济效率指标差异

借鉴蔡伟毅、陈学识（2010）的参数方法重新测算285个地级市的全要素生产率，替换被解释变量进行稳健性检验，计算公式为：$TFP = \ln Y - \alpha \ln K - \beta \ln L$。其中，产出$Y$、劳动要素投入$L$和资本要素投入$K$同上文测算一致，$\alpha$和$\beta$分别为资本和劳动的产出弹性，选用数值$\alpha = 0.4$、$\beta = 0.6$。稳健性检验结果如表7列（1）和列（2）所示，生产性服务业集聚系数符号和显著性水平与表3回归结果保持一致，说明计量结果具有稳健性。

2. 样本差异

由于直辖市在经济规模、体系及人口分布等方面与其他地级市存在较大差异，为了消除此类非随机性对回归结果的影响，在样本中剔除4个直辖市的数据以检验计量结果的稳健性。结果如表7列（3）和列（4）所示，剔除北京、上海、天津、重庆四个直辖市样本后，生产性服务业集聚系数符号和显著性均未发生明显改变，计量结果依然稳健。

3. 内生性问题处理

另外，考虑到生产性服务业集聚与城市经济效率之间存在双向因果关系。因此本文选取生产性服务业集聚滞后一阶为工具变量，对模型重新进行两阶段最小二乘法2sls回归，回归结果如表7列（5）和列（6）所示，生产性服务业集聚系数符号和显著性水平同样与基准回归保持一致，进一步证明了本文计量结果的稳健性。

表7　稳健性检验

项目	(1)	(2)	(3)	(4)	(5)	(6)
$\ln QP$	0.0209*** (15.02)	0.0232*** (15.42)	0.0245*** (23.13)	0.0280*** (24.71)	0.0190*** (9.32)	0.0201*** (9.30)
$\ln QP2$		-0.0028*** (-3.95)		-0.0043*** (-8.24)		-0.0030*** (-4.68)
$\ln PGDP$	0.0189*** (12.82)	0.0191*** (12.94)	0.0159*** (14.15)	0.0161*** (14.49)	0.0157*** (14.08)	0.0160*** (14.42)
$\ln HUMAN$	0.0096*** (4.46)	0.0095*** (4.43)	-0.0054*** (-3.34)	-0.0056*** (-3.44)	-0.0019 (-1.10)	-0.002 (-1.14)
$\ln FD$	-0.0564*** (-30.53)	-0.0566*** (-30.71)	-0.0208*** (-14.80)	-0.0212*** (-15.21)	-0.0146*** (-10.40)	-0.0146*** (-10.45)
$\ln FDI$	-0.0007** (-2.36)	-0.0007** (-2.41)	0.0009*** (4.03)	0.0009*** (3.96)	0.0002 (0.79)	0.0002 (0.72)
$\ln WAGE$	0.0258*** (9.23)	0.0250*** (8.94)	0.0263*** (12.39)	0.0251*** (11.87)	0.0486*** (38.96)	0.0483*** (38.87)
$\ln GOV$	-0.0101*** (-8.07)	-0.0102*** (-8.18)	-0.0026*** (-2.74)	-0.0028*** (-2.96)	-0.0025** (-2.57)	-0.0026*** (-2.67)
样本数	4271	4271	4211	4211	3987	3987
R^2	0.8985	0.8989	0.8973	0.8991	0.7877	0.7900

注：估计系数后括号中数字为 t 统计量，*、**、*** 分别表示在 10%、5%、1% 的水平上显著。

六、结论与建议

本文利用 2004～2018 年城市面板数据，从产业层次和城市规模差异视角实证检验了生产性服务业集聚与城市经济效率间的关系。主要得出以下结论：第一，生产性服务业集聚对城市经济效率影响总体呈现倒 U 型，现阶段生产性服务业集聚对城市经济效率的作用正处于倒 U 型上升阶段。第二，分产业层次看，对城市经济效率倒 U 型影响主要源于高端生产性服务业集聚，当前高端生产性服务业集聚对城市经济效率的作用正处于上升阶段；而低端生产性服务业始终表现出对城市经济效率的促进作用。第三，分城市规模看，生产性服务业集聚对不同规模城市的经济效率均有显著的促进作用，其中对 I 型和 II 型大城市的促进效果更大；高端生产性服务业集聚显著促进了 I

型大城市、Ⅱ型大城市和中等城市经济效率提升，而对小城市的促进作用则不显著，而低端生产性服务业集聚对不同规模城市均表现出显著的经济效率促进作用。基于研究结果，本文得到如下启示：

首先，应着力继续推动城市中生产性服务业发展和集聚。"大而全"的经营理念在中国许多企业中仍然存在，很多企业倾向于自己提供生产性服务，未能有效实现生产性服务环节的剥离，抑制了生产性服务业的发展。因此，应不断引导生产制造企业摒弃"大而全""小而全"的旧经营发展理念，不断剥离生产制造流程中的生产性服务环节，从"内部提供"转向第三方专业生产服务企业"外部购买"，不断推动生产性服务业在城市中的集聚和发展。其次，对于特定规模城市，应基于经济社会的现实需求和发展潜力推动本地生产性服务业适宜性集聚。当前，许多城市为追求经济发展，竞相出台"退二进三"和优先发展知识技术密集型现代服务业的产业政策，但取得效果却不尽理想。城市的发展演进是以特定的产业背景为基础，大力发展现代服务业、推动生产性服务业在城市中集聚符合经济发展的一般规律，但在中国工业化不平衡不充分、国民收入水平和生产效率较低的背景下，服务业的发展不应建立在"过度去工业化"的基础之上。对于中小城市而言，在制定城市发展规划时，不要盲目追求"大而全"的发展模式，应密切关注自身城市工业与生产性服务业的协同配合，有选择地发展第三方物流、金融、电子商务等生产性服务业。而对于大城市而言，要重视培育和引进高端生产性服务业，为制造业迈向价值链中高端提供了更多的专业服务支持，同时也要重视低端服务业的基础性支撑作用。总之，在制定产业政策和发展规划时，各级城市政府应密切关注自身城市需求与生产性服务业的协同配合，正视不同城市规模对不同产业层次生产性服务业存在需求差异的客观规律，有目的、有选择地推动适宜本地实际发展需求的生产性服务业集聚。

参 考 文 献

［1］蔡伟毅，陈学识．国际知识溢出与中国技术进步［J］．数量经济技术经济研究，2010，27（6）：57－71．

［2］陈国亮，陈建军．产业关联、空间地理与二三产业共同集聚：来自中国212个城市的经验考察［J］．管理世界，2012（4）：82－100．

［3］邓仲良，张可云．中国经济增长的空间分异为何存在？：一个空间经济学的解释［J］．经济研究，2020，55（4）：20－36．

[4] 段文斌, 刘大勇, 皮亚彬. 现代服务业聚集的形成机制: 空间视角下的理论与经验分析 [J]. 世界经济, 2016, 39 (3): 144-165.

[5] 韩峰, 王琢卓, 阳立高. 生产性服务业集聚、空间技术溢出效应与经济增长 [J]. 产业经济研究, 2014 (2): 1-10.

[6] 黄繁华, 郭卫军. 空间溢出视角下的生产性服务业集聚与长三角城市群经济增长效率 [J]. 统计研究, 2020, 37 (7): 66-79.

[7] 黄斯婕, 张苹. 生产性服务业集聚对城市生产率的影响: 基于行业异质性视角 [J]. 城市发展研究, 2016, 23 (3): 118-124.

[8] 黄永春, 郑江淮, 杨以文, 祝吕静. 中国"去工业化"与美国"再工业化"冲突之谜解析: 来自服务业与制造业交互外部性的分析 [J]. 中国工业经济, 2013 (3): 7-19.

[9] 金晓雨. 城市规模、产业关联与共同集聚: 基于制造业与生产性服务业产业关联和空间互动两个维度 [J]. 产经评论, 2015, 6 (6): 35-46.

[10] 柯善咨, 赵曜. 产业结构、城市规模与中国城市生产率 [J]. 经济研究, 2014, 49 (4): 76-88, 115.

[11] 李平, 付一夫, 张艳芳. 生产性服务业能成为中国经济高质量增长新动能吗 [J]. 中国工业经济, 2017 (12): 5-21.

[12] 李晓萍, 李平, 吕大国, 江飞涛. 经济集聚、选择效应与企业生产率 [J]. 管理世界, 2015 (4): 25-37, 51.

[13] 梁军, 从振楠. 产业集聚与中心城市全要素生产率增长的实证研究: 兼论城市层级分异的影响 [J]. 城市发展研究, 2018, 25 (12): 45-53.

[14] 孙晓华, 郭玉娇. 产业集聚提高了城市生产率吗?: 城市规模视角下的门限回归分析 [J]. 财经研究, 2013, 39 (2): 103-112.

[15] 王恕立, 胡宗彪. 中国服务业分行业生产率变迁及异质性考察 [J]. 经济研究, 2012, 47 (4): 15-27.

[16] 王恕立, 滕泽伟, 刘军. 中国服务业生产率变动的差异分析: 基于区域及行业视角 [J]. 经济研究, 2015, 50 (8): 73-84.

[17] 王垚, 年猛, 王春华. 产业结构、最优规模与中国城市化路径选择 [J]. 经济学 (季刊), 2017, 16 (2): 441-462.

[18] 席强敏, 陈曦, 李国平. 中国城市生产性服务业模式选择研究: 以工业效率提升为导向 [J]. 中国工业经济, 2015 (2): 18-30.

[19] 于斌斌. 生产性服务业集聚能提高制造业生产率吗?: 基于行业、地区和城市异质性视角的分析 [J]. 南开经济研究, 2017 (2): 112-132.

[20] 袁冬梅, 信超辉, 袁琉. 产业集聚模式选择与城市人口规模变化: 来自285个地级及以上城市的经验证据 [J]. 中国人口科学, 2019 (6): 46-58, 127.

[21] 曾艺, 韩峰, 刘俊峰. 生产性服务业集聚提升城市经济增长质量了吗?[J]. 数量经济技术经济研究, 2019, 36 (5): 83-100.

[22] 张浩然. 生产性服务业集聚与城市经济绩效: 基于行业和地区异质性视角的分析[J]. 财经研究, 2015, 41 (5): 67-77.

[23] 张军, 吴桂英, 张吉鹏. 中国省际物质资本存量估算: 1952—2000 [J]. 经济研究, 2004 (10): 35-44.

[24] Arrow K J. The Economic Implication of Learning by Doing [J]. Review of Economic Studies, 1962 (2): 155-173.

[25] Griliches Z, Mairesse J. R&D and Productivity Growth Comparing Japan and US Manufacturing Firms [M]//Hulten C. Productivity Growth in Japan and the United States. The University of Chicago Press, 1990, Chicago.

[26] Marshall A, Marshall M P. The Economics of Industry [M]. Macmillan and Company, 1920.

[27] Syverson C. What Determines Productivity [J]. Journal of Economic Literature, 2011, 49 (2): 326-365.

[28] Wood P. Urban Development and Knowledge-Intensive Business Services: Too Many Unanswered Questions? [J]. Growth and Change, 2006, 37 (3): 335-361.

FDI 和 OFDI 的互动机制与经济增长质量提升

——基于狭义技术进步效应和资源配置效应的分析*

傅元海** 林剑威

摘 要 "引进来"和"走出去"的良性互动是形成国内国际双循环相互促进新发展格局的重要途径，通过促进技术进步和改善资源配置推动经济高质量增长：东道国引进 FDI 产生技术溢出促进技术进步，一方面为本地企业进行 OFDI 扩张提供了能力，促进本地企业能力提高，另一方面通过促进本地产业升级促使以 OFDI 为载体的边际产业转移，提高要素配置效率；东道国本地企业能力提高和边际产业转移则吸引高质量的 FDI 进入，促进技术升级和产业结构优化，如此循环往复。二者形成良性互动机制产生技术进步效应和促进产业结构优化的资源配置效应，提升了经济增长质量。利用 2004~2017 年中国 30 个省份的面板数据对理论分析进行实证研究发现：FDI 和 OFDI 的交互作用促进经济增长质量提高，在考虑内生性以及进行各种稳健性检验后结论依然成立。进一步检验发现：FDI 和 OFDI 的交互作用通过促进产业结构优化提高经济增长质量；分解宏观 TFP 增长率发现：FDI 和 OFDI 的交互作用没有促进资本要素配置效率的提高，甚至产生抑制作用，二者的交互作用主要通过促进技术进步及劳动要素配置效率的提升促进中国经济高质量增长。

关键词 FDI OFDI 高质量增长

依托大市场优势，形成国内大循环为主、国内国际双循环相互促进的新发展格局，就是以深化国内分工为载体，以提升技术能力为着力点，打通断点、堵点，延长并完善产业链、供应链，不断补齐供给短板，促进供给结构与需求结构的协同，推动产业升级，提升产品产业附加值，实现中国经济高质量发展。引进外商直接投资（FDI）和对外直接投资（OFDI）是连接国内外两个市场的主要途径，是国内国际双循环的重要

---

* 本文原载于《中国软科学》2021 年第 2 期。
** 作者简介：傅元海，经济学博士，广州大学经济与统计学院院长、教授、博导，大国经济研究中心研究员。

途径，构建 FDI 和 OFDI 协调互动机制是形成国内国际双循环相互促进的新发展格局、推动经济高质量增长的重要途径。

随着我国长期以来依托成本优势吸引 FDI 参与国际分工的模式带来资源能源的过度消耗、部分关键核心技术受制于人等弊端的显现，特别是在近年来全球市场萎缩、保护主义上升、大国博弈由贸易向科技领域转化以及新冠肺炎疫情冲击的复杂背景下，促使 FDI 和 OFDI 形成良性互动机制具有重要的现实意义。FDI 和 OFDI 的良性互动可以通过促进技术水平提升和产业结构升级畅通国内市场循环、推动国内循环国际循环相互促进，从而深化国内市场分工，延长产业的国内价值链，增加创造的附加值，促进经济发展质量提升。具体来说，依托我国大市场的优势，不断吸引高质量 FDI 流入，提高外资企业的生产本地化水平，扩大技术溢出效应，促进本地企业技术进步。通过吸收 FDI 的技术溢出，中国企业逐渐提高对外投资的能力，通过 OFDI 在全球范围内组合生产要素，在国际市场经营面临的竞争以及获得的利润可以促使中国企业加大研发投入，提升企业技术能力，从而提升中国企业在国内外市场的竞争力。而这又会迫使在中国的外资企业进行技术改造升级或者吸引高技术含量的 FDI 进入以适应中国市场更加激烈的竞争，高质量的 FDI 则溢出更先进技术进一步促进本地企业技术升级，又促使中国企业 OFDI 规模扩大，竞争力提升，继而进一步影响进入中国市场的 FDI 质量及技术水平，如此循环往复。通过吸收 FDI 并发挥国内大市场的优势和国内大循环的作用促进 OFDI，国内循环推动国际循环，FDI 和 OFDI 形成良性互动，实现中国企业技术水平螺旋式上升，提高技术进步对经济增长的贡献，实现经济增长质量提升。此外，FDI 技术溢出促进本地企业技术进步会提高要素报酬，促使要素流动，提高资源配置效率，而这又能促进我国不断提高引进 FDI 的质量。总之，通过 FDI 和 OFDI 的协调互动能够不断推动吸收外商直接投资和对外投资走向更高水平，促进本国技术升级和资源优化配置，从而促进国内循环和国际循环的有效对接，促进经济高质量发展。

吸引 FDI 流入产生技术溢出也能够促进本地企业技术进步，促进产业升级和经济增长，推动劳动、土地等要素价格上升，而成本上涨又促使丧失比较优势的边际产业通过 OFDI 向海外转移，释放了不能随边际产业跨国转移的生产要素如劳动力、土地等，由于只有边际产出更高的 FDI 才能承担提高的要素成本，边际产业转移释放的要素将引导更高质量的 FDI 进入，进而高质量的 FDI 通过技术溢出促进中高端产业发展，加快产业结构升级，而这又会促使要素成本进一步上升，加快以 OFDI 为载体的边际产业向海外转移，继而促使流入的 FDI 质量进一步提高，如此循环往复。因此，FDI 流入不断促使 OFDI 流出，国际循环和国内循环相互促进，促使不能跨国流动的劳动力、土地等要素重新配置到边际产出更高的产业，从而促进资源利用效率提高，促进经济增长质量提升。

总之，FDI 和 OFDI 的良性互动促进了国内国际市场的联动和对接，二者的良性互动不断提高流入的 FDI 技术水平和流出的 OFDI 质量，可以不断促进我国技术进步和产业升级并改善资源配置，不仅有利于提高中国产业链的自主可控能力，完善内部循环，而且有利于提高中国在全球供应链、价值链的地位。实质上，FDI 和 OFDI 是在协调互动中通过促进技术进步和改善资源配置提高中国经济增长质量，FDI 和 OFDI 并非相互割裂，而是相互关联、相互影响的，FDI 和 OFDI 的互动机制对提高经济增长质量的作用不可忽视。但是，现有文献主要是探究 FDI 技术外溢对技术进步或经济增长的作用，或讨论了 OFDI 对技术进步、资源配置的影响，很少有文献综合考察 FDI 和 OFDI 对经济增长质量的作用，即使少数文献关注了二者的相互作用，也鲜有探讨二者协调互动对经济增长质量的影响。在构建国内国际双循环相互促进的新发展格局背景下，FDI 与 OFDI 的互动对经济增长质量的影响及其作用机制有待深入分析。

本文的主要贡献在于：在理论上详细分析了 FDI 和 OFDI 的互动机制及其对经济增长质量的作用，并实证检验了 FDI 和 OFDI 的互动效应对经济增长质量的影响；通过对宏观全要素生产率增长率的分解，进一步检验了二者的交互作用对技术进步、资本和劳动要素配置效应的作用，进一步判断 FDI 和 OFDI 的互动影响经济增长质量的机制。本文其余部分安排如下：第一部分是文献回顾，第二部分是理论分析，第三部分是计量模型构建与变量说明，第四部分是检验结果与分析，第五部分是稳健性检验，第六部分是本文的结论与政策建议。

一、文献回顾

经济增长来源于要素投入的增长和要素使用效率的提高，面对土地、资源、环境供给不足的硬约束，转向依靠要素使用效率提高的集约型经济增长方式体现了经济增长的质量和效率（洪银兴，2015），因此尽管经济增长质量是一个综合性概念，但经济增长集约化水平或者说以经济增长集约化水平反映的经济增长方式可以较好地度量经济增长质量。经济增长集约化体现的经济增长质量提升实质上来源于全要素生产率增长（称为广义技术进步，包括狭义技术进步和资源配置效率）对经济增长的贡献提升，由于宏观 TFP 增长率可以分解为衡量整体技术进步的技术进步效应（指狭义技术进步）以及要素在部门间流动带来的结构变化效应（或称资源配置效应）（蔡跃洲、付一夫，2017），因此经济增长质量提升实质上既包括狭义技术进步对经济增长贡献提升，也包括资源配置效应对经济增长贡献的提升。已有研究主要讨论了 FDI 或 OFDI 对技术进步、资源配置效率某一方面的影响，不能全面反映 FDI 或 OFDI 对经济增长质量的作用，更没有讨论二者相互作用对经济增长质量的影响。以下从三方面对相关研究进行简要归纳和评述。

（一）FDI 技术溢出的研究

FDI 对东道国经济增长的影响不仅体现在弥补资本缺口、促进国际贸易，更重要的是其技术溢出对东道国经济发展的作用，已有研究主要聚焦 FDI 的技术溢出效应。FDI 通过竞争效应和示范效应、行业间的关联效应以及人员流动等渠道产生技术溢出（Blomstrom and Kokko，2001），由 FDI 带来的技术溢出对东道国技术进步具有重要的推动作用，并最终促进东道国的经济增长（Alfaro et al.，2004）；相关实证研究则是以技术创新、技术进步（用劳动生产率测度）或全要素生产率为被解释变量（包群、赖明勇，2002；Lu，Tao and Zhu，2017；田红彬、郝雯雯，2020），或者以工业产出增长、经济增长或经济增长绩效为被解释变量（潘文卿，2003；姚树洁等，2006；傅元海等，2010），检验 FDI 技术溢出效应是否存在。但 FDI 对全要素生产率增长或经济增长的影响并不意味着 FDI 对经济增长质量的作用，如果 FDI 的进入引致大规模的要素重复投入和环境破坏、大量资源消耗，经济增长也可能在全要素生产率提高的同时趋向粗放型。

一些研究则进一步考察了 FDI 对经济增长方式转变或经济增长质量的影响，如赵文军等（2012）用全要素生产率增长对工业产出增长的贡献率衡量工业经济增长方式，研究发现 FDI 技术溢出促进中国工业增长方式转变；唐未兵等（2014）将经济增长集约化水平界定为全要素生产率增长率对经济增长率的贡献与生产要素（资本和劳动）增长率对经济增长率的贡献之比，研究发现 FDI 技术溢出有利于经济增长集约化水平的提升。这些研究主要局限于讨论 FDI 技术外溢通过广义技术进步影响经济增长质量，并未深入考察尤其是从实证上识别 FDI 是否通过狭义技术进步效应、资源配置效应促进经济增长质量提升的机制。并且 FDI 和 OFDI 是相互影响、相互关联的，仅从 FDI 的角度探讨其影响可能是不完整的，而上述研究也并未将 OFDI 纳入考察，尤其是也并未考察二者相互作用对经济增长质量的影响，未深入分析和实证检验二者互动作用通过促进狭义技术进步及促进产业结构优化改善资源配置效率从而促进经济增长质量提高的机制。

(二) OFDI 的逆向技术溢出效应和资源配置效应的研究

投资发展路径理论认为，随着 FDI 流入的扩大，一国经济发展后将积累技术能力并进行对外直接投资。随着中国经济高速增长，2004 年后进入 OFDI 高速增长时期，关于中国 OFDI 的研究也开始逐渐增多，这些研究并未直接考察 OFDI 对经济增长或经济增长质量的影响，而是从逆向技术溢出和边际产业转移两方面，探讨 OFDI 对技术进步或资源配置的影响。关于 OFDI 逆向技术溢出的研究认为，母国企业通过并购国外企业直接掌握国外企业先进技术或者通过在境外设立新企业（即绿地投资）获取当地的人才、专利等特定生产要素，通过人员流动、再出口等方式向母国产生逆向技术溢出（Potterie and Lichtenberg，2001）；对中国 OFDI 的实证研究表明，OFDI 逆向技术溢出促进了全要素生产率提升（陈强等，2016），但是 OFDI 逆向技术溢出存在明显的地区差异和门槛效应（李梅、柳士昌，2012；李梅，2014），甚至抑制国内技能偏向性技术进步（沈春苗、郑江淮，2019）。关于 OFDI 转移边际产业的研究认为，随着产业结构升级，一个国家将逐渐失去比较优势的产业以 OFDI 的形式向海外迁移（Kojima，1978），通过边际产业转移释放的生产要素转移到其他产业，促进资源的重新配置，提高资源配置效率，并以中国为样本的实证研究验证了这一结论（白俊红、刘宇英，2018）。上述文献对 OFDI 的研究主要探讨其逆向技术溢出和边际产业转移的资源配置效应，鲜有涉及经济增长或经济增长质量，而且也未结合 FDI 深入分析和实证检验 OFDI 的逆向技术溢出效应和资源配置效应。

(三) FDI 与 OFDI 相互作用的研究

将 FDI 与 OFDI 纳入统一框架进行研究的文献，局限于讨论二者的相互影响，很少涉及 FDI 与 OFDI 的相互作用对经济增长质量的影响。为数不多的研究成果探讨了 FDI 与 OFDI 的相互影响。经典的投资发展路径理论认为，东道国吸引 FDI 促进经济增长并逐步形成了对外直接投资的能力，即引进 FDI 会促进 OFDI，潘文卿等（2015）、姚树洁等（Yao et al.，2016）的实证研究验证了这一观点。李磊等（2018）利用中国企业微观数据不仅验证 FDI 显著地促进中国企业 OFDI 的结论，而且进一步识别了 FDI 促进企业 OFDI 的机制，即 FDI 技术溢出促进本地企业技术进步，提高企业生产率，进而本地企业具有承担跨国经营高成本的能力，通过 OFDI 积极融入国际分工以追求利润最大化。但是上述研究均没有讨论 OFDI 对 FDI 的影响。相对来说，研究 OFDI 影响 FDI 的文献则更少，少数文献如聂飞等（2019）研究认为，OFDI 通过汇率传导和产业结构升级吸引 FDI 流入。可见，无论是研究 FDI 影响 OFDI 的文献，还是研究 OFDI 影响 FDI 的文献，并没有考察二者的互动效应，黄凌云等（2018）则在一定程度上弥补了这方面研究的不足，利用中国行业面板数据构造面板向量自回归模型，直接验证了 OFDI 和引进 FDI 间互动效应的存在，但是其也并未探讨二者互动带来的影响。综上所述，现有研究 FDI 与 OFDI 之间作用关系的文献多是聚焦 FDI 对 OFDI 的单向影响，关注 OFDI 对 FDI 的影响或二者相互作用的文献很少，而关注二者相互作用带来的经济效应如二者互动对经济增长质量影响的文献则更少。

总之，研究 FDI 和 OFDI 的文献具有以下特点：集中讨论 FDI 技术溢出对技术进步或对经济增长及其质量的影响，或者讨论 OFDI 逆向技术溢出的技术进步效应和 OFDI 边际产业转移的资源配置效应，少有文献将 FDI 的技术溢出效应、OFDI 的逆向技术溢出效应与资源配置效应同经济增长质量的狭义技术进步、资本配置效应、劳动配置效应等变化机制联系起来，也没有将 FDI 和 OFDI 结合起来进行研究；随着研究 FDI 或 OFDI 的深入，一些文献虽然关注到了 FDI 与 OFDI 之间的影响和相互作用，但局限于探讨 FDI 对 OFDI 的单向作用或 OFDI 对 FDI 的单向作用，并未讨论二者相互作用对经济增长质量的影响及其作用机制。为弥补现有研究的不足，本文将深入讨论 FDI 与 OFDI 的相互作用及二者的互动效应对经济增长质量的影响机制，以期通过本文的研究和探讨，能有助于相关政策实践。

二、理论分析

东道国引进 FDI 产生技术外溢促进技术进步，既为本地企业 OFDI 扩张提供了能力基础，也通过促进产业升级促使以 OFDI 为载体的边际产业转移——前者将促进本地企业技术水平进一步提高，而后者通过转移边际产业释放土地、劳动和机器设备等生产要素，这些要素配置到边际报酬更高的高层次产业，提高要素配置效率。本地企业的能力提高和边际产业转移又会促使更高质量的 FDI 进入，即 OFDI 促进 FDI 的质量提高。高质量 FDI 进入将溢出更先进的技术，促进新一轮技术进步和产业结构优化，促使 OFDI 的质量提升，如此循环往复。FDI 和 OFDI 形成的良性互动机制将促进东道国技术进步，同时通过促进产业结构优化提高要素配置效率，提高全要素生产率增长对经济增长的贡献，提升经济增长质量。以下具体讨论 FDI 和 OFDI 的互动对狭义技术进步、要素配置效率进而对经济增长质量的影响。

(一) FDI 和 OFDI 良性互动通过促进狭义技术进步提升经济增长质量

FDI 通过竞争效应、示范效应、关联效应以及人员流动效应等渠道溢出技术,促进东道国本地企业技术进步 (Alfaro and Chanda, 2004),提高企业生产率,使得本地企业具有承担海外市场经营风险和更高经营成本的能力,本地企业通过海外投资开拓国际市场,提高了在国际市场的竞争力,促进技术水平提升。一方面,海外投资可以获取更多的利润,可能促使企业增加研发投入,促进企业技术能力提升,而且企业在海外投资和经营所面临的不确定性和市场竞争将更大,也会迫使有海外投资的企业加大技术研发投入和创新力度,提高企业技术水平。另一方面,FDI 进入东道国凭借技术优势抢夺本地企业的市场份额,这将迫使本地企业或者利用跨国并购直接获取相关企业的技术性战略资产,或者在境外设立新企业(即绿地投资)获取当地的人才、专利等特定生产要素,通过人员流动、再出口等形式传递回母国 (Potterie and Lichtenberg, 2001),即 OFDI 通过逆向技术溢出效应提高本地企业的创新能力和技术水平,促进技术进步。此外,FDI 持续大规模进入东道国,促进东道国经济发展的同时,也扩大了对自然资源的需求,可能造成自然资源供给不足,而且提高了资源价格,可能促使东道国企业通过 OFDI 获取海外自然资源,降低东道国企业获取原材料的成本,使得东道国本地企业有更多利润投向技术研发或创新,进而提高企业技术水平。总之,FDI 可能促使东道国本地企业对外直接投资并进一步促进其技术进步,海外投资的动机不同促进东道国对外投资企业技术进步的机制不同。

FDI 进入促使 OFDI 扩张进而促进企业技术能力提升,又可能吸引更高质量的 FDI 流入。因为本地企业技术水平提升可以提高其为外资企业的生产配套能力,或者提升本地企业在全球价值链上的地位,这为高技术外资企业提供了更广阔的产品市场需求和发展前景,技术水平高的外资企业为获得更多市场份额和更高的利润水平会扩大其投资份额,或者吸引更多技术水平高的外资企业进入(黄凌云等,2018)。因此,FDI 进入促使 OFDI 扩张并促进本地企业技术能力提升,可以促使既有 FDI 企业进行技术改造升级或吸引技术含量更高的 FDI。另外,东道国本地企业技术进步将提高其在国内外市场的竞争能力,竞争加剧也会迫使 FDI 提高技术水平以获得或保持竞争优势,同时 OFDI 传递了对外直接投资国家的技术水平和经营能力的信号,意味着只有技术含量较高的 FDI 才能获得竞争优势,自动阻止技术水平较低的 FDI 流入。不论是既有 FDI 企业技术升级还是流入的 FDI 技术水平提高,都可能溢出更先进技术并进一步提高 OFDI 的技术水平,如此循环往复,FDI 和 OFDI 相互作用不断促进东道国技术升级,不断提高技术进步对经济增长的贡献，提升经济增长质量。

（二）FDI 和 OFDI 的良性互动通过改善要素配置提高经济增长质量

FDI 技术外溢促进东道国企业技术进步，既会直接提高要素边际报酬，又会通过促进产业结构升级而提高要素边际报酬。如果要素报酬在区域间或行业间存在差异，将引发要素流动，在完全竞争条件下，直至所有区域或行业要素边际报酬相等，全社会要素报酬得到提高。要素报酬提高意味着要素成本上升，低技术的劳动密集型等产业利润下降，难以生存，迫使这些边际产业以 OFDI 为载体向要素成本更低的海外地区转移。因此，FDI 技术溢出促进东道国技术进步，推动产业结构升级，促使东道国通过 OFDI 转移边际产业。FDI 进入后再通过 OFDI 转移边际产业实现产业升级，不仅是促进和推动生产率较高的中高端产业发展，吸引 FDI 流向高层次的产业，加快产业结构的迭代，而且边际产业转移将释放劳动、土地及机器设备等难以转移的生产要素，为要素向高生产率的生产前沿配置打开空间（袁富华、张平，2017），劳动力通过干中学可以促使劳动技能提升，产业发展则会促使土地的区位优势提升，产业升级淘汰的机器设备虽然不能转移，但可以通过折旧重置配置到高层次产业，促使资本质量提升，即在此过程中会提高释放要素的质量，而劳动、土地和资本要素质量的提升自然又会吸引 FDI 流入的质量提升。高质量的 FDI 技术含量更高，溢出先进技术，促使东道国本地企业技术升级，产业进一步迈向高端，直接或间接推动要素报酬进一步上升，要素流动进一步改善配置效率，提高要素配置效应对经济增长的贡献，促进经济增长质量提高。同时，高质量的 FDI 进一步推动要素成本上升和中高端产业发展，将加快以 OFDI 为载体的边际产业向海外转移，加上要素质量提高，促使流入的 FDI 质量不断提高，如此循环往复。FDI 和 OFDI 的互动不断推动要素报酬提高和促进产业结构升级，促使要素不断流动，实现了资源再配置，提高了要素利用效率和要素配置效率，从而提高了全要素生产率增长对经济增长的贡献，促进经济增长质量提升。

总之，FDI 进入产生技术溢出促进东道国企业技术进步，促使本地企业通过 OFDI 开拓国际市场、寻求技术和寻求廉价的资源等，从而进一步促进企业技术进步，进而促使流入东道国的 FDI 质量提高，高质量的 FDI 则又促使东道国企业 OFDI 质量提高，如此循环，二者形成良性互动促进技术升级，提高了狭义技术进步对经济增长的贡献。同时，FDI 技术溢出促进技术进步会提高要素报酬和推动产业结构升级，这意味着成本上升和中高端产业发展，促使本地企业以 OFDI 为载体转移边际产业，也提高了流入

FDI 的质量，在二者良性互动的过程中引发要素再配置，提高要素利用效率，通过提高资源配置效率而提升全要素生产率增长对经济增长的贡献。因此，FDI 和 OFDI 形成的良性互动通过促进狭义技术进步和改善要素配置而提升经济增长质量。

三、计量模型、变量与数据

（一）计量模型

为考察 FDI 和 OFDI 的相互作用对经济增长质量的影响，借鉴苏丹妮等（2020）采用连乘项捕捉互动效应的做法构造 FDI 与 OFDI 连乘式，连乘式体现了变量之间的交互作用或"联动效应"，本文中 FDI 和 OFDI 的互动对经济增长质量的影响在直观上可以理解为 OFDI"调节"了 FDI 对经济增长质量的作用或者 FDI"调节"了 OFDI 对经济增长质量的作用。借鉴已有研究经济增长的文献，本文构建如下的计量模型：

$$growq_{it} = \varphi_0 + \varphi_1 FDI_{it} + \varphi_2 OFDI_{it} + \varphi_3 FDI_{it} \times OFDI_{it} + \gamma X_{it} + c_i + \eta_t + \varepsilon_{it} \tag{1}$$

其中，下标 i 表示地区，下标 t 表示年份，$growq_{it}$ 代表经济增长质量，FDI_{it} 代表外资参与度，$OFDI_{it}$ 代表对外直接投资水平，X_{it} 代表一系列控制变量，c_i 和 η_t 分别代表非观测的地区和时间特定效应，ε_{it} 为随机误差项。$FDI_{it} \times OFDI_{it}$ 为外资参与度与对外直接投资水平的交互项，反映二者的相互作用；如果交互项的估计系数显著，表明 FDI 和 OFDI 存在互动关系，如果 $\varphi_3 > 0$ 且显著，表明引进来与走出去产生了良性互动，促进了经济增长质量的提升，如果 $\varphi_3 < 0$ 且显著，则表明二者的互动抑制了经济增长质量的提升。

（二）指标的测算与度量

1. 经济增长质量的度量

借鉴已有文献，本文以经济增长集约化水平来度量经济增长质量。唐未兵等（2014）以全要素生产率增长率对经济增长率的贡献与生产要素增长率对经济增长率的贡献之比来度量经济增长集约化水平：

$$growq = (gtfp/g)/[(\alpha \times gl + \beta \times gk)/g] = gtfp/(\alpha \times gl + \beta \times gk) \tag{2}$$

其中，$growq$ 为经济增长集约化水平，即经济增长质量，$gtfp$ 为全要素生产率增长率，g 为经济增长率，gl 和 gk 分别为劳动和资本增长率，α 和 β 分别为劳动和资本产出弹性。如果全要素生产率的增长对经济增长的贡献大于要素投入扩张对经济增长的贡献,则经济增长集约化水平提高,说明经济增长质量提升;反之,则表明经济增长质量下降。

2. 宏观全要素生产率增长率的测算与分解

测算经济增长质量需要测算全要素生产率增长率。微观企业 TFP 增长率测算与分解一般从生产前沿面出发,将 TFP 分解为体现技术进步的生产前沿面移动部分和体现技术效率变化的技术水平相对生产前沿面变化的部分,根据距离函数表达方式的不同,前沿面测算方法可以分为数据包络分析(data envelopment analysis,DEA)和随机前沿分析(stochastic frontier analysis,SFA),宏观 TFP 增长率测算则在思路与方法上与微观有较大差别(蔡跃洲、付一夫,2017)。宏观层面的 TFP 增长率测算则主要可以分为两条脉络:一条脉络是随着测算技术的发展,不少学者利用 DEA 或 SFA 等方法测算地区或行业的 TFP 指数,也有部分学者进一步结合曼奎斯特(Malmquist)指数方法将 TFP 指数分解为技术进步、技术效率变化、规模效率、纯技术效率等部分;另一条脉络是在索洛增长模型和索洛余值基础上衍生出的增长核算方法。在增长核算框架下,宏观 TFP 增长率可以分解为各部门加权 TFP 增长率以及要素在部门间流动带来的结构变化,前者为衡量整体技术进步的技术效应,后者为衡量结构转换的结构效应。考虑到本文的研究目的,本文沿用增长核算方法测算 TFP 增长率,并借鉴马塞尔(Massell,1961)、蔡跃洲和付一夫(2017)的方法,将宏观 TFP 增长率进一步分解为技术效应、资本要素结构效应、劳动要素结构效应三部分,与之不同的是,其假设生产函数规模报酬不变(即 $\alpha+\beta=1$),将宏观 TFP 增长率表示为[①]:

$$\frac{\dot{A}}{A} = \sum_j w_j(\dot{A}_j/A_j) + \sum_j w_j[(1-\alpha_j)\dot{s}_j^K/s_j^K - (\alpha_j-\alpha)\dot{K}/K]$$
$$+ \sum_j w_j[\alpha_j\dot{s}_j^L/s_j^K - (\alpha_j-\alpha)\dot{L}/L]$$

本文放松生产函数规模报酬不变的假设,进行同样推导,将 TFP 增长率表示为:

$$\frac{\dot{A}}{A} = \sum_j w_j(\dot{A}_j/A_j) + \sum_j w_j[\beta_j\dot{s}_j^K/s_j^K - (\beta_j-\beta)\dot{K}/K]$$
$$+ \sum_j w_j[\alpha_j\dot{s}_j^L/s_j^K - (\alpha_j-\alpha)\dot{L}/L] \qquad (3)$$

其中,下标 j 代表产业部门;A 为全要素生产率;K 为资本投入;L 为劳动投入;

---

① 详细的推导细节及说明可见蔡跃洲和付一夫(2017)的文献,限于篇幅,此处未详细列出。

$\dot{A}$、$\dot{K}$、$\dot{L}$ 分别表示全要素生产率、资本和劳动对时间的微分;w_j 代表各产业部门产出在总价值中所占的份额,且 $\sum w_j = 1, w_j \geq 0$;s_j^K 和 s_j^L 分别为各产业部门资本投入、劳动投入占总投入的比重,即 $s_j^K = K_j/K$, $s_j^L = L_j/L$,$\dot{s}_j^K$ 和 $\dot{s}_j^L$ 分别为各部门资本投入份额、劳动投入份额对时间的微分;α_j 和 β_j 分别表示各行业的劳动和资本的产出弹性。进一步地,令:

$$\lambda_1 = \sum_j w_j(\dot{A}_j/A_j) \tag{4}$$

$$\lambda_2 = \sum_j w_j[\beta_j \dot{s}_j^K/s_j^K + (\beta_j - \beta)\dot{K}/K] \tag{5}$$

$$\lambda_3 = \sum_j w_j[\alpha_j \dot{s}_j^L/s_j^K + (\alpha_j - \alpha)\dot{L}/L] \tag{6}$$

从而,$\dot{A}/A = \lambda_1 + \lambda_2 + \lambda_3$,如果将各行业的 TFP 增长率看成各行业的技术进步,λ_1 为各行业技术进步的权重和,代表了宏观 TFP 增长率中的技术效应。λ_2 和 λ_3 分别反映了资本和劳动在行业间的流动和配置情况,衡量了资本和劳动在部门间流动带来的结构变化,λ_2 代表了宏观 TFP 增长中的资本结构效应,λ_3 则代表了宏观 TFP 增长中的劳动结构效应,λ_2、λ_3 为正分别表明更多份额的资本、劳动被配置到边际产出较高的行业。

本文测算的是各省份 TFP 增长率,使用各省份样本期内各产业的产出、资本投入以及劳动投入数据。各省份分行业产出数据为各行业的增加值,由于没有直接的地区生产总值(GDP)平减指数,本文根据 GDP 指数(上一年=100)计算出以 2003 年为基期的实际 GDP 增长率,然后计算各年以 2003 年为价格基期的实际 GDP,结合名义 GDP 计算得到各年的 GDP 平减指数,据此将各年各行业的名义增加值换算为以 2003 年为基期的实际值。各省份各行业的劳动投入为从业人数,由于各省份仅统计了全部行业的总从业人数,细分行业的从业人员数仅统计了城镇单位从业人数,借鉴王恕立等(2015)的做法,本文以各行业的城镇单位从业人数占城镇单位从业人数的比重推算各行业的从业人数。各省份各行业的资本投入采用物质资本存量衡量,借鉴单豪杰(2008)的方法,运用永续盘存法 $K_{jt} = K_{jt-1}(1-\delta_{jt}) + I_{jt}$ 估算资本存量。资本投资额 I_{jt} 为各行业各年的全社会固定资产投资额,根据各省份的固定资产投资价格指数换算为以 2003 年为基期的实际值,且本文测算的是分行业的资本存量,如果全部行业采用统一的折旧率可能会由于忽视行业间的差异性而造成测算偏差,因此折旧率 δ_{jt} 采用田友春(2016)转换率为 100% 的分行业折旧率。需要说明的是,蔡跃洲和付一夫(2017)以各行业劳动者报酬占增加值的比重直接视为 α_j,进而根据索洛余值法计算得到 TFP 增长率,而本文 α_j 和 β_j 分别来源于各行业产出对各行业劳动投入和资本投入回归所得系数,再根据索洛余值法得到分行业的 TFP 增长率,α 和 β 则分别来源于总产出对总劳动投入和总资本投入的回归结果所得系数,最后根据索洛余值法得到分行业的 TFP 增长率,再根据式(3)计算得到各省份的宏观 TFP 增长率及分解结果。最后,将式(3)所得的宏观 TFP 增长率代入式(2),进一步得到各省份的经济增长质量指标。

3. 解释变量的测度

$FDI \times OFDI$ 为本文的核心解释变量,其中 FDI 表示外资参与度,测度外资技术溢出,采用三资企业就业人数的比例衡量,$OFDI$ 表示对外直接投资水平,采用非金融类对外直接投资存量占 GDP 的比重衡量。借鉴盛斌等(2011)、李锴等(2011)的研究,选择人力资本、市场化程度、人均资本存量、政府支出规模为控制变量。(1)人力资本水平采用劳动力人口平均受教育年限来衡量;具体而言,将小学、初中、高中、大专以上的受教育年限分别赋值为 6 年、9 年、12 年、16 年,再分别乘以小学、初中、高中、大专以上文化程度就业人员占比并求和。(2)市场化程度采用非国有工业企业销售产值占工业企业销售产值的比重衡量。(3)人均资本存量采用资本形成总额除以从业人员数来衡量。(4)政府支出规模采用各省份财政支出占 GDP 的比重来衡量,政府支出规模表征政府对经济发展的干预,会影响地区的经济增长及其质量和效率。考虑到吸引外资较多的地区对外开放水平较高,可能对外投资也较多,即 FDI 和 $OFDI$ 两个变量间可能存在共线性,但共线性检验表明,所有解释变量的方差膨胀因子(virance inflation factor,VIF)最高只有 2.51,远低于 $VIF = 10$ 的经验值,因此可以认为解释变量之间不存在严重的多重共线性问题。

(三)数据来源与说明

2004~2017 年中国 30 个省份①数据来自《中国统计年鉴》(历年)、《新中国 60 年统计资料汇编》以及各省份历年统计年鉴、统计年报。个别缺失的数据由线性插值法补充。另外,在测算 TFP 时,贵州省统计的就业人口由于 2010 年的人口普查,对 2008 年和 2009 年的数据进行了调整,由于调整后的就业人口与原数据差距较大,考虑到数据的严谨性和现实情况,2008 年和 2009 年就业数据使用 2010 年统计年鉴中调整后的数据。

---

① 西藏自治区由于数据缺失较多,暂未予考虑。此外,中国台湾、中国香港和中国澳门由于数据统计口径等原因,亦暂未予考虑。

四、检验结果及分析

(一) 基本回归结果

表 1 报告了模型的基本回归结果,其中,第(1)至第(4)列分别报告了 OLS、仅考虑个体效应、仅考虑个体效应和时间效应、考虑个体效应、时间效应和控制变量的回归结果。为了便于比较,第(5)列还报告了面板混合 OLS 的估计结果。豪斯曼检验(Hausman)表明,随机效应的假设前提得不到满足,因此应该选择固定效应模型,本文以固定效应模型作为后续的估计基础。谢宇(2018)认为构建包含连乘项的模型应保留低次项,但是添加连乘式后可能导致低次项的检验结果变化,并且本文关注的重点是 FDI 和 OFDI 的相互作用对经济增长质量的影响,即 FDI 和 OFDI 的交互项,而不是 FDI 或 OFDI 的作用,因此借鉴邵宜航等(2018)的做法,在包含连乘项的模型中仅关注连乘项的作用,不关注构成连乘项的低次项。估计结果表明:$FDI \times OFDI$ 的估计系数在 1% 的显著性水平下显著为正,FDI 和 OFDI 的互动效应促进了经济增长质量提高。

表 1 基本回归结果

项目	growq				
	(1)	(2)	(3)	(4)	(5)
$FDI \times OFDI$	0.310 * (0.162)	0.408 *** (0.138)	0.699 *** (0.207)	0.602 *** (0.202)	0.353 * (0.184)
FDI	2.330 *** (0.629)	-0.002 (0.665)	0.806 (0.976)	0.199 (0.975)	3.022 * (1.680)
OFDI	0.017 (2.579)	-5.477 ** (2.490)	-13.110 ** (5.841)	-10.270 (7.268)	-5.800 (5.295)
常数项	0.120 ** (0.056)	0.320 *** (0.050)	0.120 (0.102)	0.018 (1.840)	-2.354 ** (1.049)
控制变量	N	N	N	Y	Y
个体效应	N	Y	Y	Y	Y
时间效应	N	N	Y	Y	Y

续表

项目	*growq*				
	(1)	(2)	(3)	(4)	(5)
F 统计量	13.790***	26.700***	57.310***	61.020***	56.660***
模型类型	OLS	FE	FE	FE	混合 OLS
样本数	420	420	420	420	420

注：*、**、*** 分别为 10%、5%、1% 显著水平；估计系数下括号内数值为稳健标准误。下同。

（二）内生性问题及工具变量估计

理论上，地区经济增长质量提升会提高对外资的吸引力，即经济增长质量可能影响地区利用外资水平；同时，对外直接投资可能比国内投资面临更大的不确定性和更高的成本，地区经济增长质量提高意味着地区技术水平和企业竞争力提高，有能力承担海外投资的高成本，进而扩大对外直接投资，即地区经济增长质量提高也可能影响对外直接投资，这意味着主要解释变量与经济增长质量可能存在双向因果关系，内生性问题可能导致模型的估计结果有偏、不一致。因此，本文进一步采用工具变量法进行估计。

工具变量一般要求严格外生且与内生解释变量高度相关，学界常常从地理或历史视角选择工具变量。黄玖立等（2006）以各省份到海岸线的距离的倒数再乘以 100（即与海外市场的相对距离）作为各省份出口贸易的工具变量。此后，在贸易开放、对外投资等领域的研究中，诸多学者延续了这一做法，如盛斌等（2011）、李雪松等（2017）都采用了同样的工具变量，原因在于：海运是贸易运输的主要形式，与海岸线距离越近的省份意味着与海外市场距离越近，其贸易优势也就越明显，而外资进入中国主要以加工贸易为主，因此各省份与海外市场的距离是影响外资进入的重要影响因素，满足工具变量的相关性要求，而该工具变量的构造主要取决于地理距离，也满足外生性特征。因此，借鉴已有研究成果，本文同样以海外市场的相对距离作为 FDI 的工具变量[①]。具体来说，内陆省份到海岸线的距离为该省份到最近沿海省份的距离加上沿海省份的内部距离，内陆省份到最近沿海省份的距离为两省会级城市的经纬度计算

---

① 本文也考虑了海外市场接近度和 OFDI 的关系，但是在现代金融体系下，资本跨国流动与地理因素的关系已经十分微弱，且在工具变量法第一阶段回归中，OFDI 对海外市场接近度的回归系数并不显著，也表明二者不存在明显相关关系。因此，海外市场接近度只影响 FDI，作为 FDI 的工具变量是合理的。

得到的球面距离，沿海省份到海岸线的距离为其内部距离①。此外，在大样本下增加工具变量能得到更加有效的估计结果，借鉴盛斌等（2011）、郭峰等（2013）等的做法，本文再引入一个具有历史特征的工具变量，以1995年外资占GDP的比重即1995年的外资依存度作为FDI的第二个工具变量，原因在于，我国在1995年刚形成扩展至全国的对外开放区域，同年首次发布的《外商投资产业指导目录》成为引入外资的指引，此后外资不断进入高新技术、服务贸易、金融等领域，因而1995年利用外资水平无疑对后续吸引外资有重要影响。由于非时变工具变量在固定效应模型中没有意义，为了使其具有动态特征，因此本文与毛其淋等（2011）、郭峰等（2013）、张远军（2014）等绝大部分文献相同，海外市场的相对距离以人民币兑美元汇率进行调整，1995年外资依存度以人民币实际汇率进行调整，即用海外市场的相对距离与各年人民币兑美元汇率相乘，1995年外资依存度与各年人民币实际汇率相乘，将之作为最终的工具变量。汇率是国际投资的影响因素之一，且一国汇率往往并非一个省份可以控制，对各个省份来说亦可以视为外生给定的。历年人民币兑美元汇率数据来自国家统计局，人民币实际汇率数据来自IMF国际金融统计数据库。借鉴现有文献常用滞后期的内生变量作为工具变量的方法，本文以滞后一期OFDI存量对数作为OFDI的工具变量。

由于模型可能存在异方差问题以及本文使用了多个工具变量，考虑到GMM方法的优势，本文使用工具变量法两阶段GMM方法进行估计。表2报告了工具变量法两阶段GMM估计结果。在工具变量检验上，Kleibergen-Paap rk LM统计量均大于1%显著性水平的临界值，拒绝工具变量识别不足的原假设，Kleibergen-Paap Wald rk F统计量均大于Stock-Yogo检验在10%显著性水平的临界值，可以拒绝工具变量是弱识别的原假设，意味着工具变量和内生性变量之间具有较强的相关性；在工具变量数大于内生变量数的回归模型中，过度识别检验中的Hansen检验的P值均大于0.05，不能拒绝工具变量是过度识别的原假设，可以认为工具变量是外生的。因此，上述工具变量的选取是合理的。表2第（1）列报告了仅考虑FDI为内生变量的估计结果，第（2）列报告了仅考虑OFDI为内生变量的估计结果，第（3）列则报告了考虑FDI和OFDI同时为内生变量的估计结果。运用工具变量的估计结果与表1的估计结果基本一致，FDI和OFDI交互项的估计系数在1%显著性水平下显著为正，表明FDI和OFDI的相互作用促进了经济增长质量提升，进一步验证了本文的基本结论。

---

① 内部距离 $D_i = 2\sqrt{S_i}/3\sqrt{\pi}$，其中 S_i 为省份 i 的陆地面积。

表2　　　　　　　　　　　　模型 IV – GMM 估计结果

项目	FDI 为内生变量 （1）	OFDI 为内生变量 （2）	FDI 和 OFDI 为内生变量 （3）
$FDI \times OFDI$	0.513*** （0.171）	1.138* （0.591）	0.867*** （0.316）
FDI	4.028 （3.347）	-1.820 （2.370）	0.552 （2.896）
$OFDI$	-8.170** （3.956）	-32.190** （13.280）	-15.170** （6.588）
控制变量	Y	Y	Y
个体效应	Y	Y	Y
时间效应	Y	Y	Y
Kleibergen-Paap rk LM 统计量	15.817***	28.448***	26.221***
Kleibergen-Paap Wald rk F 统计量	12.858	12.270	9.753
Hansen 检验的 P 值	0.768	—	0.257
样本数	420	420	420

（三）进一步分析

固定效应模型回归结果和 IV – GMM 回归结果均验证了本文基本结论。但是由于宏观数据难以区分 OFDI 的动机和类型，难以进一步识别和区分 OFDI 的逆向技术溢出效应和边际产业转移效应，而且也难以定量判断 FDI 的技术水平，为进一步探究 FDI 和 OFDI 相互作用影响经济增长质量的机制并检验理论，以下从宏观 TFP 增长率分解和产业结构优化两个视角，讨论 FDI 与 OFDI 相互作用影响经济增长质量的机制。

1. FDI 与 OFDI 互动对基于宏观 TFP 增长率分解的经济增长质量结构的影响

理论分析表明，FDI 和 OFDI 的互动促进经济增长质量的提高主要表现在两个方面。一是 FDI 和 OFDI 的相互作用促进技术进步，进而提高技术进步对经济增长的贡献，因为 FDI 技术外溢促进中国企业技术进步，为中国企业提供了 OFDI 扩张的能力和动机，跨国经营企业获得更多利润也能促使中国企业增加创新投入，促进本地企业技术能力提升，从而 OFDI 不仅有利于提高本国对高技术含量的 FDI 的吸引力，而且迫使企业加大创新力度应对跨国经营的更高成本，而随着本地企业技术能力和竞争能力提高，迫使 FDI 企业进行技术改造升级或进入中国市场的 FDI 包含更高的技术含量，以适应更加激烈的竞争,从而更高技术含量的 FDI 向中国企业溢出更先进的技术,如此循环往来,FDI 和 OFDI 相互作用必然提高技术进步对经济增长的贡献,提高经济增长质量。二是 OFDI 和 OFDI 的相互作用促进技术进步,高技术水平的企业对要素的利用效率高,要素报酬高,要素报酬的差异将引发行业间、行业内或区域间、区域内要素从低报酬企业流出,必然提高资源配置效率,进而提高全要素生产率增长对经济增长的贡献。因此,OFDI 和 OFDI 相互作用体现在不断促进技术进步和改善要素配置以提升经济增长质量,具体表现为促进地区技术水平提高和要素结构效应变化。由此,可以进一步考察 FDI 和 OFDI 的相互作用是否影响狭义技术进步对经济增长的贡献以及要素(主要考虑资本和劳动)结构效应对经济增长的贡献。具体来说,以宏观 TFP 增长率的分解为基础,将经济增长质量分为狭义技术进步效应对经济增长的贡献 $tech\ effect$、资本结构效应对经济增长的贡献 $cap\ effect$、劳动结构效应对经济增长的贡献 $lab\ effect$ 三个部分(即三个被解释变量),检验 FDI 与 OFDI 的相互作用对三个被解释变量的影响,可以理解为探究二者相互作用影响经济增长质量的机制。

表 3 报告了狭义技术进步效应对经济增长的贡献 $tech\ effect$、资本结构效应对经济增长的贡献 $cap\ effect$、劳动结构效应对经济增长的贡献 $lab\ effect$ 为被解释变量的 IV-GMM 估计结果,在模型中,将 FDI 和 OFDI 均视为内生变量。同样的,在所有模型中,Kleibergen-Paap rk LM 统计量均大于 1% 显著性水平的临界值,在 1% 显著性水平下拒绝工具变量识别不足的原假设,同时 Kleibergen-Paap Wald rk F 统计量均大于 Stock-Yogo 检验在 10% 显著性水平的临界值,可以拒绝工具变量是弱识别的原假设,可以认为工具变量和内生变量之间具有较强的相关性,同时,过度识别检验中 Hansen 检验的 P 值均大于 0.05,不能拒绝工具变量是过度识别的原假设,可以认为所选的工具变量是外生的。总之,关于工具变量的相关检验同样表明模型运用工具变量法是合理的。

表 3   经济增长质量分解为被解释变量的 IV-GMM 估计结果

项目	$techeffect$ (1)	$capeffect$ (2)	$labeffect$ (3)
$FDI \times OFDI$	0.368* (0.211)	−0.203* (0.108)	0.221** (0.097)
FDI	−0.555 (1.838)	−1.459 (0.915)	−1.930* (0.880)
OFDI	−5.964 (3.965)	0.731 (2.005)	−2.048 (1.680)

续表

项目	techeffect (1)	capeffect (2)	labeffect (3)
控制变量	Y	Y	Y
个体效应	Y	Y	Y
时间效应	Y	Y	Y
Kleibergen-Paap rk LM 统计量	26.221***	26.221***	26.221***
Kleibergen-Paap Wald rk F 统计量	9.753	9.753	9.753
Hansen 检验的 P 值	0.347	0.065	0.586
样本数	420	420	420

表3第（1）列是狭义技术进步对经济增长的贡献为被解释变量的估计结果，$FDI \times OFDI$ 的估计系数在10%显著性水平下显著为正，表明 FDI 和 OFDI 的相互作用通过促进技术进步提高经济增长质量。表3中第（2）列是资本结构效应对经济增长的贡献为被解释变量的估计结果，$FDI \times OFDI$ 的估计系数在10%显著性水平下显著为负，表明 FDI 和 OFDI 的相互作用降低了资本的配置效率。表3第（3）列是劳动结构效应对经济增长的贡献为被解释变量的估计结果，$FDI \times OFDI$ 的估计系数在5%显著性水平下显著为正，表明 FDI 和 OFDI 的相互作用通过改善劳动要素的配置促进经济增长质量提升。可见，FDI 和 OFDI 互动主要是通过促进狭义技术进步和改善劳动配置效率而促进经济增长质量提高，而 FDI 和 OFDI 的相互作用降低资本配置效率抑制了经济增长质量提升，后文将详细讨论原因。

2. FDI 与 OFDI 相互作用对产业结构优化的影响

FDI 和 OFDI 的相互作用会促进产业结构优化，产业结构优化包括产业结构高级化和产业结构合理化，产业结构高级化意味着升级产业的要素边际产出增加，产业结构合理化是指产业结构升级提高要素边际报酬，引发要素在产业间的流动，直至产业间要素报酬趋于一致，意味着资源配置改善。产业结构趋于高级化和合理化都会提升资源利用效率，体现为全要素生产率增长对经济增长的贡献上升，经济增长质量提高。FDI 和 OFDI 的相互作用促进产业结构优化的原因是：FDI 技术溢出促进了产业升级，升级产业的要素边际报酬提高，引发要素流动，进而提高所有行业要素报酬，这也意味着要素成本上升，使得低技术水平的劳动密集型等产业被迫通过 OFDI 方式向低成本的国家或地区转移，OFDI 转移边际产业释放难以跨国转移的劳动力、土地等要素，可能吸引技术含量更高、要素报酬更高的 FDI 流入，技术含量高的 FDI 产生溢出效应促进新一轮产业升级，促使新一轮 OFDI 转移淘汰边际产业，如此循环往复，FDI 和 OFDI

的相互作用会促进产业结构高级化和合理化,提高资源利用效率,促进经济高质量增长。因此,FDI 和 OFDI 的相互作用促进了产业结构优化,即 FDI 和 OFDI 的相互作用通过产业结构优化而影响经济增长质量。本文以产业结构优化作为被解释变量,考察 FDI 和 OFDI 的相互作用对产业结构优化的影响,以进一步推断 FDI 和 OFDI 的相互作用对经济增长质量的作用。

产业结构合理化是指产业之间的协调,傅元海等(2014)采用泰尔指数反映产业结构合理化水平,由于泰尔指数与产业合理化水平负相关,为便于分析,本文以泰尔指数的相反数 indrs 反映产业结构合理化,二者表现为正相关关系,即:

$$indrs = -\sum_{j}^{n} (Q_j/Q) \ln[(Q_j/L_j)/(Q/L)]$$

其中,Q 表示全部制造行业的工业总产值,L 表示全部制造行业的从业人员数,Q_j 为制造行业 j 的工业总产值,L_j 为制造行业 j 的从业人员数,n 为制造行业总数,据此测算各省份每年的产业结构合理化水平。

产业结构高度化是指产业结构由低水平向高水平的演进,既体现为产业比例关系的改变,也体现为劳动生产率的提高,可以采用各产业的比例或者利用相对劳动生产率赋予产业比例相应的权重计算各产业比例之和来衡量,借鉴刘伟等(2008)、韩永辉等(2017)的测算方法,本文以各产业产出占比乘以该产业相对劳动生产率的加权和来度量产业结构高度化水平,其基本思想是劳动生产率高的产业产值比重越高,产业结构高度化指数 SH 越大,产业结构高度化水平越高。具体而言:

$$SH = \sum_{j}^{n} (Q_j/Q)(LP_j/LP_{jf})$$

其中,LP_j 为制造行业 j 的劳动生产率;LP_{jf} 为刘伟等(2008)的产业结构标准化阶段模型中制造行业 j 在完成工业化后的劳动生产率,据此测算各省份每年的产业结构高度化水平 SH。产业结构合理化水平和产业结构高度化水平的测算使用的数据为各个省份的 29 个制造业细分行业的工业总产值和从业人数数据,数据均来自各省份统计年鉴。由于部分省份未公布 2017 年分行业工业总产值数据,对此,对于个别在统计公报中公布 2017 年分行业工业总产值增长率的省份,本文以其 2016 年分行业工业总产值乘以 2017 年分行业工业总产值增长率计算 2017 年分行业工业总产值,个别省份仅在统计年报中公布 2017 年全部制造行业工业总产值增长率,本文以该增长率推算 2017 年分行业的工业总产值。极个别省份中有部分行业均未公布 2017 年工业总产值相关数据,采用插值法补充[①]。

---

① 本文也将这部分估算的数据剔除后重新回归,回归结果是相似的,并不影响本文结论和分析。

表4报告了产业结构合理化和产业结构高度化为模型被解释变量的估计结果,其中,第(1)列和第(3)列为固定效应模型估计结果,第(2)列和第(4)列为 IV-GMM 方法的估计结果,在模型中,将 FDI 和 OFDI 均视为内生变量,模型均通过了工具变量的相关检验。估计结果显示,无论是固定效应模型还是 IV-GMM 模型,$FDI \times OFDI$ 的估计系数均为正,显著水平分别为 5% 或 10%,表明 FDI 和 OFDI 的相互作用促进了产业结构趋于高级化和合理化。由于产业结构升级是技术进步的结果,FDI 和 OFDI 的相互作用促进产业结构趋于高级化与其提高狭义技术进步对经济增长贡献的结果相互印证;FDI 和 OFDI 相互作用促进产业结构合理化与 FDI 和 OFDI 相互作用提高劳动配置效应对经济增长贡献的结果相互印证,但与 FDI 和 OFDI 相互作用降低资本配置效应对经济增长贡献的结果相悖。

表4　　产业结构优化为被解释变量的估计结果

项目	产业结构高度化 (1)	产业结构高度化 (2)	产业结构合理化 (3)	产业结构合理化 (4)
$FDI \times OFDI$	0.167* (0.096)	0.288* (0.112)	0.048* (0.027)	0.179* (0.088)
FDI	-0.507 (0.396)	-1.383* (0.764)	-0.261 (0.296)	-0.700 (0.661)
$OFDI$	-2.870* (1.486)	-6.732*** (2.366)	-0.719** (0.289)	-4.359*** (1.894)
常数项	-0.009 (0.126)		0.290* (0.147)	
控制变量	Y	Y	Y	Y
个体效应	Y	Y	Y	Y
时间效应	Y	Y	Y	Y
F	10.79*		21.24*	
Kleibergen-Paap rk LM 统计量		27.260*		26.221*
Kleibergen-Paap Wald rk F 统计量		9.159		9.753
Hansen 检验 P 值		0.104		0.123
模型类型	FE	IV-GMM	FE	IV-GMM
样本数	420	420	420	420

(四) FDI 和 OFDI 的互动机制促进中国经济高质量发展的内在逻辑

实证结果表明,FDI 和 OFDI 的相互作用促进了中国经济增长质量的提升;通过对宏观 TFP 增长率的分解将经济增长质量分为三部分研究发现,二者的相互作用通过促进狭义技术进步和改善劳动配置效率提升经济增长质量,却降低了资本配置效率而抑制经济增长质量提升;进一步检验发现,FDI 和 OFDI 的相互作用促进了产业结构趋于高级化和合理化,可以推断,二者的相互作用通过促进产业结构优化提升经济增长质量。FDI 和 OFDI 的相互作用通过促进产业结构升级提升经济增长质量与二者相互作用促进狭义技术进步而提升经济增长质量一致,二者的相互作用通过促进产业结构合理化提升经济增长质量与二者的相互作用通过改善劳动的配置效率提升经济增长质量一致,但与二者的相互作用降低资本配置效率抑制了经济增长质量提升相反。上述结论存在合理的逻辑。

改革开放以来,中国利用要素禀赋的优势吸引 FDI 承接国际产业转移,促进了经济快速发展,同时 FDI 产生技术溢出促进本土企业技术进步,推动中国产业结构升级(刘建丽,2019),推进了工业化进程,为中国进行海外投资提供了产业基础,技术水平的提升为本地企业进行 OFDI 提供了动机。特别是随着经济发展水平提高,中国企业进行 OFDI 更多是在贯彻国家战略(钟宁桦等,2019),OFDI 承担着转移边际产业、谋求产业升级和全球价值链升级以促进经济高质量发展的任务。已有的研究发现中国的 OFDI 具有多重动机:在投资动机上,既表现出寻求市场、获取自然资源和获取技术性战略资产的动机,同时也表现出转移部分产业或生产环节以降低生产成本的动机(王永钦,2014;刘青等,2017);在分布区位上,中国 OFDI 投资遍布全球超过 80% 的国家或地区,既有为获取逆向技术溢出和扩张海外市场向发达国家的"逆梯度 OFDI",也有为获取自然资源和转移边际产业的向发展中国家的"顺梯度 OFDI"。因此,FDI 产生技术溢出与中国不同动机的 OFDI 形成良性互动促进经济增长质量提高:一是 FDI 与中国寻求市场或获取技术的 OFDI 相互作用促进技术动态进步以提高狭义技术进步对经济增长的贡献;二是 FDI 技术溢出促进产业结构升级,促使中国通过 OFDI 转移边际产业以降低经营成本,在这个过程中释放的要素有利于吸引高质量的 FDI 流入,既有研究也发现中国的 OFDI 会影响 FDI 质量而促进产业结构升级(聂飞、刘海云,2019),因此 FDI 与 OFDI 相互作用促使产业结构动态演进,通过优化资源配置促进经济增长质量提高。

实证检验发现 FDI 与 OFDI 的相互作用提高了全要素生产率增长对经济增长的贡

献，从理论上推断 FDI 与 OFDI 的相互作用可能通过改善要素配置效率来提高全要素生产率增长对经济增长的贡献，进一步实证检验发现，二者的相互作用对产业结构高级化和合理化具有促进作用，与理论推断相符。进一步将资源配置效应分解为劳动和资本配置效应进行检验发现，中国 FDI 与 OFDI 的相互作用改善了劳动的配置效率，但是与理论推断相反，中国 FDI 与 OFDI 的互动降低了资本的配置效率，可能的原因如下。

FDI 与 OFDI 的相互作用无论是促进技术进步，还是促进产业结构优化，都会提高劳动报酬，吸引大量的劳动力流向利用外资水平和对外投资水平均较高的地区，如中国东部沿海地区既是外资流入多的区域，也是对外投资水平高的区域，吸引了中西部地区劳动力大规模向东部沿海地区的外资企业和本地企业流动，优化劳动的配置。外资企业及获得外资技术溢出的本地企业主要是制造企业或服务企业，大量初级劳动力通过在制造业或服务业的干中学，掌握了劳动技能，成为熟练型技能人才或技工，提升了中国人力资本水平，必然提高劳动生产率，劳动配置效应进一步提高。从而 FDI 与 OFDI 的相互作用对于劳动的配置效率产生积极作用，促进了经济增长质量提高。

FDI 流入产生技术溢出促进了中国技术进步和产业结构升级，推动了中国进行海外投资，理论上具有引导过剩资本向海外配置，提高资本配置效率的作用，但是部分地方政府仍然利用土地、贷款等优惠政策招商引资，地方政府之间招商引资的竞争干预了市场的配置作用，而导致了流入境内的外资和境内资本配置的扭曲，降低了外资和国内投资在要素配置上的效率，这就意味着要素配置效率较低的外资和国内投资将抵消 OFDI 可能的优化资本配置的作用，从而 FDI 和 OFDI 的互动作用降低了中国资本配置效率，抑制经济增长质量提升。流入的 FDI 促使劳动密集型等边际产业通过 OFDI 转移后，尽管 OFDI 释放的要素可能吸引新的 FDI 流入资本密集型或技术密集型产业，但是这些 FDI 可能多是从事加工贸易，一个典型的事实是外资企业在我国加工贸易中的比重始终保持在 80% 左右（王岚、李宏艳，2015）。现有研究表明，在中国制造业产品出口中，越是高技术产业，其出口产品的国内附加值越低。如唐东波（2012）研究发现我国资本密集型和技术密集型产业出口的国内附加值率明显偏低，尤其以高技术产业的国内附加值率偏低更加突出；戴翔（2015）的测算也表明我国在高技术产业领域的贸易附加值偏低且无明显改善趋势。因此，所谓高技术的 FDI 企业很可能多是跨国公司转移资本密集型或技术密集型产业的加工组装工序，享有税收等优惠政策，企业生产率不一定比内资企业高。换言之，通过"腾笼换鸟"吸引高技术行业的 FDI 进入可能仍然只是在高技术产业的产业链低端"铺摊子"，尽管吸引新的 FDI 流入了资本密集型或技术密集型产业，但这些 FDI 并未带来实质性的高技术，使得新进入的 FDI 依旧对要素利用效率和配置效率的改善作用不高。特别是，近年来我国外贸出口和地方经济增长面临较大压力,在产业转移升级、转型升级的阵痛期,要素成本的攀升使得一些企业通过OFDI转移后,地方政府仍然存在规模导向的引资冲动,"重引进轻效果、重规模轻效益",高能耗、低技术项目有回流倾向(刘建丽,2019),这不仅会导致低水平重复引进和重复建设问题,而且会扩大本就庞大的资本投入规模,强化投资驱动增长的倾向,进一步降低资本边际报酬,从而造成资本配置扭曲。FDI流入促使OFDI,但是厂房、机器设备等资本难以及时随OFDI退出,OFDI释放的要素吸引更高质量的FDI流入也需要较长的时间,意味着"腾笼换鸟"可能出现"鸟飞走了,笼子还空着"的情况(刘志彪,2015),也就是说OFDI可能导致不能转移的资本形成沉淀资本而进一步降低资本配置效率。综上所述,中国FDI和OFDI的互动并没有促进资本向本国生产率更高的部门流动,反而降低了资本配置效率,抑制中国经济增长质量提升。这也表明我国需要进一步把控好引进外资的质量,处理好FDI技术引进和产业转移的问题,提高FDI和OFDI与产业升级目标的契合度。

五、稳健性检验

由于变量影响存在滞后以及变量内生性等问题,可能影响估计结果的可靠性,为提高估计结果的可靠性,本文从以下四个方面进行稳健性检验。

(1) FDI滞后一阶。理论上,FDI与OFDI的互动促进经济高质量增长,是基于FDI流入后产生技术外溢促进本地企业技术进步和产业升级,进而逐渐形成OFDI的能力,意味着FDI与OFDI的互动在时间上可能存在"先后",或者说FDI进入后需要较长时间才能促使OFDI流出,进而促进经济增长质量提高。这在计量模型上体现为FDI对OFDI的调节作用可能存在滞后效应。因此,为保证估计结果的科学性,本文将FDI滞后一阶后再构造其与OFDI的连乘式,考察二者的相互作用。表5的第(1)列为包含FDI滞后一阶与OFDI连乘项模型的IV-GMM估计结果,结果表明:工具变量是有效的,$FDI \times OFDI$的系数在1%显著水平下为显著为正,与前文的估计结果基本相同。

(2) 动态面板估计。考虑到经济增长质量的提高可能是一个缓慢且有延续性的过程,当前经济增长质量提高可能受前期经济增长质量水平的影响,为了反映这一过程,本文在计量模型中进一步引入被解释变量的滞后一期,将模型设定为动态面板模型,采用两步系统GMM方法进行估计,这一做法同时也能降低模型的设定偏误,降低内生性对估计结果准确性的影响。表5的第(2)列为动态面板模型的估计结果,二阶自相关检验P值为0.241,大于0.1,不能拒绝不存在二阶自相关的原假设;Hansen检验P

值为 0.572，大于 0.1，也不能拒绝工具变量过度识别的原假设，表明工具变量有效，因此构建动态面板模型是合适的。估计结果表明，连乘项的估计系数仍然在 1% 显著水平下显著为正，与前文估计结果相同，进一步说明本文结果是稳健的。

表5 稳健性检验结果

项目	FDI 滞后一阶 (1)	动态面板估计 (2)	IV-LIML 估计 (3)	处理异常值 (4)
$FDI \times OFDI$	0.921*** (0.322)	0.830*** (0.304)	1.031*** (0.333)	0.616*** (0.162)
FDI	0.776 (3.097)	−0.121 (3.788)	0.233 (3.369)	−1.986 (1.870)
$OFDI$	−18.030** (7.464)	−8.243 (5.605)	−17.420** (7.115)	−12.340*** (2.694)
$growq_{it-1}$		−0.420* (0.176)		
控制变量	Y	Y	Y	Y
个体效应	Y	Y	Y	Y
时间效应	Y	Y	Y	Y
Kleibergen-Paap rk LM 统计量	27.023***		26.221***	26.221***
Kleibergen-Paap Wald rk F 统计量	10.965		9.753	9.753
Hansen 检验的 P 值	0.301	0.572	0.258	0.309
二阶自相关检验 P 值		0.241		
样本数	390	420	420	420

（3）采用有限信息最大似然估计方法。考虑到潜在的弱工具变量问题可能导致有偏的估计结果，本文进一步采用对弱工具变量较不敏感的有限信息最大似然估计（LIML）方法替换原来的 IV-GMM 方法对模型重新估计以提高估计结果的准确性，表5 的第（3）列报告了这一估计结果。结果表明，连乘项系数的符号和显著性并没有发生明显变化，估计结果受弱工具变量的影响较小，回归结果是稳健的。

（4）处理异常值。由于我国不同地区在经济、社会发展上具有较大差异，意味着不同省份的经济增长质量也存在较大差异，测度被解释变量的数值可能出现异常值，从而个别异常样本点可能影响估计结果的准确性。考虑到样本有限，本文将被解释变量数值上下5%的样本进行缩尾处理,然后对模型重新进行估计,估计结果报告在表5的第(4)列。结果显示,连乘项的估计系数的符号和显著性没有发生明显变化,表明估计结果未受异常值的实质影响,再次表明估计结果是稳健的。

六、结论与政策建议

形成以国内循环为主、国内国际双循环相互促进的新发展格局,可以深化国内分工,延长和完善产业链供应链,促进产业升级,增加产品和产业附加值,促进经济高质量发展,而其关键是提高内生的技术能力。大规模"引进来"与大规模"走出去",不仅是中国当前对外开放的一个重要特征,而且是实现国内国际双循环相互促进并实现经济高质量发展的重要途径。FDI 和 OFDI 的良性互动是中国构建对外开放新格局的内在要求,对于国内国际双循环的相互促进、提高我国经济增长质量具有重要意义。本文得到如下的研究结论和政策建议。

(一) 研究结论

"引进来"和"走出去"的良性互动能促进经济高质量增长:因为引进 FDI 产生技术溢出促进东道国企业技术进步,为发展中国家进行海外投资提供了能力和基础,发展中国家通过 OFDI 则利用国际市场竞争进一步提升企业技术水平和经营能力,这不仅向跨国公司传递了本国技术水平和经营能力的信号,而且加剧了本国企业与外资企业的竞争,促使既有 FDI 企业进行技术升级或技术含量更高的 FDI 进入,以适应东道国更加激烈的竞争,进而向发展中国家溢出更先进技术,进一步提升本地企业技术水平和经营能力,提高对外投资质量,如此循环往复,二者形成良性互动,不断推动技术进步,通过提高狭义技术进步对经济增长的贡献促进经济增长质量提升。同时,FDI 技术溢出促进东道国技术进步会促进产业结构升级,产业结构升级则淘汰落后产业,促使东道国通过 OFDI 转移落后产业,转移边际产业可以释放劳动力、土地等要素,吸引高质量的 FDI 不断流向中高端产业,推动中高端产业发展,加快产业结构升级和以转移边际产业为目标的对外直接投资,从而 FDI 和 OFDI 相互作用促进产业结构升级并提高要素报酬,进而引发要素流动,实现资源再配置,提高要素利用效率和要素配置效率,即 FDI 和 OFDI 相互作用通过产业结构高级化和合理化提高要素配置效率对经济增长的贡献,促进经济增长质量提升。利用 2004~2017 年中国 30 个省份的面板数据对理论分析进行实证检验，结果表明：FDI 和 OFDI 的相互作用促进了中国经济增长质量的提升，在考虑内生性以及进行各种稳健性检验后结论依然成立。FDI 和 OFDI 的相互作用通过促进产业结构高级化和合理化提高了经济增长质量；通过对宏观 TFP 增长率进行分解并进一步检验发现，FDI 和 OFDI 的相互作用主要通过促进狭义技术进步及提升劳动要素配置效率而促进我国经济增长质量提升，这与二者相互作用促进产业结构高级化和合理化的结论相互印证，但是 FDI 和 OFDI 的相互作用却降低资本配置效率而抑制了经济增长质量提高，与二者相互作用促进产业结构合理化的结论相悖。

（二）政策建议

上述理论研究和实证检验对我国加快构建国内国际双循环相互促进的新发展格局、推动经济高质量发展具有一定的政策启示。第一，形成"引进来"和"走出去"良性互动才能通过提高狭义技术进步对经济增长的贡献来促进经济增长质量提升，为此必须提高引进 FDI 质量和对外直接投资质量，因为高质量的 FDI 可能为中国本地企业带来先进技术，中国本地企业依托我国市场规模优势对获得的外资技术不断改进创新和规模化应用，提高 OFDI 时的竞争优势；同时，可以鼓励中国企业积极收购国外高新技术等战略资产，通过 OFDI 直接获取国际先进技术，提高 OFDI 质量，进而通过引进高质量 FDI 和高质量 OFDI 促进中国技术进步，提高技术自主化水平，保障国内产业链的自主可控和畅通运转，提升经济增长质量。

第二，形成"引进来"和"走出去"良性互动才能通过产业结构优化提高要素配置效率对经济增长的贡献来促进经济增长质量提升，为此需要处理好利用 OFDI 转移边际产业、利用 FDI 承接新产业的关系，不仅需要清除妨碍国内要素流动的障碍，保障国内要素的流动循环，而且需要提高要素在国内循环的效率，促使可流动的生产要素及时、充分地流向效率更高的产业，促使不可流动的土地等要素能及时与可流动的要素重新组合；并且，利用 OFDI 转移边际产业释放要素后及时引导高技术、高质量的 FDI 流入，以获得更先进的技术，提高资源的配置效率。

第三，不断深化供给侧结构性改革，切实优化营商环境。一方面，通过优化营商环境降低内外资企业经营的交易成本来取代以土地、贷款等吸引外资的优惠政策，因为地方政府间招商引资的竞争往往以各种优惠政策吸引资本流入，这会导致大量的境内外资本竞相流向给予优惠政策但资本效率低的地区，造成资本配置扭曲，降低资源利用效率，通过优化营商环境则是更有利于形成公平竞争的环境，使得区域内外的资本更加充分竞争，提高资本配置效率。另一方面，通过打造市场化、法治化和国际化的营商环境，既增强外资企业投资信心、提高对高质量外资的吸引力，又提升我国企业规范化、国际化经营的能力，通过优化营商环境便利资本等要素在国内外合理、顺畅地循环。

总之，FDI 和 OFDI 的良性互动是国内国际双循环相互促进的新发展格局本身的应有之义，不断化解"引进来"和"走出去"循环中的断点、堵点，构建 FDI 和 OFDI 相互促进、有序循环、良性互动的对外开放新格局，保障国内循环和国际循环的互促共进，是促进我国经济高质量发展的必由之路。

参 考 文 献

[1] 白俊红，刘宇英. 对外直接投资能否改善中国的资源错配 [J]. 中国工业经济，2018 (1)：60 – 78.

[2] 包群，赖明勇. 中国外商直接投资与技术进步的实证研究 [J]. 经济评论，2002 (6)：63 – 66，71.

[3] 蔡跃洲，付一夫. 全要素生产率增长中的技术效应与结构效应：基于中国宏观和产业数据的测算及分解 [J]. 经济研究，2017，52 (1)：72 – 88.

[4] 陈强，刘海峰，汪冬华，等. 中国对外直接投资能否产生逆向技术溢出效应？[J]. 中国软科学，2016 (7)：134 – 143.

[5] 戴翔. 中国制造业国际竞争力：基于贸易附加值的测算 [J]. 中国工业经济，2015 (1)：78 – 88.

[6] 傅元海，唐未兵，王展祥. FDI 溢出机制、技术进步路径与经济增长绩效 [J]. 经济研究，2010，45 (6)：92 – 104.

[7] 傅元海，叶祥松，王展祥. 制造业结构变迁与经济增长效率提高 [J]. 经济研究，2016，51 (8)：86 – 100.

[8] 郭峰，洪占卿. 贸易开放、地区市场规模与中国省际通胀波动 [J]. 金融研究，2013 (3)：73 – 86.

[9] 韩永辉，黄亮雄，王贤彬. 产业政策推动地方产业结构升级了吗？：基于发展型地方政府的理论解释与实证检验 [J]. 经济研究，2017，52 (8)：33 – 48.

[10] 洪银兴. 产业化创新及其驱动产业结构转向中高端的机制研究 [J]. 经济理论与经济管理，2015 (11)：5 – 14.

[11] 黄玖立，李坤望. 出口开放、地区市场规模和经济增长 [J]. 经济研究，2006 (6)：27 – 38.

[12] 黄凌云，刘冬冬，谢会强. 对外投资和引进外资的双向协调发展研究 [J]. 中国工业经济，2018 (3)：80 – 97.

[13] 李锴, 齐绍洲. 贸易开放、经济增长与中国二氧化碳排放 [J]. 经济研究, 2011, 46 (11): 60 – 72, 102.

[14] 李磊, 冼国明, 包群. "引进来"是否促进了"走出去"?: 外商投资对中国企业对外直接投资的影响 [J]. 经济研究, 2018, 53 (3): 142 – 156.

[15] 李梅. 金融发展、对外直接投资与母国生产率增长 [J]. 中国软科学, 2014 (11): 170 – 182.

[16] 李梅, 柳士昌. 对外直接投资逆向技术溢出的地区差异和门槛效应: 基于中国省际面板数据的门槛回归分析 [J]. 管理世界, 2012 (1): 21 – 32, 66.

[17] 李雪松, 赵宸宇, 聂菁. 对外投资与企业异质性产能利用率 [J]. 世界经济, 2017, 40 (5): 73 – 97.

[18] 刘建丽. 新中国利用外资 70 年: 历程、效应与主要经验 [J]. 管理世界, 2019, 35 (11): 19 – 37.

[19] 刘青, 陶攀, 洪俊杰. 中国海外并购的动因研究: 基于广延边际与集约边际的视角 [J]. 经济研究, 2017, 52 (1): 28 – 43.

[20] 刘伟, 张辉, 黄泽华. 中国产业结构高度与工业化进程和地区差异的考察 [J]. 经济学动态, 2008 (11): 4 – 8.

[21] 刘志彪. 提升生产率: 新常态下经济转型升级的目标与关键措施 [J]. 审计与经济研究, 2015, 30 (4): 77 – 84.

[22] 聂飞, 刘海云. 中国 OFDI 对 IFDI 规模和质量的影响: 理论机制与实证 [J]. 国际贸易问题, 2019 (1): 93 – 105.

[23] 潘文卿, 陈晓, 陈涛涛, 等. 吸引外资影响对外投资吗?: 基于全球层面数据的研究 [J]. 经济学报, 2015, 2 (3): 18 – 40.

[24] 潘文卿. 外商投资对中国工业部门的外溢效应: 基于面板数据的分析 [J]. 世界经济, 2003 (6): 3 – 7, 80.

[25] 邵宜航, 张朝阳, 刘雅南, 等. 社会分层结构与创新驱动的经济增长 [J]. 经济研究, 2018 (5): 44 – 57.

[26] 沈春苗, 郑江淮. 中国企业"走出去"获得发达国家"核心技术"了吗?: 基于技能偏向性技术进步视角的分析 [J]. 金融研究, 2019 (1): 111 – 127.

[27] 单豪杰. 中国资本存量 K 的再估算: 1952 ~ 2006 年 [J]. 数量经济技术经济研究, 2008, 25 (10): 17 – 31.

[28] 盛斌, 毛其淋. 贸易开放、国内市场一体化与中国省际经济增长: 1985 ~ 2008 年 [J]. 世界经济, 2011 (11): 44 – 66.

[29] 苏丹妮, 盛斌, 邵朝对, 等. 全球价值链、本地化产业集聚与企业生产率的互动效应[J]. 经济研究, 2020 (3): 100 – 115.

[30] 唐东波. 贸易政策与产业发展: 基于全球价值链视角的分析 [J]. 管理世界, 2012 (12): 13-22.

[31] 唐未兵, 傅元海, 王展祥. 技术创新、技术引进与经济增长方式转变 [J]. 经济研究, 2014, 49 (7): 31-43.

[32] 田红彬, 郝雯雯. FDI、环境规制与绿色创新效率 [J]. 中国软科学, 2020 (8): 174-183.

[33] 田友春. 中国分行业资本存量估算: 1990~2014 年 [J]. 数量经济技术经济研究, 2016, 33 (6): 3-21, 76.

[34] 王岚, 李宏艳. 中国制造业融入全球价值链路径研究: 嵌入位置和增值能力的视角 [J]. 中国工业经济, 2015 (2): 76-88.

[35] 王恕立, 滕泽伟, 刘军. 中国服务业生产率变动的差异分析: 基于区域及行业视角 [J]. 经济研究, 2015 (8): 75-86.

[36] 王永钦, 杜巨澜, 王凯. 中国对外直接投资区位选择的决定因素: 制度、税负和资源禀赋 [J]. 经济研究, 2014, 49 (12): 126-142.

[37] 谢宇. 回归分析 [M]. 北京: 社会科学文献出版社, 2013.

[38] 姚树洁, 冯根福, 韦开蕾. 外商直接投资和经济增长的关系研究 [J]. 经济研究, 2006 (12): 35-46.

[39] 袁富华, 张平. 雁阵理论的再评价与拓展: 转型时期中国经济结构问题的诠释 [J]. 经济学动态, 2017 (2): 4-13.

[40] 张远军. 城市化与中国省际经济增长: 1987~2012: 基于贸易开放的视角 [J]. 金融研究, 2014, 409 (7): 49-62.

[41] 赵文军, 于津平. 贸易开放、FDI 与中国工业经济增长方式: 基于 30 个工业行业数据的实证研究 [J]. 经济研究, 2012 (8): 18-31.

[42] 钟宁桦, 温日光, 刘学悦. "五年规划"与中国企业跨境并购 [J]. 经济研究, 2019, 54 (4): 149-164.

[43] Alfaro L, Chanda A, Kalemli-Ozcan S, et al. FDI and Economic Growth: The Role of Local Financial Markets [J]. Journal of International Economics, 2004, 64: 89-112.

[44] Blomstrom M, Kokko A. Foreign Direct Investment and Spillovers of Technology [J]. International Journal of Technology Management, 2001, 22 (5): 435-454.

[45] Kojima K. Direct Foreign Investment: A Japanese Model of Multinational Business Operation [M]. London: Croom Helm Press, 1978.

[46] Lu Y, Tao Z, Zhu L. Identifying FDI Spillovers [J]. Journal of International Economics, 2017 (107): 75-90.

[47] Massell B F. A Disaggregated View of Technical Change [J]. Journal of Political Economy, 1961,

69(6): 547-557.

[48] Potterie B P, Lichtenberg F. Does Foreign Direct Investment Transfer Technology Across Borders? [J]. Review of Economics and Statistics, 2001, 83(3): 490-497.

[49] Yao S J, Wang P, Zhang J, et al. Dynamic Relationship Between China's Inward and Outward Foreign Direct Investments [J]. China Economic Review, 2016(40): 54-70.

经济史研究

近代铁路、新式教育与经济发展
——中国近代铁路影响经济发展的实证研究*

欧阳峣** 易思维

摘　要　在近代中国，铁路作为一种高效的交通工具，推动了经济发展。本文通过整理近代民族资本主义企业、工业化、城市化以及新式教育数据，综合铁路和地理信息系统（GIS）数据，考察中国近代铁路对经济发展的影响，并从人力资本角度分析其影响机理。研究结果表明，开通铁路地区拥有更高的工业化和城市化水平，以及更多的新建民族资本主义企业数量和资本积累；同时，发现铁路是通过便利人力资源流动、促进新式教育而影响经济发展的。

关键词　近代铁路　经济发展　新式教育　人力资本

一、引言

1840年爆发第一次鸦片战争以后，中国的有识之士开始认识到铁路对于国计民生的重要性。由于清政府内部意见不统一，直到1881年修筑唐山至胥各庄的运煤铁路，史称"唐胥铁路"，才正式拉开中国铁路修筑史的序幕。在接下来的十几年里，虽然清政府将唐胥铁路进行延伸，并新修筑大冶铁路，但直到甲午战争失败，中国仅修筑铁路约415.4公里。甲午战争后，清政府对铁路建设重要性的认识有所增强，但受到财力的限制，采取向西方列强借款的方式来修筑铁路，从1904年至1911年，共修筑铁路4963.7公里。清朝灭亡以后进入军阀混战时期，从1912年到1927年南京国民政府成立，共修筑铁路4264.8公里。① 总之，中国近代铁路的修筑起步晚，布局也不合理，

---

* 本文原载于《湘潭大学学报（哲学社会科学版）》2020年第5期。
** 作者简介：欧阳峣，经济学教授、博士生导师，大国经济研究中心主任。
① 马里千：《中国铁路建筑编年简史（1881—1981）》，中国铁道出版社1983年版，第1~8页。

但是发展速度比较快,并对中国工业化、城市化和经济发展进程有着深远影响。

学术界关于交通基础设施建设影响经济发展的理论和实证研究已有不少,但对中国近代铁路影响经济发展的作用研究较少。最早的研究是英国学者肯特,他在《中国铁路发展史》(1958)中比较清晰地描述了晚清铁路的发展脉络,分析了晚清铁路建设中的观念冲突、技术引进、资金借贷和经营管理问题。[①] 国内学者汪敬虞(2000)、严中平(2001)、许涤新和吴承明(2007)在中国近代经济史著作中分析了近代铁路对经济发展的影响,但专门性的研究主要是从十年前开始的。从现有文献看,具体的研究涉及三个方面的内容。

一是从城镇化和市场整合的角度探讨近代铁路对经济发展的影响。刘晖(2015)以郑州为例阐述了近代铁路修建使旧城市格局向新城市格局的转变,认为郑州城市的发展方向是由旧城区向火车站区域的聚集,这种铁路吸引下的自然式点线连接的发展模式,就是近代铁路带动城市化的发展模式。熊亚平和迟晓静(2015)认为华北地区铁路站厂的"差异化"引起设站集镇的工商业和人口规模变化,进而强化了华北地区集镇的差异化发展格局。江沛和李海滨(2015)以唐山为例分析了近代铁路在资源型城市发展中的作用,认为资源开发的需要促进了铁路的修建,而铁路的修建通过路矿的结合形成新的城市格局,对周边地区产生经济吸附作用。金志焕(2015)认为安奉铁路促进了新流通网的形成,并分担了原有海运路线的运输任务,对原有的物流流通网造成了一定的冲击。颜色和徐萌(2015)探讨了晚清铁路建设与市场发展的关系,认为铁路提高了沿线府间与邻近铁路府间的市场整合程度,削弱了与其平行的传统商路沿线府间的市场整合程度,但却提高了铁路与传统商路联运网络中府间的市场整合程度。高爽(2016)将近代河南铁路划分为两个阶段,认为1910年前后通车、主要连接中心城市的铁路促进了沿线地区的人口增长,从而更好地利用外部市场应对本地冲击,但并未改进与省内市场的整合;20世纪30年代通车、主要连接腹地的铁路在改进区域市场整合的同时,促进了人们生活水平的提高。

二是从工业化和资源开发的角度探讨近代铁路对经济发展的影响。马义平(2012)认为近代铁路引起华北内陆农村经济分化与重组,手工业依托新式交通运输体系和商业网络,采用新的生产工具提高效率。江沛和李海滨(2015)认为铁路资源型城市是华北地区城市发展的一种重要模式,具体表现为资源开发与铁路修建的互动关系,他们以唐山为例分析了近代铁路在资源型城市发展中的作用,认为资源开发的需要促进了铁路的修建,而铁路的修建通过路矿的结合形成新的城市格局,对周边地区产生经

---

① 肯特:《中国铁路发展史》,李抱宏译. 三联书店1958年版,第10~178页。

济吸附作用。梁若冰（2015）利用清末新建工业企业府级面板数据，考察了通商口岸与铁路对近代工业化的影响，发现两者对工业化均有正向促进作用，但影响机制却不相同：口岸通过促进国际贸易影响工业化，铁路则通过推动国内市场整合影响工业化。尹铁（2005）分析了铁路修建、矿产资源以及现代产业之间的关系，认为近代铁路促进了矿产资源的开发，同时促进了商业、金融业、电信、邮政等产业的发展。范立君和曲立超（2009）、唐金培（2015）分别讨论了近代铁路在资源开发中的作用，具体表现在促进了松花江流域的森林资源开发和华北内地的煤矿资源开发。

三是从近代化和社会转型的角度探讨近代铁路对经济发展的影响。李书源和徐婷（2014）认为近代铁路促进交通体系的重构，由此将引起一系列的经济社会反应，因而有着更加广阔和深层的研究空间。丁贤勇（2005）和王瑞庆（2012）分别讨论了近代铁路与观念变迁和制度变迁的关系，分析了它在观念转型和土地制度转型中的作用。朱从兵（1998）分析了铁路与社会经济之间双向需求的互动关系，认为铁路以工业为中介影响整个社会经济发展，进而改变一个区域的整体经济地理面貌。秦熠（2008）认为津浦铁路使经济重心转向铁路沿线，提高社会组织化程度，使社会关系向多元化发展。章建（2013）认为近代铁路潜移默化地影响着人们的生活方式，使社会发展呈现出外向与开放的姿态。

根据以上研究，我们可以从总体上刻画一个典型化事实，近代铁路促进了中国的工业化、城市化和社会变迁，推动了经济发展和社会进步。那么，近代铁路通过什么样的机制影响经济社会发展呢？简单地说，近代铁路通过"促进交通便捷"可以带动各种生产要素的流动和集聚，从而给经济发展带来积极的影响。国内学者已经关注了近代铁路对于经济开放和区域经济发展的正向效应，然而，人们往往忽视了一个更加深层次的因素，那就是交通便捷在促进生产要素流动和集聚的同时，还有可能引起生产要素本身的变化，如人力资本质量的提升和科学技术的进步，而人力资本的改善和科学技术的传播，最基本的途径就是教育。为此，本文试图在前人研究的基础上做出新的贡献：一是针对目前中国近代铁路影响经济发展的积极效应的定量化研究不足的问题，通过整理相关数据和采用计量史学方法开展研究，弥补已有文献的不足；二是根据近代新式教育兴起的典型化事实，实证分析近代铁路与新式教育兴起的关系，进而指出近代铁路通过改善人力资本质量促进经济发展的机理。下文分为四个部分：首先说明研究的模型设定和数据来源；其次是近代铁路影响经济发展的实证分析；再次是近代铁路促进新式教育的实证分析；最后是研究的基本结论。

二、研究的模型设定和数据来源

(一) 模型的设定

为了考察近代铁路开通对经济发展的影响,本文参考张梦婷等 (2018)、张克中和陶东杰 (2016) 的做法,采用双向固定效应模型,模型设定如下:

$$y_{it} = \alpha_1 + \beta_1 rail_{it} + \sum \gamma_t X_i I_t + \lambda_i + \mu_t + \varepsilon_{it} \tag{1}$$

$$y_i = \alpha_2 + \beta_2 rail_i + z_i X_i + \delta_i \tag{2}$$

公式 (1) 为双向固定效应模型,其中 y_{it} 是度量第 i 个府在 t 年度经济发展的指标; $rail_{it}$ 为第 i 个府在 t 年度是否开通铁路的虚拟变量; λ_i 是个体固定效应; μ_t 是时间固定效应; I_t 为时间虚拟变量。因为数据的限制,本文部分指标只有横截面数据,所以采用多元线性回归模型,公式 (2) 为多元线性回归模型。公式 (1) 和公式 (2) 中的 X_i 都为第 i 个府的控制变量集; ε_{it} 与 δ_i 均为随机扰动项; α_1、α_2、γ_t、z_i 为待估系数; β_1 与 β_2 为本文的核心估计系数,反映近代铁路开通对经济发展的影响。

(二) 主要变量选择与数据来源说明

1. 被解释变量

近代社会缺少测度地区经济发展的数据。公式 (1) 中采用第 i 个府在 t 年度新建民族资本主义企业的数量和资本来代理第 i 个府在 t 年度的经济发展,数据根据杜恂诚 (1991) 编著的《民族资本主义与旧中国政府 (1840—1937)》中的信息整理得到[1]。另外,本文收集了 1918 年各府城市化率、1932 年各府工业企业数量、工人数量、工业年产值、工业企业资本、工业企业机器数量和工业劳动生产率 (工业年产值/工人数量)[2] 的横截面数据,这些数据分别根据中华续行委办会调查特委会 (2007) 编写的《1901—1920 年中国基督教调查资料》(下册)[3] 附录一中的人口数据结合附录七中的

---

[1] 杜恂诚:《民族资本主义与旧中国政府 (1840—1937)》,上海社会科学院出版社 1991 年版,第 285~528 页。
[2] 林矗 (2017) 也采用类似方法定义工业劳动生产率 = 工业年产值/工人数量。见林矗:《通商口岸、新式教育与近代经济发展:一个历史计量学的考察》,载《中国经济史研究》2017 年第 1 卷,第 67~83 页。
[3] 中华续行委办会调查特委会:《1901—1920 年中国基督教调查资料 (下卷)》,中国社会科学出版社 2007 年版,第 1508~1511 页。

城市人口数据计算后得到与刘大钧（1937）编写的《中国工业调查报告》（下册）① 中的信息整理得到，公式（2）中用以上 7 个指标作为该府经济发展的代理变量。

2. 解释变量

式（1）中 $rail_{it}$ 为第 i 个府在 t 年度是否开通铁路的虚拟变量；式（2）中 $rail_i$ 为第 i 个府是否开通铁路的虚拟变量。数据都是根据马里千（1983）编著的《中国铁路建筑编年简史（1881—1981）》② 中的信息整理得到。

3. 控制变量

X_i 为一系列的控制变量，包括初始经济状况、政治、气候、地理等因素。其中用各府 1880 年的人口密度表示各府初始经济状况③，数据来自曹树基（2001）的《中国人口史·第 5 卷（清时期）》④；该府是否为省级行政中心（虚拟变量，是省级行政中心，记为 1；否则记为 0），数据来自谭其骧（1981）的《中国历史地图集·第 8 册（清时期）》；度量气候冲击的指标根据中央气象局气象科学研究院（1981）主编的《中国近五百年旱涝分布图集》⑤ 中的信息整理得到；该府是否沿海（虚拟变量，该府沿海，记为 1；否则记为 0），数据同样来自谭其骧（1981）的《中国历史地图集·第 8 册（清时期）》。考虑到清末洋务运动可能会对各府经济发展造成影响，因此本文也对洋务运动进行控制，该府是否发生洋务运动（虚拟变量，发生洋务运动，记为 1；否则记为 0），数据根据张海鹏（1984）的《中国近代史稿地图集》结合谭其骧（1981）的《中国历史地图集·第 8 册（清时期）》中的信息整理得到。表 1 给出了主要变量的描述性统计。

表 1　　　　　　　　　　　　主要变量的描述性统计

变量名称	观察值	均值	标准差	最小值	最大值
1881～1927 年新建民族资本主义企业数量（log）	12314	0.093	0.346	0	4.331
1881～1927 年新建民族资本主义企业资本（万元）（log）	12314	0.228	0.886	0	8.283
1881～1927 年通铁路的虚拟变量	12314	0.115	0.319	0	1

---

① 刘大钧：《中国工业调查报告》（下册），经济统计研究所 1937 年版，第 1～381 页。
② 马里千：《中国铁路建筑编年简史（1881—1981）》，中国铁道出版社 1983 年版，第 178～193 页。
③ 阿西莫格鲁等（Acemoglu et al., 2002）认为：在近代社会，人口密度同经济水平具有高度的正相关关系，因此采用人口密度作为经济水平的代理变量。另外李楠和林矗（2015）、李楠和林友宏（2016）也采用过类似做法。
④ 曹树基：《中国人口史·第 5 卷（清时期）》，复旦大学出版社 2001 年版，第 708～718 页。
⑤ 中央气象局气象科学研究院：《中国近五百年旱涝分布图集》，地图出版社 1981 年版，第 321～332 页。

续表

变量名称	观察值	均值	标准差	最小值	最大值
1881~1927年已通铁路始末站所在府的府治连线是否经过的虚拟变量（IV）	12314	0.119	0.323	0	1
1894~1930年新增留学生数量（log）	9694	0.065	0.268	0	3.367
1894~1930年通铁路的虚拟变量	9694	0.163	0.369	0	1
1894~1930年已通铁路始末站所在府的府治连线是否经过的虚拟变量（IV）	9694	0.168	0.374	0	1
1918年城市化率（log）	262	0.046	0.065	0	0.457
1918年教会中学数量（log）	262	0.400	0.663	0	3.135
1918年教会学校中国教职员数量（log）	262	2.333	1.740	0	6.726
1918年教会初高级小学学生数量（log）	262	4.546	2.661	0	9.394
1918年国立初高级小学学生数量（log）	262	9.021	1.201	4.963	11.349
1918年通铁路的虚拟变量	262	0.244	0.430	0	1
1918年已通铁路始末站所在府的府治连线是否经过的虚拟变量（IV）	262	0.252	0.435	0	1
1932年工业企业数量（百家）（log）	211	0.276	0.618	0	3.707
1932年工人数量（万人）（log）	211	0.153	0.397	0	3.320
1932年工业年产值（万元）（log）	211	2.067	2.968	0	11.247
1932年工业企业资本（万元）（log）	211	1.669	2.512	0	9.881
1932年工业企业机器数量（千台）（log）	211	0.606	1.341	0	7.120
1932年工业劳动生产率（万元/人）（log）	211	0.063	0.106	0	0.514
1932年通铁路的虚拟变量	211	0.303	0.461	0	1
1932年已通铁路始末站所在府的府治连线是否经过的虚拟变量（IV）	211	0.327	0.470	0	1
1880年人口密度（人/平方公里）（log）	262	4.317	1.030	0.182	6.591
是否为省级行政中心的虚拟变量	262	0.069	0.253	0	1
气候冲击	262	0.804	0.191	0.360	1.243
是否沿海的虚拟变量	262	0.130	0.337	0	1
是否发生洋务运动的虚拟变量	262	0.050	0.218	0	1

三、近代铁路影响经济发展的实证分析

(一) 初步的回归结果

表 2 以新建民族资本主义企业数量和资本代表经济发展,利用公式 (1) 考察开通铁路对经济发展影响的回归结果。其中第 1 列和第 3 列为没有添加任何控制变量的基准回归结果,回归系数分别为 0.223 和 0.611,均在 1% 的水平上显著为正,第 2 列和第 4 列加入了全部的控制变量,回归系数大小虽有所下降,但也都在 1% 的水平上显著为正。这表明,对于开通铁路的地区而言,民族资本主义企业的兴办受益于铁路的修建,无论是企业数量还是资本都比未开通铁路地区更多,这可能与良好的交通基础设施能够扩大企业规模、提高经营效率和降低运输成本有关 (张勋等, 2018)。

表 2　　　　　　　　开通铁路对新建民族资本主义企业的影响

项目	1881~1927 年			
	新建民族资本主义企业数量 (log)		新建民族资本主义企业资本 (log)	
	OLS	OLS	OLS	OLS
$rail_{it}$	0.223*** (0.046)	0.133*** (0.039)	0.611*** (0.103)	0.370*** (0.093)
控制变量 (N/Y)	N	Y	N	Y
个体固定效应	Y	Y	Y	Y
时间固定效应	Y	Y	Y	Y
观察值	12314	12314	12314	12314
R^2	0.138	0.317	0.149	0.318

注:控制变量包括初始经济状况、是否为省级行政中心、气候冲击指标、是否沿海、是否发生洋务运动,但由于空间有限,均未给出;括号中为聚类稳健标准误统计量; * $p<0.1$, ** $p<0.05$, *** $p<0.01$。

表 3 列出了利用公式 (2) 考察开通铁路对经济发展影响的回归结果。其中第 1 列以 1918 年城市化率表示经济发展,回归系数在 10% 的水平上显著为正。这意味着,开通铁路的地区城市化水平更高。而从第 2~7 列的估计结果可知,铁路的开通能够促进工业化水平的提高,即开通铁路地区拥有着更多的工业企业、工人、年产值、资本、

机器和更高的劳动生产率。

表3　　　　　　　　　开通铁路对城市化、工业化的影响

项目	1918年	1932年					
	城市化率（log）	工业企业数量（log）	工人数量（log）	工业年产值（log）	工业企业资本（log）	工业企业机器数量（log）	工业劳动生产率（log）
	OLS	OLS	OLS	OLS	OLS	OLS	OLS
$rail_i$	0.019* (0.011)	0.211** (0.083)	0.156*** (0.057)	2.214*** (0.423)	1.750*** (0.357)	0.598*** (0.212)	0.086*** (0.023)
控制变量（N/Y）	Y	Y	Y	Y	Y	Y	Y
省级固定效应	Y	Y	Y	Y	Y	Y	Y
观察值	262	211	211	211	211	211	211
R^2	0.321	0.559	0.501	0.622	0.616	0.473	0.353

注：控制变量包括初始经济状况、是否为省级行政中心、气候冲击指标、是否沿海、是否发生洋务运动，但由于空间有限，均未给出；括号中为稳健标准误统计量；* $p<0.1$，** $p<0.05$，*** $p<0.01$。

（二）稳健性检验

1. 铁路影响的滞后性

近代铁路开通可能并非立即产生影响，具有滞后性，所以这里对公式（1）、式（2）中的解释变量进行滞后一期处理。表4呈现了利用公式（1）考察滞后一期开通铁路对经济发展影响的回归结果。其中第1~2列汇报了滞后一期开通铁路对新建民族资本主义企业数量和资本的影响，回归系数分别为0.127和0.344，均在1%的水平上显著为正。这说明，一个地区铁路的开通将对民族资本主义企业的兴办起到积极作用，而且对比表2与表4中的回归系数可以看出，两者相差不大，即使铁路影响存在滞后性，也不会对估计结果的稳健性产生影响。

表5展示了利用公式（2）考察滞后一期开通铁路对经济发展影响的回归结果。其中第1列为滞后一期开通铁路对1918年城市化的影响，回归系数为0.020，在10%的水平上显著为正。这说明，铁路开通能够促进城市化的发展。而第2~7列汇报了滞后一期开通铁路对1932年工业化的影响，回归系数均显著为正。具体而言，开通铁路的地区相较于未开通铁路地区，工业企业、工人、年产值、资本和机器都会更多，劳动

生产率也会更高。

表4　　　　　　滞后一期开通铁路对新建民族资本主义企业的影响

项目	1881~1927年	
	新建民族资本主义企业数量（log）	新建民族资本主义企业资本（log）
	OLS	OLS
$rail_{it}$	0.127*** (0.038)	0.344*** (0.092)
控制变量（N/Y）	Y	Y
个体固定效应	Y	Y
时间固定效应	Y	Y
观察值	12052	12052
R^2	0.311	0.308

注：控制变量包括初始经济状况、是否为省级行政中心、气候冲击指标、是否沿海、是否发生洋务运动，但由于空间有限，均未给出；括号中为聚类稳健标准误统计量；* $p<0.1$，** $p<0.05$，*** $p<0.01$。

表5　　　　　　滞后一期开通铁路对城市化、工业化的影响

项目	1918年	1932年					
	城市化率（log）	工业企业数量（log）	工人数量（log）	工业年产值（log）	工业企业资本（log）	工业企业机器数量（log）	工业劳动生产率（log）
	OLS	OLS	OLS	OLS	OLS	OLS	OLS
$rail_i$	0.020* (0.011)	0.201** (0.080)	0.163*** (0.057)	2.331*** (0.411)	1.872*** (0.350)	0.613*** (0.212)	0.089*** (0.024)
控制变量（N/Y）	Y	Y	Y	Y	Y	Y	Y
省级固定效应	Y	Y	Y	Y	Y	Y	Y
观察值	262	211	211	211	211	211	211
R^2	0.322	0.557	0.502	0.627	0.623	0.473	0.356

注：控制变量包括初始经济状况、是否为省级行政中心、气候冲击指标、是否沿海、是否发生洋务运动，但由于空间有限，均未给出；括号中为稳健标准误统计量；* $p<0.1$，** $p<0.05$，*** $p<0.01$。

2. 内生性估计偏差

近代社会存在诸多影响经济发展的不可观测因素,所以本文计量模型存在遗漏变量问题,而且铁路的修建也可能受到经济发展水平的影响,存在反向因果问题,从而导致内生性估计偏差。由于本文的内生变量为虚拟变量,参考了安格瑞斯特等(Angrist et al., 2012)和亚当斯等(Adams et al., 2009)的方法,该方法共分两步:第一步,选取合适的工具变量,以工具变量和控制变量对内生变量做 Probit 回归,计算出内生变量的估计值;第二步,以第一步所得估计值作为内生变量的工具变量,再做两阶段最小二乘法(2SLS)。本文借鉴梁若冰(2015)文中寻找工具变量的方法,先找出已开通铁路起点站和终点站所在的府,再将两个府的府治用直线相连,观察其余府是否被直线路径穿过(若穿过,记为 1;否则记为 0),选择该变量为铁路开通变量的工具变量,数据根据马里千(1983)编著的《中国铁路建筑编年简史(1881—1981)》中的信息结合哈佛大学的中国历史地理信息系统(CHGIS)获得①。显然所选取的工具变量与该府是否开通铁路有较强的相关性,而且是地理直线路径是否经过,与本文测度经济发展的指标无直接关系。

表 6 列出了利用 Probit 回归结合 2SLS 的方法考察开通铁路对经济发展影响的回归结果。其中第 1 列为开通铁路对新建民族资本主义企业数量的影响,回归系数显著为正,说明铁路开通地区,新建民族资本主义企业的数量会更多。同样从第 2 列估计结果可知,一个地区若开通铁路,也会拥有更多的新建民族资本主义企业资本。

表 6　　开通铁路对新建民族资本主义企业的影响

项目	1881~1927 年	
	新建民族资本主义企业数量(log)	新建民族资本主义企业资本(log)
	2SLS	2SLS
$rail_{it}$	0.133** (0.054)	0.328** (0.132)
控制变量(N/Y)	Y	Y
个体固定效应	Y	Y
时间固定效应	Y	Y
观察值	12314	12314
R^2	0.317	0.316

注:控制变量包括初始经济状况、是否为省级行政中心、气候冲击指标、是否沿海、是否发生洋务运动,但由于空间有限,均未给出;括号中为聚类稳健标准误统计量;* $p<0.1$,** $p<0.05$,*** $p<0.01$。

---

① 哈佛大学的中国历史地理信息系统(CHGIS)(https://sites.fas.harvard.edu/-chgis/)。

表7同样呈现了采用 Probit 回归结合 2SLS 的方法考察开通铁路对经济发展影响的回归结果。其中第1列为开通铁路对1918年城市化的影响，第2～第7列为开通铁路对1932年工业化的影响，回归结果都是稳健的。具体来说，开通铁路能够对工业化起到促进作用。

表7　　　　　　　　　开通铁路对城市化、工业化的影响

项目	1918年	1932年					
	城市化率（log）	工业企业数量（log）	工人数量（log）	工业年产值（log）	工业企业资本（log）	工业企业机器数量（log）	工业劳动生产率（log）
	2SLS	2SLS	2SLS	2SLS	2SLS	2SLS	2SLS
$rail_{it}$	0.011 (0.016)	0.196 (0.128)	0.176** (0.086)	1.370** (0.622)	1.330** (0.520)	0.627* (0.336)	0.059* (0.033)
控制变量（N/Y）	Y	Y	Y	Y	Y	Y	Y
省级固定效应	Y	Y	Y	Y	Y	Y	Y
观察值	262	211	211	211	211	211	211
R^2	0.319	0.559	0.500	0.611	0.613	0.473	0.345

注：控制变量包括初始经济状况、是否为省级行政中心、气候冲击指标、是否沿海、是否发生洋务运动，但由于空间有限，均未给出；括号中为稳健标准误统计量；* $p<0.1$，** $p<0.05$，*** $p<0.01$。

四、近代铁路促进新式教育的实证分析

以上实证分析的结果说明近代铁路修建和开通促进了经济发展，主要表现在民族资本主义企业数量和资本的增加，城市化和工业化水平的提高。那么，近代铁路影响经济发展的机制是怎样的呢？一般的理论分析框架是：铁路开通—交通便捷—要素流动和集聚—区域经济发展。在这根逻辑链条中，核心的问题是交通基础设施建设可以降低运输成本（张勋、王旭、万广华，2018），而运输成本降低可以提高要素配置的效率（韩彪、张兆民，2015；王贵东，2018）。本文则试图另辟蹊径，根据近代新式教育兴起的典型化事实，提出近代铁路通过促进新式教育兴起和提高人力资本质量而影响经济发展的假说，并选取代表新式教育的相关数据，实证分析铁路开通对新式教育兴起和提高人力资本质量的影响。

为验证以上假说,本文需收集近代各地区人力资本数据,但由于历史数据可得性的限制,缺乏人均受教育年限等指标衡量各地区人力资本水平,因此采用各府新增留学生数量、教会中学数量、教会学校中国教职员数量、教会初高级小学学生数量和国立小学学生数量作为各府人力资本的代理变量。原因如下:近代中国,内忧外患,在19世纪60年代初兴起了一场以"自强""求富"为口号的洋务运动,洋务运动的兴起需要一大批新式人才,当时兴办了不少新式学堂和直接派遣留学生出国,无论是新式学堂直接培养出的学生,还是学成归国的留学生,他们在当时都是掌握先进技术的新式人才,在中国近代化建设中发挥了积极作用①(林矗,2017;李长莉,2005)。而教会学校虽带有一定宗教色彩,但客观上为中国带来了西方先进的科学技术和办学制度(管汉晖等,2014)。所以选用各府新增留学生数量、教会中学数量、教会学校中国教职员数量、教会初高级小学学生数量和国立小学学生数量来代表各府人力资本是较为合理的。

本文收集了1894~1930年各府新增留学生数量的面板数据,数据根据刘真(1980)主编的《留学教育》②中的信息整理得到,将公式(1)中的被解释变量替换为各府新增留学生数量以测度人力资本。表8的第1列报告了开通铁路对人力资本影响的回归结果,回归系数为正的不显著,但该回归结果可能受到内生性估计偏差的影响,此处仍然采用Probit回归结合2SLS的方法予以解决,表8的第2列汇报了相应的回归结果,回归系数为0.053,在5%的水平上显著为正,说明铁路开通地区较未开通地区,新增留学生数量会更多,而留学生掌握先进的技术,能对社会经济发展产生积极影响。同样考虑铁路开通影响具有滞后性,将公式(1)中的解释变量进行滞后一期处理,表8的第3列呈现了滞后一期开通铁路对人力资本影响的回归结果,回归系数为0.026,在10%的水平上正显著,结果是稳健的。

表8　　　　　　　　　开通铁路对新增留学生数量的影响

项目	1894~1930年		
	新增留学生数量(log)		
	OLS	2SLS	滞后一期
$rail_{it}$	0.027 (0.017)	0.053** (0.026)	0.026* (0.015)

---

① 著名学者季羡林赞许留学生在中国近代化进程中发挥的作用时曾说过:"对中国的近代化来说,留学生可比作报春鸟,比作普罗米修斯,他们的功绩是永存的。"参见陈岱荪等(1995)。

② 刘真:《留学教育》,台湾编译馆1980年版。

续表

项目	1894～1930年 新增留学生数量（log）		
	OLS	2SLS	滞后一期
控制变量（N/Y）	Y	Y	Y
个体固定效应	Y	Y	Y
时间固定效应	Y	Y	Y
观察值	9694	9694	9694
R^2	0.282	0.282	0.282

注：控制变量包括初始经济状况、是否为省级行政中心、气候冲击指标、是否沿海、是否发生洋务运动，但由于空间有限，均未给出；括号中为聚类稳健标准误统计量；* $p<0.1$，** $p<0.05$，*** $p<0.01$。

因为数据的限制，只收集到1918年教会中学数量、教会学校中国教职员数量、教会初高级小学学生数量和国立小学学生数量的横截面数据，数据根据中华续行委办会调查特委会（2007）编写的《1901—1920年中国基督教调查资料》（下卷）[①] 附录一和附录五中的信息整理得到。本文利用公式（2）考察开通铁路对人力资本的影响，将公式（2）中的被解释变量分别替换为1918年教会中学数量、教会学校中国教职员数量、教会初高级小学学生数量和国立小学学生数量以衡量人力资本，回归结果见表9的第1、3、5、7列所示，回归系数分别为0.382、0.572、0.471和0.246，除第5列回归系数为正的不显著，其余3列回归系数均显著为正，说明教会学校和国立新式学校的发展受益于铁路的修建，无论是教会中学、教会学校中国教职员还是国立小学学生的数量都会更多，而教会学校和国立新式学校开设有大量新式课程，培养了一批掌握先进技术的新式人才，他们和留学生一样能推动社会经济发展。考虑铁路影响具有滞后性，将公式（2）中的解释变量进行滞后一期处理，表9的第2、4、6、8列汇报了滞后一期开通铁路对人力资本影响的回归结果，所得回归系数与未进行滞后处理的回归系数大小相差不大，方向和显著性一致，结果仍然是稳健的。

同样考虑到表9的回归结果可能受到内生性估计偏差的影响，仍然采用Probit回归结合2SLS的方法进行解决，表10报告了相应的回归结果，所得结果依然稳健。回归结果说明，铁路的开通正向影响教会学校的发展。

[①] 中华续行委办会调查特委会：《1901—1920年中国基督教调查资料》（下卷），中国社会科学出版社2007年版，第1282～1407页。

表9　　　　　　　开通铁路对教会学校和国立小学的影响

项目	1918年							
	教会中学数量（log）		教会学校中国教职员数量（log）		教会初高级小学学生数量（log）		国立小学学生数量（log）	
	OLS	滞后一期	OLS	滞后一期	OLS	滞后一期	OLS	滞后一期
$rail_i$	0.382*** (0.108)	0.380*** (0.111)	0.572** (0.223)	0.534** (0.226)	0.471 (0.315)	0.427 (0.320)	0.246* (0.125)	0.233* (0.128)
控制变量（N/Y）	Y	Y	Y	Y	Y	Y	Y	Y
省份固定效应	Y	Y	Y	Y	Y	Y	Y	Y
观察值	262	262	262	262	262	262	262	262
R^2	0.501	0.499	0.584	0.582	0.531	0.531	0.621	0.620

注：控制变量包括初始经济状况、是否为省级行政中心、气候冲击指标、是否沿海、是否发生洋务运动，但由于空间有限，均未给出；括号中为稳健标准误统计量；* $p<0.1$，** $p<0.05$，*** $p<0.01$。

表10　　　　　　开通铁路对教会学校和国立小学的影响

项目	1918年			
	教会中学数量（log）	教会学校中国教职员数量（log）	教会初高级小学学生数量（log）	国立小学学生数量（log）
	2SLS	2SLS	2SLS	2SLS
$rail_i$	0.244 (0.161)	0.728** (0.359)	0.778 (0.508)	0.213 (0.222)
控制变量（N/Y）	Y	Y	Y	Y
省份固定效应	Y	Y	Y	Y
观察值	262	262	262	262
R^2	0.496	0.583	0.530	0.621

注：控制变量包括初始经济状况、是否为省级行政中心、气候冲击指标、是否沿海、是否发生洋务运动，但由于空间有限，均未给出；括号中为稳健标准误统计量；* $p<0.1$，** $p<0.05$，*** $p<0.01$。

五、本文的基本结论

本文根据近代铁路修建和开通促进工业化、城市化和社会变迁的典型化事实，手动整理近代民族资本主义企业、工业化、城市化和新式教育的相关数据，综合铁路和地理信息系统（GIS）数据，基于双向固定效应模型和多元线性回归模型，量化研究近代铁路影响经济发展的正向效应，并从新式教育兴起和人力资本改善的角度分析了近代铁路促进经济发展的内在机制。

首先，选取新建民族资本主义企业以及城市化和工业化的相关数据，进行铁路开通影响经济发展的回归分析。结果表明，开通铁路的地区拥有更高的城市化率，更多的工业企业、工人、年产值、资本和机器，更高的劳动生产率。显然，近代铁路具有影响经济发展的正向效应。同时，本文还通过铁路影响的滞后性分析和内生性估计偏差分析，进一步证明了研究结果的稳健性。

其次，选取学校、教师和学生的相关数据，进行铁路开通影响新式教育的回归分析。结果表明：铁路开通地区新增留学生数量更多，进一步的滞后性分析证明了结果的稳健性。具体分析开通铁路对教会学校和国立小学的影响，结果表明：铁路开通对教会学校发展有正向影响，开通铁路地区拥有更多的教会学校以及教师和学生数量，即新式教育越发达。

本文的研究说明，交通基础设施建设对于经济发展具有明显的正向影响，可以促进企业发展及区域工业化和城市化，这是由于交通便捷可以降低运输成本，进而促进生产要素的流动和集聚，有利于区域经济发展。同时，交通便捷也可以促进区域开放和教育的发达，进而有效地促进科学技术的传播和人力资本质量的提升，为区域经济发展增添动力。

参 考 文 献

[1] 曹树基. 中国人口史：第5卷（清时期）[M]. 上海：复旦大学出版社，2001.

[2] 陈岱荪，季羡林，张岱年，业治铮，陈荣悌，茅家琦. 留学生是中国近代化的报春鸟[J]. 徐州师范学院学报，1995（2）：24.

[3] 丁贤勇. 新式交通与生活中的时间：以近代江南为例[J]. 史林，2005（4）：99 - 109，124.

[4] 杜恂诚. 民族资本主义与旧中国政府（1840—1937）[M]. 上海：上海社会科学院出版社，1991.

[5] 范立君，曲立超. 中东铁路与近代松花江流域森林资源开发[J]. 吉林师范大学学报（人文社会科学版），2009，37（3）：35 - 37.

[6] 高爽. 清末民初铁路建设与经济发展之关系: 基于河南的定量研究 [J]. 中国经济史研究, 2016 (3): 176-190.

[7] 管汉晖, 颜色, 林智贤. 经济发展、政治结构与我国近代教育不平衡 (1907—1930) [J]. 经济科学, 2014 (2): 104-118.

[8] 韩彪, 张兆民. 区域间运输成本、要素流动与中国区域经济增长 [J]. 财贸经济, 2015 (8): 143-155.

[9] 江沛, 李海滨. 京奉 (北宁) 铁路与资源型城镇唐山的近代变动 [J]. 历史教学 (下半月刊), 2015 (5): 3-10.

[10] 金志焕. 安奉铁路与中国东北市场的变化 [J]. 暨南学报 (哲学社会科学版), 2015, 37 (4): 1-11.

[11] 肯特. 中国铁路发展史 [M]. 李抱宏, 译. 北京: 三联书店, 1958.

[12] 李长莉. 近代留学生的西方生活体验与文化认知 [J]. 史学月刊, 2005 (8): 8-10.

[13] 李楠, 林矗. 太平天国战争对近代人口影响的再估计: 基于历史自然实验的实证分析 [J]. 经济学 (季刊), 2015, 14 (4): 1325-1346.

[14] 李楠, 林友宏. 管治方式转变与经济发展: 基于清代西南地区"改土归流"历史经验的考察 [J]. 经济研究, 2016, 51 (7): 173-188.

[15] 李书源, 徐婷. 铁路与近代东北交通体系的重构 (1898—1931) [J]. 社会科学辑刊, 2014 (4): 130-136.

[16] 梁若冰. 口岸、铁路与中国近代工业化 [J]. 经济研究, 2015, 50 (4): 178-191.

[17] 林矗. 通商口岸、新式教育与近代经济发展: 一个历史计量学的考察 [J]. 中国经济史研究, 2017 (1): 67-83.

[18] 刘大钧. 中国工业调查报告 (下册) [M]. 北京: 经济统计研究所, 1937.

[19] 刘晖. 铁路与近代郑州城市空间结构变动及功能演变 [J]. 安徽史学, 2015 (4): 95-103.

[20] 刘真. 留学教育 [M]. 台北: 台湾编译馆, 1980.

[21] 马里千. 中国铁路建筑编年简史 (1881—1981) [M]. 北京: 中国铁道出版社, 1983.

[22] 马义平. 近代铁路与华北内陆农村经济的分化与重组: 以1906~1937年间豫北地区为中心的分析 [J]. 郑州大学学报 (哲学社会科学版), 2012, 45 (1): 108-112.

[23] 乔舒亚·安格里斯特, 约恩-斯特芬·皮施克. 基本无害的计量经济学 [M]. 郎金焕, 李井奎, 译. 上海: 格致出版社, 2012.

[24] 秦熠. 津浦铁路与沿线社会变迁 (1908—1937) [D]. 天津: 南开大学, 2008.

[25] 谭其骧. 中国历史地图集: 第8册 (清时期) [M]. 北京: 中国地图出版社, 1981.

[26] 唐金培. 近代铁路与华北内地煤矿的现代转型: 以1906~1937年豫北地区为考察对象 [J]. 河南师范大学学报 (哲学社会科学版), 2015, 42 (4): 115-119.

[27] 汪敬虞. 中国近代经济史（1895—1927）（下册）[M]. 北京：人民出版社，2000.

[28] 王贵东. 交通运输对人力资本的影响分析：基于动态一般均衡理论[J]. 经济学报，2018，5（2）：167 – 186.

[29] 王瑞庆. 南京国民政府时期的征地制度及运行研究[D]. 武汉：华中师范大学，2012.

[30] 熊亚平，迟晓静. 铁路站厂的"差序化设置"与华北集镇的"差异化发展"（1881—1937年）[J]. 历史教学（下半月刊），2015（7）：21 – 25.

[31] 许涤新，吴承明. 中国资本主义发展史（第三卷：上）[M]. 北京：社会科学文献出版社，2007.

[32] 严中平. 中国近代经济史（1840—1894）[M]. 北京：人民出版社，2001.

[33] 颜色，徐萌. 晚清铁路建设与市场发展[J]. 经济学（季刊），2015，14（2）：779 – 800.

[34] 尹铁. 晚晴铁路建设与晚清社会变迁研究[M]. 北京：经济科学出版社，2005.

[35] 张海鹏. 中国近代史稿地图集[M]. 北京：中国地图出版社，1984.

[36] 张克中，陶东杰. 交通基础设施的经济分布效应：来自高铁开通的证据[J]. 经济学动态，2016（6）：62 – 73.

[37] 张梦婷，俞峰，钟昌标，林发勤. 高铁网络、市场准入与企业生产率[J]. 中国工业经济，2018（5）：137 – 156.

[38] 张勋，王旭，万广华，孙芳城. 交通基础设施促进经济增长的一个综合框架[J]. 经济研究，2018，53（1）：50 – 64.

[39] 章建. 铁路与近代安徽经济社会变迁研究（1912—1937）[D]. 苏州：苏州大学，2013.

[40] 中华续行委办会调查特委会. 1901—1920年中国基督教调查资料（下卷）[M]. 北京：中国社会科学出版社，2007.

[41] 中央气象局气象科学研究院. 中国近五百年旱涝分布图集[M]. 北京：地图出版社，1981.

[42] 朱从兵. 铁路与社会经济发展的关系[J]. 广西右江民族师专学报，1998（4）：18 – 20.

[43] Acemoglu D, Johnson S, Robinson J A. Reversal of Fortune：Geography and Institutions in the Making of the Modern World Income Distribution[J]. Quarterly Journal of Economics，2002，117（4）.

[44] Adams R, Almeida H, Ferreira D. Understanding the Relationship between Founder-CEOs and Firm Performance[J]. Journal of Empirical Finance，2009，16（1）.

大国经济史：中国传统社会经济发展学术研讨会综述[*]

宋 纤^{**}

如何在大国理论的框架下研究诸如中国市场发展史、产业发展史、科技发展史、财政税收史、人口发展史等中国传统社会经济发展问题，又如何用中国经验丰富大国经济发展理论？由《中国经济史研究》编辑部、湖南师范大学商学院、湖南师范大学大国经济研究中心、湖南师范大学中国经济史研究所联合举办的"大国经济史：中国传统社会经济发展"学术研讨会对上述问题进行了有益探索。该研讨会于 2020 年 11 月 28 日在湖南长沙举行，来自中国社会科学院、清华大学、北京大学、武汉大学、山东大学、云南大学、山西大学、上海财经大学、江西财经大学、华东师范大学、陕西师范大学、湖南师范大学、广东外语外贸大学等单位的专家学者参加了本次会议。会议主要聚焦于中国传统社会经济发展状况与经济体制演变，从经济学与历史学相结合的视角来透视大国经济发展历史。下面就与会者提交论文以及大会报告的主要学术观点略作综述。

一、中国传统社会的国家治理与财政制度

近些年来，国家治理与财政制度成为学者们研究的重要热点方向，中国传统社会的国家治理与财政制度也受到与会专家的重点关注。

清华大学龙登高教授从传统中国的基层自治出发，研究了其与大一统的关系。他认为，以士绅为核心的各类民间组织，主导着基层社会的公共产品与公共服务，政府

---

* 本文原载于《中国经济史研究》2021 年第 2 期。
** 作者简介：宋纤，经济学博士，湖南师范大学讲师。

也广泛委托牙行、歇家等民间主体完成赋税征收与公共管理事务，实现对基层的间接管理。所以，朝廷可以通过较简短的委托 - 代理链条，在一定程度上克服官僚体系的激励不相容问题，降低大一统的管理成本，分散风险，从而实现对庞大国家的有效管理；基层自治具备产权制度基石，也是短缺经济与信息技术条件落后约束下的政府治理之道，这是当时的国家能力能够实现大一统的重要原因。北京大学颜色副教授集中分析了18世纪的中国如何在低税率的情况下在全国范围内提供公共产品。他通过构建1738~1820年的地级面板数据，检验了国家粮仓系统和精英服务事业（elite services）提供公共产品在缓解价格波动方面的效果。他认为，政府干预有效地平抑了军事威胁较大地区的粮食价格波动，而地方精英（local elites）则在其他地区发挥了这一作用，这表明国防威胁推动了国家资源的分配。

华东师范大学黄纯艳教授考察了南宋财权分配与地方治理的问题。他认为，王安石变法以后逐步确立的"窠名分隶"的税权分配财政体制，到南宋成为财权分配的基本体制。二税正税、东南茶盐禁榷收入等重要赋税完全归属中央，商税、酒税等也被中央高比例分享，造成地方财政的困窘。但在此格局下南宋地方治理仍得以较好推进，个别地方官员还取得突出成效。他认为原因有三：一是地方官员设法扩大征收分属地方的赋税，获得财力以用于地方建设；二是官方主导下动员民间力量参与地方事务；三是用行政和法律手段引导建立社会的自运行机制。湖南师范大学彭丽华副教授对宋代的桥与场务进行了分析。她认为，从汉唐的关市之征到宋代近桥而征的大量兴起，体现了宋代税征收网点的密集化与商税征收的普遍化，这实际上为黄纯艳提出的观点提供了重要补充依据。山西大学丁俊副教授采用《仪凤三年度支奏抄、四年金部旨符》与《唐仓库令》等历史文献资料，对唐朝前期的财政预算问题进行了研究。她认为，无论是预算内的支费，还是预算外的超支部分，都采用诸州"自供"与就近外配的原则。

二、中国传统社会的工商业和市场发展

中国古代手工业商品经济历史悠久、源远流长，曾取得辉煌的成就。与会专家对中国传统社会工商业的讨论大都集中在政府对于工商业的限制方面。

山东大学刘玉峰教授从所有权的角度对唐代工商业经济成分的结构进行了分析。他认为，唐代工商业经济包括官营国有工商业和私营私有工商业，整体上形成官私二元的结构。私营私有工商业可再分为贵族官僚私营工商业和民间私营工商业，因此，唐代工商业经济实际上包括官营国有工商业、贵族官僚私营工商业和民间私营工商业

三大类别，构成了"整体官私二元、实际组成三类"的结构形态。武汉大学陈锋教授则关注了清代盐商获利方式的多样化问题。"官督商销"是清代食盐运销的主要形式，盐商通过这一体制，获取有别于一般商人的利润，从而积累了巨额财富。但是，一方面，在某些特定时期、特定背景下，盐商也有可能无利可图甚至亏折；另一方面，盐政官员、地方文武官员"视商家为可啖之物，强索硬要，不厌不休"，盐商利润受到肆意盘剥。为了维护盐商的正常运营，保证盐商一定的利润空间，借以保障食盐的正常运销和盐课的交纳，清廷曾采取补贴加价与加斤、加耗的措施，对盐商进行补贴。同时，盐商为了攫取更大的利润，也会采取一些类似于私盐的"浮春盐斤""夹带盐斤"等非法营利手段，而"借官行私"。

中国传统社会工商业的发展虽然受到诸多限制，但依然有所发展，它的发展客观上促进了经济生活中市场因素的发展。湖南师范大学博士研究生唐清在唐宋时期经济重心南移的背景下，从生产供给与需求两端分析了市场规模的扩大与形成。湖南师范大学曾雄佩博士通过探讨1600~1905年间印刷技术的变迁，发现书籍印制的市场需求对印刷技术的选择与推广起到了重大作用。湖南师范大学宋纤博士对1841~1859年香港自由港问题进行了研究。她认为，在香港自由港的发展过程中，英国政府、港英政府和社会各界发挥了不同的作用。云南大学田晓忠副教授则分阶段对20世纪以来的中国古代（主要是先秦至宋元）传统市场的研究状况进行了述评。他认为，早在20世纪20~30年代，事实上已揭开中国古代传统市场研究的序幕。而市场在中国被明确提出并用于指导中国经济史研究，要到20世纪80年代以后。尤其在90年代初，随着中国改革开放进程加剧，受到中国建设社会主义市场经济体制改革目标的现实驱动，学术界对历史时期的中国传统市场及其发展史才开展了全面探讨。

此外，湖南师范大学博士研究生陈妍从分析唐代服饰入手，探讨了服饰对经济的影响作用。她认为，尽管服饰的呈现，会因为朝代的社会政治理念、民族消费心理、地域气候等因素的影响而具有一定的偶然性，但服饰的发展水平始终不能超过社会物质财富生产能力的限制，同时也会对经济产生一定的拉动作用。湖南师范大学商学院硕士研究生李圣喆通过构建商业通达性系数，分析了两广地区各州对外开展商业贸易活动的便利程度，揭示了唐宋时期两广地区交通及各州交通地位的变化。

三、中国传统社会的发展难题

历史上大国兴衰交替似乎是平常之事。20世纪初，著名历史学家斯宾格勒的《西方的没落》及汤因比的《历史研究》等著作，均讨论了大国兴衰的周期循环律。到20世纪末，美国著名历史学家保罗·肯尼迪出版《大国的兴衰》，大国的崛起与衰落问题受到更为广泛的关注。大国兴衰、中西分流、李约瑟难题、近代化等相关问题也成为与会专家探讨的主要议题。

中国社会科学院经济研究所魏明孔研究员较为全面地探讨了隋代对唐代的影响。隋代在政治制度上确定了三省六部的雏形，这种制度设计直接影响了唐宋社会；隋代实行的"轻税之法"，系唐代"两税法"之先河；隋代大修运河，奠定了经济重心格局；隋代确定了唐宋及其以后文官制度的内核——科举取士；隋代打开了通向世界的窗口——张掖互市，基本形成了隋唐对外开放的格局等，表明隋代对于唐代社会的影响是深刻而巨大的。基于此，他认为唐宋变革概念的提出，似乎有就唐宋讨论唐宋之嫌，没有将其纳入长时段的大背景下进行考察，"中唐革命论"较"唐宋变革论"更能反映社会变化的实质。

继美国著名历史学家彭慕兰提出"大分流"之后，一些学者提出了中日分流的问题。基于此，江西财经大学邱永志副教授指出，16~19世纪中日货币流通制度演进路径发生了两次重要的分流：16世纪以降，从货币发行管理权的视角看，中国是"主导权下移"，日本则是"主导权上移"；19世纪下半叶，中日两国在建立近代货币金融体制的过程中呈现出更明显的分流。这不仅影响了中日两国的历史命运，也彰显了国家金融能力的传统特质对构建近代金融体制的深层次作用，折射出历史遗产的路径依赖对于制度变迁的深层影响。"高水平均衡陷阱"假说曾在学界引起巨大的反响，这一假说也受到陕西师范大学豆建春博士的关注。他从土壤、耕犁和技术的长期演进的角度，使用动态经济学模型，对"高水平均衡陷阱"形成的原因和路径进行了相关分析。

中国的经济转型是近代化的一个重要内容，人力资本、制度等因素在此过程中发挥了重要作用。上海财经大学燕红忠教授基于19世纪30年代上海商业储蓄银行职员档案的微观数据，考察了新式教育对银行职员工资的影响及其机制，从而探讨了教育、人力资本与工资溢价之间的关系。他认为，新式教育相对传统教育有明显的工资溢价，较高程度的学校教育具有较高的工资回报；新式教育的工资溢价主要来自于劳动者工作技能的提高，而不是信号效应；由于具有较高人力资本的职员具有更强的工作能力和适应新工作的能力，因此晋升速度和部门调动（即在行内的工作经验）是实现其工资溢价的重要机制。近代化在经济上主要表现为工业化，湖南师范大学博士研究生盛小芳研究了公司法、银行与中国近代工业化之间的关联。她认为，近代中国银行业发展较好的地区，公司法的实施效果更好，对工业化的推动力更明显。广东外语外贸大学刘巍教授对近代中国宏观经济运行机制进行了探讨。他认为，经济传导机制就是首尾衔接的一系列因果关系，在特定的前提条件下自动发挥作用。在理论上，这个传导机制可以透过诸多经济现象逐渐抽象出来，用以指引经济研究和经济绩效评价。

这次会议充分讨论了包括中国传统社会的国家治理与财政制度、中国传统社会的工商业与市场以及中国传统社会的发展难题等中国传统社会的研究热点问题。经济理论的发展和修正应建立在对经济史充分把握的基础上。加强对中国传统社会经济发展问题的研究，有助于丰富大国经济发展理论。反之，大国经济发展理论运用于对中国传统社会经济发展问题的研究，不仅可以深化对所研究问题的认识，也为研究该问题提供了新的视角。

学术研究动态

探索超大经济体自主现代化的开山之作
——《大国发展道路：经验和理论》评介*

邓 钢**

欧阳峣教授等所著的《大国发展道路：经验和理论》（北京大学出版社2018年出版），是一本非常值得向经济学家和社会科学界人士推荐的专著。该书分八章，以世界经济发展中超大经济体（人口和领土）作为观察对象，对它们现代化进程中的特殊性进行了细致入微的对比和分析。

众所周知，超大经济体在地球上数量有限，历史也断断续续。首先环顾欧亚大陆。位于东非，无比辉煌的古埃及帝国（前3100~前332年）过早灭亡，连文字记载都遗留不多。在欧洲称雄一时的罗马帝国（西罗马帝国：前27~480年；东罗马帝国：293~1453年），其西罗马分支在公元五世纪时被日耳曼入侵者颠覆；其东罗马分支（史称东罗马帝国）于1453年为土耳其奥斯曼帝国所灭。两个罗马帝国均与现代化无缘。中亚的奥斯曼帝国曾经靠武力掌控地中海和阿拉伯海，独占欧亚之间的丝绸和香料贸易。逼得西欧人不得不绕开东面的地中海，要么向西在大西洋另辟蹊径，开辟横跨大西洋（哥伦布航线）的海路。要么向南向东寻找穿越大西洋和印度洋（达·伽马航线）的海路。哥伦布在航行的半路中无意之间发现了美洲新大陆，开始了人类的跨洋殖民统治。达·伽马则打通了大西洋、印度洋和太平洋，开启了物流的全球化的序幕。但卷入大航海时代的大国——奥斯曼帝国也好，伊比里亚（西班牙-葡萄牙）也好——都没有真正改变社会生产方式，进入现代化。南亚次大陆有古老的印度文明，但是直到蒙古人建立莫卧儿王朝（1526~1857年）以前，南亚次大陆并不存在真正意义上的统一国家和统一经济体。东亚大国只有中华帝国，经久不衰。但是中国的高产农业和政府的重农国策，杜绝了东亚靠自身的机制，在19世纪以前自主进入现代化的可能性。因

---

* 本文原载于《中华读书报》2020年4月15日。
** 作者简介：邓钢，伦敦经济学院终身教授、英国皇家史学会院士。

此，在人类有记载的历史上，超大经济体并没有走一条线性的发展道路。

现代化的先驱英国其实也并不是以超大经济体作为起点进行现代化的。相反，英国工业商业革命的双双成功，支持了处于欧洲地缘政治边缘的英国向欧洲以外扩张，才使得英国成为"日不落帝国"。换言之，英国是以区区小国起家，以超大经济体结尾。这个动态的历史发展过程是尽人皆知的事实。通晓欧亚历史，特别是英国历史，迫使我们离开欧亚大陆寻找第一个完成现代化的超大经济体，那就是与英国隔海相望，位于大西洋彼岸的盎格鲁-撒克逊的美国。而与英国有千丝万缕联系的美国又是搭了英国便车才完成现代化的。或者说是美国只是一个放大版的英国。

本书以英-美定位作为观察的基准线是经过深思熟虑的。美国的成功在于一方面全盘借用了英国自由资本主义在政治法律制度方面的合理性和能动性，另一方面坐拥北美洲丰饶的经济资源，因而在现代化进程中得天独厚。美国的"制度+资源"的最优组合允许国内市场在本国境内出清（market clearing itself）而不依赖出口。美国模式暗示了超大经济体实现自主现代化的苛刻条件。换言之，超大经济体的现代化有明显的历史特殊性。

作者以四章的篇幅，系统地解析了超大经济体实现自主现代化的内外条件：（1）经济资源禀赋；（2）内需推动力；（3）内部劳动分工及其优化；（4）技术或全要素生产力。除了科学技术和由科技决定的"全要素生产力"，其他三点超大经济体均具有得天独厚的"规模经济"优势。这个发现令人耳目一新。

究其深层原因，超大经济体的生产函数诸元中，有充足的自然资源和大量的劳动力，因此先天就缺少节省自然资源和劳动力的压力，从而不可避免地步入过度投入资源和劳动力的"路径依赖"。可以想见的是，超大经济体在军事国防上的优势，又反过来人为地维护了超大经济体特有的这种"资源+劳动力路径依赖"。作者在这里不仅深刻揭示了欧亚历史上所有超大经济体经济落后和最终衰败的终极原因，也揭示了如何摆脱"资源+劳动力路径依赖"是出于原生态阶段的超大经济体必须面对的挑战。

作者在第六章对此进行了深刻的解读：市场和国家。市场靠价格和利润的激励，自下而上推动科技和全要素生产力不断前进。而国家靠政策和补贴的激励，自上而下拉动科技和全要素生产力不断前进。在理论上讲，任何超大经济体，只要有这一推一拉的合力，实现自主现代化就只是时间问题了。但是在实际操作中，获得市场推力和国家拉力的合适配比并非易事。如不小心，推力-拉力可能对冲归零，使超大经济体前进失速。这一点，作者在中印两国对比一章中频频点到。

至于国内市场在本国境内出清的问题，那明显居于第二位。超大经济体首先必须有高科技含量的产出，现代化才能启动。市场是否出清，毕竟有两条路可供选择：一是完全靠国内市场的内需解决。这是典型的美国模式。或者靠对外出口，由外国消费者买单。这是英国和"国内市场在境外出清"模式。中国自改革开放以来，结束的是前者，启动的是后者。

最后，作者提出了超大经济体现代化可持续性问题。这是针对采取境外出清模式的超大经济体更容易产生过剩而设。出口外向型的超大经济体，通常本国市场社会总需求疲软。这是由于过度依赖出口产生的另一种路径依赖："外国买单路径依赖"。在理论上说，只有扩大内需，以内需逐步替代出口，最终达到美国模式的国内市场在本国境内出清。但实际操作起来，结束"外国买单路径依赖"并不比"资源+劳动力路径依赖"容易多少。目前所有的正在崛起的五个超大经济体金砖五国都面临脱离"资源+劳动力路径依赖"以后，如何脱离"外国买单路径依赖"的世纪难题。

该书在超大经济体自主现代化问题上足称开山之作，我们由衷希望更多的专家学者踊跃参加这场关乎人类21世纪命运的讨论。

探索大国经济双循环发展型式
——《大国发展经济学》评介*

郭熙保**

欧阳峣教授主编的《大国发展经济学》是一部具有重要学术价值和现实意义的著作。该书系统地研究了发展中大国的经济发展问题,特别是分析了大国经济发展特征和新兴大国的超大规模市场优势,提出了大国宏观经济模型、大国内生能力理论和大国综合优势理论,在构建以国内供需均衡为主体、国际国内双循环协调发展型式方面做出了有益的探索。

客观事物的现实特征是科学研究的基础,理论研究应该以描述和刻画客观对象的特征为出发点。该书从大国经济的初始特征出发,通过分析大国经济发展的典型化事实,提出"发展中大国具有人口规模庞大和国土规模庞大的初始特征,进而形成国内生产要素供需均衡的内生能力",这里实际上是揭示了以国内大循环为主体的大国经济发展型式。具体地说,从大国经济发展的动力机制看,大国拥有丰富的自然资源和人力资源,可以满足国内生产的要素需求;大国拥有广阔的国内市场,可以支撑国内产业发展的专业化和规模经济。大国经济增长的核心优势是市场规模优势,大国可以依托庞大的国内市场来推动经济增长;大国经济运行的核心优势是国内供需均衡,即依托国内要素和市场来实现自主协调发展。以中国为典型代表的新兴大国拥有超大规模市场优势,这是最重要的经济发展优势;与此相应的,大国经济运行的优势就是具有内部循环能力,即建立在大国内生能力基础上的国内大循环系统。

然而,强调大国内生能力并非主张自我封闭。该书认为,"基于大国内生能力,在封闭的世界经济体系里,大国的资源和市场可以形成推动经济繁荣的内在机制。但是,这是相对小国而言的,我们不能由此推出大国不需要国外资源和市场。任何一个国家,

---

* 本文原载于《中华读书报》2021年1月20日。
** 作者简介:郭熙保,武汉大学发展经济学研究所所长、教授。

规模再大,也会有些资源是稀缺的,有些产品是市场需求不足的,而且根据比较优势原理,有些产品即使能自己生产,也可能是无效率的。更重要的是,发展中大国还需要引进和吸收发达国家的先进科学技术。因此,大国也需要对外开放。如果大国仍然采取封关锁国战略,则会丧失自身的优势。"作者通过回顾中国从古代经济繁荣到近代经济衰弱、再到现代经济崛起的历史事实,印证了开放是现代国家经济发展的必由之路的观点。可见,新兴大国既要发挥市场规模优势,凭借大国内生能力推进经济发展,又不能脱离国际经济大循环,而应该在以国内大循环为主体的同时,实行基于内需的经济开放战略,构建国际国内双循环的发展格局。

怎样将国内大循环为主体与国内国际双循环有机地结合起来?该书的作者提出了一种立足于大国优势的相机抉择:"在国际经济环境好的时候,有效地利用两种资源和两个市场,实现开放型的经济增长;在国际经济环境差的时候,主要利用国内资源和国内市场,实现内向型的经济增长。"可见,在相机抉择中掌握主动权,是大国应对国际经济环境变化的独特优势,相对而言,小国只有依托国外的资源和市场方能实现经济增长,也只能被动地适应国际经济环境,从而缺乏自主选择权;大国则可以凭借市场规模优势,自主地选择进入国际经济循环的时机和程度,而且能够通过积极地改善国际经济环境,更好地融入世界经济;通过畅通国内经济大循环,更好地加入国际经济大循环。在最近两年世界经济滑坡、贸易保护主义逆流涌动的情况下,作为新兴大国典型代表的中国始终保持了经济的稳健运行和持续增长,表现出一种极为强大的韧性和韧劲,这也充分证明了大国经济的主动权和选择优势。当前,我们面对百年未有之大变局,世界经济呈现新变化和新特点,特别需要深入地研究大国经济进入国际大循环的相机抉择机制,发现和掌握其中的规律性,从而在实践中合理运用。

欧阳峣教授长期在大国经济理论的沃土上辛勤耕耘,遵循张培刚教授提出的"发展中大国应该成为发展经济学的重要研究对象"的命题,坚持系统而深入地研究大国发展经济学,逐渐形成了独特的逻辑框架。同时,重点探索了以国内需求为主的大国经济发展道路,从而丰富和拓展了张培刚教授关于大国"内源发展"的思路,在发展中大国经济发展优势和发展型式方面进行了积极探索,为构建以国内大循环为主体、国内国际双循环协调发展格局提供了理论支撑。

发展经济学研究的新视野

——《大国发展经济学》评介[*]

万广华[**]

随着以金砖国家为代表的发展中国家经济的不断崛起，发展经济学的研究近年来不断深入，成为学术界关注的热点。湖南师范大学欧阳峣教授主编的《大国发展经济学》（中国人民大学出版社 2019 年 10 月出版），遵循张培刚先生提出的"发展中大国应该成为发展经济学研究的重要对象"的命题，将国家规模因素融入发展经济学研究，系统地探讨发展中大国的经济发展问题，开辟了发展经济学研究的新视野。在该著作中，作者既在发展理论方面力求创新和突破，也分别从历史和现实层面展开严谨的实证规范研究。不仅从规模和结构范畴出发，构建了逻辑自洽的大国发展理论体系；同时还对大国经济发展的特征以及动力进行深入探讨，创造性地揭示了大国发展的经济学原理。其严谨的逻辑性和理论的创新性，为推进发展经济学的前沿研究做出了积极贡献。

合理地界定了发展中大国，明确了大国发展经济学的研究对象。在充分借鉴库兹涅茨、钱纳里、帕金斯和张培刚等人研究成果的基础上，欧阳峣教授明确界定了"发展中大国"和"大规模国家"的含义，并综合这双重含义把"发展中大国"定义为：人口数量、国土面积和市场潜力大，劳动生产率和人均收入较低，二元经济结构明显的国家。基于这个定义，作者在书中构建了发展中大国的评价指标体系，并遴选出中国、印度、俄罗斯、巴西、墨西哥等 13 个发展中大国，展开了实证研究。特别地，作者从经济发展、产业水平和综合国力等方面，阐述了发展中大国国际地位的演变，勾画了世界经济格局的变化，评估发展中大国的影响力。这种关于发展中大国研究对象的界定、遴选和影响力评价，既使大国发展经济学拥有明确和具体的研究对象，又凸

---

[*] 本文原载于《光明日报》2020 年 5 月 12 日。
[**] 作者简介：万广华，复旦大学特聘教授，世界经济研究所所长。

显了发展中大国的重要地位和研究发展中大国发展问题的重要意义。

从人口众多和幅员辽阔的初始特征出发,在书中形成了逻辑自洽的理论体系。根据欧阳峣教授的研究,发展中大国具有两个基本特征:一是经济整体规模庞大,体现在要素规模、市场规模、产业规模等维度;二是经济多元化,体现为由技术水平、产业形态及区域发展差异性所形成的多层次结构。据此,作者将"规模"和"结构"范畴作为大国发展经济学的逻辑起点。就"规模"而言,作者逐步展现了从人口规模和国土规模到市场规模、产业规模和企业规模的演进过程,论述了大国经济发展的优势及与之相应的经济发展战略;就"结构"而言,作者逐步展现了从要素结构到产业结构、城乡结构和区域结构向现代化演进的过程,提出了发展中大国经济结构转型的思路。同时,作者根据发展中大国的特征和优势,提出了发展中大国可以遵循的一系列发展战略,包括基于内需的大国经济全球化战略、构造独立完备的国民经济体系战略、区域发展的增长极战略以及从技术模仿到技术超越的创新驱动战略。

深入探索大国发展的经济规律,提出了大国发展的经济学原理。作者认为,发展中大国具有人口规模和国土规模庞大的初始特征,由此形成人力资源、自然资源和市场需求的规模优势,进而形成国内生产要素供需均衡的内生能力。作者将这种从要素规模到供需均衡的机制,称为大国内生能力原理。发展中大国具有要素结构和区域结构的多元特征,由此形成多元的技术结构、产业结构和空间结构,进而形成多元要素耦合的综合优势。作者将这种从多元结构到要素耦合的机制,称为大国综合优势原理。这两条原理比较准确地揭示了大国经济发展规律,具有理论创新的意义。有必要强调的是,作者运用这两个原理分析中国历史上的经济繁荣和衰落以及改革开放以来经济崛起的典型化事实,总结了经验教训,可以为其他发展中大国制定发展战略和政策提供科学素材和理论依据。

中国风格的发展经济学体系
——读《大国发展经济学》有感[*]

蔡继明[**]

湖南师范大学欧阳峣教授带领的大国经济研究团队，长期致力于大国经济发展理论的研究，取得了系统性的学术成果。他主编的《大国发展经济学》（中国人民大学出版社 2019 年 10 月出版），在总结系统研究成果的基础上，提出了大国发展经济学的理论框架，为构建中国风格的经济学话语体系做出了积极贡献。该书的主要贡献体现在以下三个方面：

一是总结了大国经济发展的实践经验。中国的哲学社会科学研究，应该立足于中国特色社会主义伟大实践。大国发展经济学的目标是探索发展中的大国在经济发展中带有共性的规律和机制，中国作为典型的发展中大国，自然就成为最重要的研究对象，该书对于发展中大国基本经济特征的分析，以及对大国经济发展基本规律的概括，都是以中国经济发展的典型化事实为依据的。作者运用大国内生能力原理思考中国历史上经济繁荣、衰落和崛起的过程，总结了发展中大国通过经济开放保持和发挥市场规模优势的经验，运用大国综合优势原理分析中国改革开放以来成为世界制造业大国的过程，总结了中国发挥多元的人力资源结构、技术结构和产业结构的综合优势的经验，特别是比较系统地总结了新中国成立以来的经济发展道路，从独立自主、经济分权、融入世界和创新驱动等方面分析了中国道路及其世界意义。作者认为，中国道路具有典型的大国特征、发展特征和转型特征，不仅为发展中大国提供了成功崛起的道路和适宜的治理方式，而且为构建国际经济新秩序提供了强劲的推动力量。这种对于大国经济发展道路的经验总结，特别是对中国道路的理论概括，使大国发展经济学理论拥有坚实的实践支撑。

---

[*] 本文原载于《消费经济》2020 年第 3 期。
[**] 作者简介：蔡继明，清华大学教授、政治经济学研究中心主任。

二是揭示了大国经济发展的机制。科学研究的目的是揭示事物发展的普遍规律，普遍性的认识更具有科学价值。相对于一般国家的经济发展来说，发展中大国的经济发展有着一些特殊性机制，但其中有的特殊性机制在发展中大国经济发展中具有共性和普遍意义。该书致力于揭示发展中大国经济发展的机制，并且力求运用抽象思维和综合方法进行科学概括。作者将大国经济及其发展特征概括为三个层次：其一是大国经济的初始特征，即人口众多和幅员辽阔；其二是典型特征，即规模性和内生性、异质性和适应性、完整性与独立性、差异性与互补性、稳定性与持续性；其三是核心特征，即规模特征和多元特征。同时，该书从发展中大国人口规模和国土规模庞大的初始特征出发，分析人力资源、自然资源和市场需求的规模优势，进而揭示发展中大国具有国内生产要素供需均衡的内生能力；从发展中大国要素禀赋的多元特征出发，分析多元的技术结构、产业结构、空间结构的互补性和适应性，进而揭示发展中大国具有实现多元要素耦合的综合优势。该书对大国经济特征以及大国内生能力和大国综合优势的研究，比较合理地揭示和概括了发展中大国经济发展的机制，从而实现了理论的创新。

三是构建了大国经济发展的理论体系和中国的话语体系。我国哲学社会科学在学术话语权上的能力和水平与目前的国际地位不太相称，因而应该在借鉴国外学术研究成果的基础上，立足于中国的国情，构建中国风格的学术话语体系。该书通过系统而深入地探讨发展中大国经济发展问题，提出了一些具有创新性的理论观点，并在此基础上试图构建逻辑自洽的理论体系。具体地说，作者首先从"发展中国家"和"大规模国家"的界定中，抽象出研究发展中大国经济发展问题的核心范畴，即"规模"范畴和"结构"范畴，将它们作为整个理论体系的逻辑起点；然后，从发展中大国的规模出发演绎出要素供需均衡的内生能力，从发展中大国的结构出发演绎出多元要素耦合的综合优势，并将大国内生能力和大国综合优势理论概括为大国发展经济学的重要原理；最后，从发展要素、发展环境和发展政策方面分析大国经济发展的特殊机制，探讨发展中大国工业化、城市化和现代化的实践路径。可见，通过这种逻辑自洽的理论演绎，形成了一种有特色的话语体系。

总之，《大国发展经济学》是对欧阳峣教授的大国经济研究团队系列研究成果的系统总结和理论提升，它的出版将有助于推进发展经济学领域的研究，为诸多发展中大国的经济发展道路选择和机制建设提供有益的理论指导与经验借鉴。

构建大国发展经济学

方福前

一般认为，在西方经济学诸多理论分支学科中，发展经济学最贴近中国。因为，发展经济学以发展中国家的经济发展问题作为研究对象，而中国是一个发展中国家。仔细研读西方发展经济学教科书会发现，它们与中国经济改革和发展的实际有一段距离。

"一套衣服给所有人穿"

之所以如此，是因为一方面20世纪中叶兴起的发展经济学以西方主流经济学为理论基础，以西方发达国家的工业化和现代化发展为经验基础，而这些理论和经验都是在西方制度背景、文化环境和经济条件下产生发展起来的。虽然其中许多内容可以为发展中国家借鉴甚至学习，但是它们毕竟不是在发展中国家"土生土长"的，这就难免形成"好像是这么回事，但又不完全是这么回事"的感受。

另一方面，发展经济学在其产生和发展的20世纪下半期，主要是以拉美国家和南亚国家为研究对象的。虽然一些发展经济学家在20世纪90年代研究了包括中国台湾和中国香港在内的"亚洲四小龙"的发展，后来又开始研究中国内地经济发展，但是他们很少从"发展中大国"这个视角研究包括中国在内的大国经济改革和发展。中国作为一个发展中大国，改革开放以来成功发展经验、经济长期高速增长的奇迹，在西方发展经济学著作中所占篇幅较小。这不能不说是发展经济学的重要缺失。大中小国家有不同的国情和发展条件，把同一套理论、发展战略和发展政策建议提供给不同的发展中国家，难免会产生"一套衣服给所有人穿"的不适应症。

发展经济学向何处去

张培刚先生生前曾多次呼吁"发展中大国应该成为发展经济学的重要研究对象"。

---

* 本文原载于《中国社会科学报》2020年10月28日。
** 作者简介：方福前，中国人民大学经济学院教授。

《大国发展经济学》（欧阳峣主编，中国人民大学出版社2019年10月版）回应了张培刚先生的呼吁。该书遵循"发展中大国应该成为发展经济学的重要研究对象"的思路，将国家规模因素纳入发展经济学研究，初步形成了大国发展经济学的逻辑体系，致力于实现发展经济学的理论创新，做出了中国学者自己的贡献。

经济学在本质上是解释社会经济现象的逻辑体系，其有用性往往取决于被解释现象的重要程度和被解释对象的贴切程度。发展经济学创建的初衷，是把发达国家发展模式和二战后一些拉美和南亚国家发展的经验教训提炼成理论和政策，以指导发展中国家的经济发展。然而，20世纪七八十年代，一些以这一理论为指导的发展中国家遭遇困难，甚至陷入"中等收入陷阱"，从而使经济学家们产生了"发展经济学向何处去"的疑问，甚至有人宣称"发展经济学已经失败了"。自20世纪末开始，以中国为代表的新兴大国实现了经济高速持续增长，在世界经济格局中的地位日益突出，学术界开始从不同角度试图解释这种重要的经济现象，出现了比较优势学说、后发优势学说等理论。从发展中国家实践可以看到，推动这些国家经济快速发展的因素不是单一的，而是综合性的，在比较优势和后发优势之外，国家规模因素成为重要的影响因素。新兴大国依托庞大的本土市场规模和人口规模，可以培育规模庞大的产业集群和完整的产业链。该书正是立足新兴大国经济崛起的特征事实，特别是中国经济发展的成功经验，将发展中大国作为研究对象，试图将这些成功经验上升为具有普遍意义的理论和原理，从新的视角和方向，实现发展经济学的理论创新。

大国经济的基本特征

马克思说："分析经济形式，既不能用显微镜，也不能用化学试剂。两者都必须用抽象力来代替。"发展中大国的实践为发展经济学的新发展提供了全新素材。然而，若要从复杂实践中做出正确的理论概括，必须依靠高度的抽象思维能力，运用综合和归纳分析方法。

全书在这方面做出有益探索：从大国和大国经济的多样性特征中，通过抽象概括，从人口规模和国土面积两个初始特征出发，归纳出其典型特征。即市场规模的规模性与内生性、要素禀赋的异质性与适度性、经济结构的多元性与层次性、产业结构的完整性与独立性、区域经济的差异性与互补性、经济发展的稳定性与持续性。通过更高层次的抽象思维，揭示了大国经济的基本特征：一是规模特征，即大国经济的整体规模及要素规模、市场规模和产业规模庞大。二是多元特征，即大国技术、产业、区域及城乡发展差异性所形成的多层次结构。这是从大国经济典型特征中抽象出来的最高层次的特征。书中通过深入研究发现了大国发展的一些经济规律或普遍性的东西，提出大国内生能力和大国综合优势理论：前者是指超大规模国家由于拥有资源丰富和市场范围广阔的优势，依靠国内资源和国内市场就可以推动经济的自主协调发展；后者是指超大规模国家由于拥有大国特征和多元特征，可以通过整合大国各种有利资源，形成融合多种优势于一体的综合优势。这两条基本原理，就是对大国经济发展规律抽象分析而提炼的理论总结，它适用于大国经济发展的理论分析。

科学理论要增强学术影响力，就需要构建有特色的话语体系；而逻辑和历史的一致，是构建学术话语体系的基本原则。该书通过界定发展中大国的概念，遴选具体研究对象，揭示大国经济的特征，概括大国经济理论的原理，提出大国经济发展的战略，形成大国发展经济学理论雏形。在这一体系中，关键问题是逻辑起点的选择和设定。书中认为，规模特征是大国经济的核心特征，规模范畴是理解大国经济优势的钥匙，多元结构是发展中大国经济的标志性特征，结构范畴是理解发展中大国经济转型的钥匙。

据此，作者认为规模和结构问题是发展中大国经济的基本问题。在设定这个逻辑起点后，从规模范畴出发，可以逐步展现从人口规模和国土规模到市场规模、产业规模和企业规模的演进过程，从而形成大国经济发展优势，并实施相应的发展战略。从结构范畴出发，可以逐步展现从要素结构到产业结构、城乡结构和区域结构，再到现代化经济结构的演进过程，从而形成发展中大国经济结构转型的战略思路。作者以规模分析和结构分析为主线，研究大国经济发展要素；以规模分析和结构分析为基础，研究大国经济发展战略，从而通过规模和结构这根逻辑链条，构建大国发展经济学的理论体系。

大国经济发展理论研究新成果
——欧阳峣主编《大国发展经济学》评介*

胡家勇**

1992年，发展经济学的先驱人物张培刚先生在《新发展经济学》中提出了改造和革新发展经济学的途径，强调要"注重对发展中大国的研究"。发展中大国是指人口众多、幅员辽阔、资源丰富、历史悠久、人均收入水平偏低的发展中国家。然而，之后的经济学家却没有沿着他的思路加强对发展中大国的研究，甚至没有对发展中大国的内涵和外延做出更加细致的分析。欧阳峣教授主编的《大国发展经济学》，沿着张培刚先生提出的思路，清晰界定了发展中大国的概念，系统研究和诠释了发展中大国的经济发展问题，特别是通过分析大国发展经济学的研究对象、逻辑结构、理论原理、发展动因以及发展战略，构建了比较系统的理论体系，在大国经济发展研究领域取得了新的理论进展。这部著作的学术价值主要体现在以下五个方面。

第一，对发展中大国和大国经济的特征做出了比较清晰而完整的概括。作者认为，发展中大国是"发展中国家"和"大规模国家"的结合体，"发展"和"规模"是两个关键要素，这两个关键要素具有重要的理论和政策意蕴。作者通过设计包括人口总量、国土面积、国民收入和人类发展等评价指标体系，遴选出中国、印度、俄罗斯、巴西、墨西哥、印度尼西亚、巴基斯坦、尼日利亚、埃及、埃塞俄比亚、伊朗、刚果（金）、南非等13个国家作为具体研究对象，并从人口众多和幅员辽阔的初始特征出发，演进到大国经济特征：一是规模特征，即经济总量及要素规模、市场规模和产业规模庞大；二是内源特征，即主要依靠国内要素供给和市场需求，实现经济自主发展；三是多元特征，即大国内部存在要素禀赋差异，从而形成多层次和多样化的经济结构。

第二，以规模和结构问题为逻辑起点构建大国经济发展的理论体系。作者着力于

---

* 本文原载于《黑龙江社会科学》2020年第5期。
** 作者简介：胡家勇，中国社会科学院经济研究所研究员、博士生导师。

从规模和结构出发,将规模和结构分析贯穿于大国发展经济学理论体系。一是从"规模"范畴出发,逐步展现从人口规模和国土规模,再到市场规模、产业规模和企业规模的演进过程,从而形成大国经济发展优势,并实施相应的经济发展战略。二是从"结构"范畴出发,逐步展现从要素结构到产业结构、城乡结构和区域结构,再到现代化经济结构的演进过程,从而提出发展中大国经济结构转型的战略思路。总而言之,全书从"规模"范畴出发形成了大国经济学的逻辑链条,从"结构"范畴出发形成了发展经济学的逻辑链条,并将两者有机地结合起来研究大国的经济发展问题,构建了大国发展经济学的逻辑体系。

第三,从大国内生能力和大国综合优势出发探索发展中大国经济发展过程中具有普遍性的运行机制,提出大国发展经济学的理论思路。作者以一般均衡模型为基础,将规模因素引入超大规模国家,构建了大国供需均衡模型。同时,沿着从国内要素规模到供需均衡的路径,提出大国内生能力原理,即发展中大国具有的庞大人口规模和庞大国土规模,会形成人力资源、自然资源和市场需求的规模优势,进而形成国内生产要素供需均衡的内生能力。沿着从经济多元结构到要素耦合的路径,提出大国综合优势原理,即发展中大国具有的要素结构的多元性特征会形成多元的技术结构、产业结构和空间结构,进而形成多元要素耦合的综合优势。

第四,从发展要素、发展环境和发展政策的结合阐释了大国经济发展的动因。在微观要素方面,通过考察发展中大国的自然资源、人力资源、资金积累和技术创新,分析各种要素的主要特征以及促进大国经济发展的机制,提出利用各种要素推动发展中大国经济发展的思路。在宏观环境方面,通过分析发展中大国的基础设施需求和供给的特征,提出以基础设施的有效供给促进大国经济增长的思路;通过分析大国的国内市场特征,提出建设统一有序的国内市场,积极开拓国际市场的基于内需的全球化的思路。在政策设计上,从大国的分级治理结构和财政分权模式开始,分析大国经济的中央和地方关系的安排,然后研究大国的政府经济行为特征和经济政策导向,揭示中央政府与地方政府经济行为特征和经济政策导向的差异,进而分析大国财政政策和税收政策的运用。

第五,基于大国特征设计发展战略提出工业化、城市化和现代化思路。基于发展中大国的特征,借鉴发达大国的经验,分析大国工业化的目标选择和动力机制,提出了从粗放型到集约型、以技术创新和产业创新推动产业结构升级、以信息化带动工业化的战略。借鉴各类大国城市化的经验教训,分析工业化驱动、区域比较利益驱动、集聚经济利益驱动和规模经济利益驱动机制,进而研究大国城市空间布局,提出从非均衡走向均衡、从核心城市走向都市圈、从区域城市走向城市群的思路。根据现代化理论和模式，制定发展中大国现代化评价指标体系，研究经济现代化、制度现代化和国民素质现代化，并提出通过产业结构、治理体系和生活方式变革走向现代化的道路。

中国是典型的发展中大国，中国道路具有世界意义。作者总结新中国成立以来的经验，研究了独立自主的发展道路、经济分权的改革道路、融入世界的开放道路和创新驱动的转型道路，分析了中国道路的大国特征、发展特征和转型特征，认为中国道路为发展中大国的经济发展和治理提供了新选择，为构建国际经济新秩序注入了强劲的推动力量。同时，作者通过总结世界经济发展的历史经验，分析了大国崛起的共同规律和多样化道路，对于发展中大国制定长期发展战略具有重要的参考价值。